CATARATA

MARTA PAJARÍN GARCÍA

Doctora en Ciencias Políticas y Relaciones Internacionales por la Universidad Complutense de Madrid (UCM). Es además máster en Análisis Político, máster en Género y Desarrollo y máster en Desarrollo y Ayuda Internacional. Dispone de una amplia experiencia profesional en cooperación internacional como técnica de proyectos, como cooperante en terreno y como asesora especializada en perspectiva de género. Actualmente es consultora independiente e investigadora asociada de la Unidad de Género de la Escuela de Gobierno de la UCM, realizando actividad docente, investigadora y asesoría en materia de género, desarrollo, cooperación internacional, intervención social y políticas de género para distintas instituciones públicas, universidades y ONGD.

Marta Pajarín García

El desarrollo desde la perspectiva de género

UN ANÁLISIS DE LAS AGENDAS INTERNACIONALES Y DE LA POLÍTICA ESPAÑOLA DE COOPERACIÓN

Prólogo de Begoña Leyra y José Antonio Alonso

CATARATA

COLECCIÓN INVESTIGACIÓN Y DEBATE

FUENCARRAL, 70
28004 MADRID
TEL. 91 532 20 77
WWW.CATARATA.ORG

EL DESARROLLO DESDE LA PERSPECTIVA DE GÉNERO.
UN ANÁLISIS DE LAS AGENDAS INTERNACIONALES
Y DE LA POLÍTICA ESPAÑOLA DE COOPERACIÓN

ISBN: 978-84-1352-497-9
DEPÓSITO LEGAL: M-14.673-2022
THEMA: JBSF1/GTP/JPS

IMPRESO POR ARTES GRÁFICAS COYVE

A mi madre y a mi padre.
A Jose y a Darío.

ÍNDICE

PRÓLOGO

BEGOÑA LEYRA Y JOSÉ ANTONIO ALONSO

Con el cambio de siglo, el sistema internacional de cooperación para el desarrollo parece sumido en una profunda crisis de identidad, obligado como está a demostrar su utilidad como instrumento de corrección de las desigualdades internacionales y revelar, al tiempo, que es capaz de adaptarse a un entorno internacional que es muy distinto a aquel en el que nació, hace más de siete décadas. En esencia, se trata de eludir el doble riesgo que supone caer en la irrelevancia, por una parte, o ceder a la distorsión de sus propósitos originarios, por la otra. A lo primero parece conducirlo la expandida brecha que media entre la dimensión de los desafíos de desarrollo y el peso menguante de la AOD en la financiación internacional; a lo segundo le puede arrastrar el afán desordenado por asumir una agenda y un perímetro de acción desmedido, perdiendo sus referentes de identidad como política pública. No es fácil encontrar el equilibrio entre esos extremos.

Esto sucede, además, en un momento de profunda reestructuración del sistema de cooperación para el desarrollo, motivada, entre otros factores, por el realineamiento habido en las prioridades de la agenda internacional (con un ascendente peso de la acción por el clima y la gestión migratoria), por el reconocimiento de la necesidad de lograr una participación más activa de los actores privados en la acción de desarrollo y por el creciente perfil alcanzado por proveedores de cooperación que no son parte del Comité de Ayuda al Desarrollo (CAD) de la OCDE, muchos de ellos procedentes del mundo en desarrollo. Este último factor es importante porque ha cuestionado el inveterado monopolio que la OCDE ha tenido en este campo, incorporando nuevas formas de hacer y nuevas narrativas que desafían las tradicionalmente asumidas por los donantes tradicionales.

La suma de todos estos factores ha inducido al sistema de cooperación a iniciar una senda de reformas, orientada a ampliar el perímetro de la política de cooperación, integrando actores, instrumentos y propósitos anteriormente relegados en la acción de la ayuda internacional. Muchos donantes procedieron a reformar sus sistemas institucionales de cooperación para permitir una más plena integración de esa política en la acción de los Gobiernos, disolviendo las agencias de desarrollo (o reduciendo su autonomía), al tiempo que reforzaban sus instituciones financieras de desarrollo (sean o no bancos), con el propósito de transitar hacia formas de apoyo distintas a la donación, que permitan movilizar recursos privados y alentar la inversión en ámbitos estratégicos. Reflejo de estos procesos es la creación, a instancias de la OCDE, de la nueva métrica TOSSD (*Total Official Support for Sustainable Development*), que pretende captar todos aquellos fondos oficiales, incluidos los no concesionales, que se orientan al desarrollo sostenible.

Los nuevos proveedores del Sur también acometieron cambios, principalmente orientados a consolidar sus sistemas de cooperación, creando o fortaleciendo agencias y bancos de desarrollo propios. China constituye el caso más ejemplar e influyente con la creación, en 2018, de la CIDCA (Agencia China de Cooperación Internacional para el Desarrollo) y la consolidación del CDB (Banco Chino de Desarrollo), creado en 1994, como pilares básicos de su acción de cooperación, cuya estrategia internacional más ambiciosa es la iniciativa "One Belt, One Route". Sin el alcance de este caso, otros muchos proveedores de cooperación del Sur han seguido similar senda, desplegando instituciones especializadas para la gestión de la cooperación.

Como consecuencia de estos cambios, el sistema de cooperación se ha tornado más poblado, complejo e impredecible. La pluralidad de actores inevitablemente conduce a una gama más amplia de enfoques y prácticas de la cooperación para el desarrollo. Se ha ganado en pluralidad y en potencial de movilización de recursos, pero, a cambio, se ha hecho más difícil la coordinación internacional y la construcción de reglas y estándares compartidos, aun a pesar de la creación de instancias internacionales de diálogo (como el Foro de Cooperación para el Desarrollo, en Naciones Unidas). Si al sistema de ayuda le caracterizó en el pasado un clima de convergencia en las prácticas de los donantes, en buena medida merced a la actividad normativa del CAD de la OCDE, el sistema actual parece haber abierto una etapa de dispersión, y aun de larvada competencia, entre modelos diversos, en pugna por acceder a grados crecientes de ascendencia internacional.

Esta dilatación de las perspectivas en la acción de desarrollo puede considerarse inicialmente como saludable, por cuanto se corresponde con la naturaleza más compleja y plural de la escena internacional. Pero hay dos riesgos en el proceso que no cabe desconocer. El primero se refiere al contexto internacional en que estos cambios tienen lugar. Para nadie es desconocido que estamos atravesando una etapa en la que un significativo número de Gobiernos parecen decididos a impulsar un repliegue nacionalista y, en ocasiones, antidemocrático de sus políticas, poniendo en cuestión buena parte de los consensos internacionales previos y la capacidad de construir respuestas cooperativas desde instancias multilaterales. Este tipo de respuestas internacionalmente concertadas son, sin embargo, las requeridas cuando, como es el caso, nos enfrentamos cada vez en mayor medida a problemas y desafíos que presentan los rasgos propios de males públicos globales (el más desafiante, sin duda, el cambio climático). Ceder a las pulsiones nacionalistas en este contexto constituye la vía más segura para el fracaso. La creciente presencia de Gobiernos autoritarios o de democracias iliberales y el ascenso de la extrema derecha en muchos países democráticos sugieren que esta tendencia no es una mera especulación. De seguirse por esa vía, existe el riesgo de que se abandonen los propósitos cosmopolitas que subyacen a la cooperación para el desarrollo, y que los donantes se dejen deslizar progresivamente hacia una fase —que se creía ya superada— de revalorización de los intereses propios de cada país como única lógica de su respectiva acción internacional. No hace falta subrayar que esto supondría una profunda quiebra de las bases sobre las que se erige la cooperación para el desarrollo.

El segundo riesgo al que se alude es que, en ese marco de cambio y creciente complejidad de la escena internacional, se produzca el debilitamiento de algunos componentes de la agenda que la cooperación al desarrollo ha ido integrando como componentes sustantivos de la acción de desarrollo. Muy particularmente nos queremos referir aquí a dos, que son pilares muy centrales del modo en que hoy se entiende la acción de desarrollo. El primero de ellos alude al papel que la promoción y defensa de los derechos humanos y de la dignidad y autonomía de las personas debe tener como principio básico al que se orienta la acción de desarrollo. Un principio que es acorde con aquella idea, tan bien expresada por Amartya Sen, que asocia el desarrollo con la ampliación de los derechos y libertades efectivas de las personas, que se hacen crecientes dueñas de su futuro.

El segundo pilar alude a que ese mismo objetivo es inalcanzable si no se avanza de manera efectiva en la equidad de género, lo que comporta situar en el centro de la acción de desarrollo a la promoción de la autonomía y la voz de las mujeres. Es difícil exagerar la importante contribución que los enfoques feministas, aún en sus discrepancias, han tenido en la evolución del enfoque doctrinal del desarrollo y en la configuración de la política de cooperación en la actualidad. Ha sido decisiva al respecto su insistencia en poner a las personas en el centro de la acción de desarrollo y su capacidad para desvelar las asimetrías de voz, recursos y poder que aparecen asociados a los roles de género. Pues bien, buena parte de las fuerzas que protagonizan el repliegue nacionalista antes aludidas son, al tiempo, claramente hostiles a los avances que se han generado en materia de equidad de género, considerando al feminismo como uno de los blancos centrales de sus ataques.

También en este caso, si se produjesen retrocesos se estaría poniendo en cuestión uno de los pilares de la acción de desarrollo, pacientemente construidos en los años precedentes.

Los ataques y resistencias a los avances en igualdad de género sin duda no son nuevos ni recientes, principalmente debido a que la apuesta crítica y emancipadora del feminismo ha sido y sigue siendo realmente transformadora y, por tanto, enormemente "incómoda" para determinados grupos sociales que se oponen a esos cambios y, en concreto, al avance en los derechos de mujeres y niñas. A lo largo de la historia, los feminismos (en toda su dimensión y complejidad conceptual y discursiva) han puesto el foco en los elementos nucleares de las sociedades patriarcales, removiendo las relaciones de poder que cristalizan en aspectos simbólicos, sustantivos e institucionales de los sistemas sociopolíticos. Poner en la agenda derechos y libertades sexuales de las mujeres y las niñas, la construcción cultural de identidades o la corresponsabilidad en las tareas reproductivas viene a trastocar sustantivamente el modo de organización social y colectiva tradicional.

Desde una aproximación y mirada internacional, vemos en el feminismo una propuesta de cambio estructural, crítica y lúcida que está siendo decisiva para inspirar alternativas de desarrollo más justas, democráticas y sostenibles, que han ampliado y dinamizado aún más, si cabe, el profundo debate del desarrollo. No es la única mirada a la que subyace un genuino afán emancipador, de profundización en los criterios de justicia social, pero es, sin duda, un componente central y obligado de cualquier alternativa que se pretenda en esa línea. Los movimientos feministas han dado respuestas a las desigualdades desde una mirada sociopolítica, filosófica, económica y cultural que, sumada al movimiento asociativo y al activismo social, ha generado debates, nuevas propuestas y soluciones prácticas, así como medidas legislativas que protegen y promueven la igualdad de derechos para mujeres y niñas a nivel global.

Vemos cómo los feminismos de la "cuarta ola" han abierto nuevas miradas y aportes que plantean cambios radicales en el tiempo presente, tales como la economía feminista, los ecofeminismos, los feminismos decoloniales o la diversidad de identidades, cuerpos y sexualidades. Estos nuevos planteamientos han profundizado y complejizado las diversas luchas que ya se venían desplegando desde etapas anteriores, como la resignificación y lucha contra las violencias, acosos y explotaciones de mujeres y niñas, la falta de paridad política, el retroceso en los derechos y la vigilancia ante los ataques que acechan todas esas vindicaciones y ampliación de derechos. Así mismo, podemos constatar cómo los estudios y análisis con perspectiva de género y feministas han puesto en evidencia las carencias de un sistema, como el actual, tornado insostenible en su dimensión machista, patriarcal, heteronormativa y violenta. Rasgos que se han visto amplificados con la reciente pandemia de la COVID-19, la escalada belicista, las pulsiones autoritarias y nacionalistas y los ataques de tono fundamentalista que están presentes en todas las sociedades y culturas, evidenciando el largo camino que queda aún por recorrer.

Todos estos avances sociales, conceptuales y normativos de los feminismos sin duda han tenido un fuerte impacto y una repercusión positiva en la práctica de la cooperación al desarrollo. La autora de este volumen, Marta Pajarín, especialista con largo recorrido en este campo, tanto en el ámbito doctrinal y académico como en el aplicado, muestra con minuciosidad y rigor los diversos componentes teóricos que subyacen al amplio y complejo campo del feminismo y la incidencia que estos mimbres teóricos tuvieron sobre los enfoques y prácticas de la cooperación para el desarrollo.

El balance de ese rico recorrido es ambiguo. Es cierto que no cabe entender la acción de desarrollo en la actualidad sin contemplar las aportaciones centrales que, en diversos campos, ha realizado el feminismo, pero no es menos cierto que la traducción de esos enfoques en las agendas y en las iniciativas de cooperación internacional sigue siendo parcial y, en ocasiones, poco consecuente. Es esta convicción, junto con los cambios en la sociedad y en la comunidad internacional, la que está obligando a las aportaciones feministas a adoptar enfoques más comprometidos y transformadores, contemplando la diversidad de componentes que definen las identidades sometidas y planteando la necesidad de repolitizar la acción en pro de la igualdad. En el fondo, se admite que no basta con disponer de adecuadas propuestas teóricas: es necesario también que haya voluntad política, visión crítica y compromiso ciudadano e institucional para hacer efectivos los cambios.

Para hacer un balance meditado del camino recorrido y sentar las bases del trabajo futuro, de lo que queda pendiente y de los nuevos desafíos que el cambio social suscita, es necesario disponer de trabajos como los de Marta Pajarín, que nos brinda una reflexión sobre los componentes de un enfoque feminista transformador a lo largo de las diferentes etapas y procesos del propio sistema de cooperación internacional para el desarrollo. El recorrido histórico y conceptual que la autora realiza ayuda a conocer en profundidad con qué elementos partimos hacia la igualdad de género, cuáles han sido los debates ya superados y los nuevos que la propia práctica social ha ido abriendo. Nos ofrece, en suma, una rica cartografía del terreno en el que deben desplegarse los esfuerzos transformadores para el presente y el más inmediato mañana, sin impugnar el esfuerzo previo realizado y el camino ya recorrido.

El libro aparece en un momento especialmente oportuno para la Cooperación Española, cuando se está gestando una nueva Ley de Cooperación y para la Solidaridad Global, que en el momento de escribir estas líneas está en proceso de tramitación. En el Anteproyecto de Ley se reconoce el enfoque feminista como uno de los principios y señas de identidad de la Cooperación Española. Es un punto de partida prometedor, pero es necesario no olvidar que, como apunta Marta Pajarín, a lo largo de los años precedentes, el proclamado compromiso con la igualdad de género no se ha traducido debidamente en la solidez de los enfoques adoptados, en la configuración y cultura de las instituciones gestoras, ni en los recursos y personal técnico dedicado de manera especializada a este campo. Todavía hoy la unidad de género en el seno de la AECID está compuesta por apenas dos personas y situada en un bajo nivel en la estructura de gobierno de la institución, se han suprimido buena parte de los puntos focales de género en las oficinas de la Cooperación Española sobre el terreno y se dejó morir una de las experiencias formativas universitarias más ambiciosas en materia de género y desarrollo para formar personal experto en este ámbito: una iniciativa a la que estuvo vinculada tanto la autora del libro como los dos firmantes de estas líneas. Es importante que la ley reconozca este campo como un ámbito central en la acción de la Cooperación Española, pero es igualmente importante, si no más, que ese reconocimiento normativo se traslade al ámbito de los recursos, las instituciones y las políticas. Es claro que un libro, incluso un excelente libro como el presente, no puede hacer esa tarea, pero puede ayudar a identificar el terreno, tanto conceptual como histórico, del que se parte, para sentar sobre esos componentes la acción de futuro. Una acción que obligue a profundizar en el trabajo por la igualdad de género y el empoderamiento de las mujeres desde una mirada transformadora y feminista. A ello obliga no solo el reconocimiento de la senda que queda por recorrer para alcanzar la igualdad de género, sino también las nuevas amenazas que imponen las corrientes involucionistas y antidemocráticas que pretenden desandar el camino recorrido. El libro de Marta Pajarín es un inspirador punto de apoyo para esa tarea.

INTRODUCCIÓN*

"Reconociendo las aspiraciones de las mujeres del mundo entero y tomando nota de la diversidad de las mujeres [...], haciendo honor a las mujeres que han allanado el camino, con inspiración en la esperanza que reside en la juventud del mundo [párr. 4]".
"Tenemos el convencimiento de que los derechos de la mujer son derechos humanos [párr. 14]"[1].

NACIONES UNIDAS, *Declaración de Beijing* (1995)

"El trabajo feminista transcultural debe poner atención a las micropolíticas de contexto, subjetividad y lucha, así como a la macropolítica de los sistemas y procesos políticos y económicos globales".

CHANDRA TALPADE MOHANTY, "De vuelta a 'Bajo los ojos de occidente'" (2008)

"Tenemos derecho a ser iguales cada vez que la diferencia nos inferioriza; tenemos derecho a ser diferentes cuando la igualdad nos descaracteriza".

BOAVENTURA DE SOUSA SANTOS, "Desigualdad, exclusión y globalización" (2005)

La igualdad de género y la defensa de los derechos de las mujeres constituyen un compromiso ampliamente respaldado por la comunidad internacional y por gran parte de los Gobiernos en todo el mundo. En la década de los noventa se adoptó internacionalmente el enfoque "Género en el Desarrollo", así como las estrategias de empoderamiento y de *mainstreaming* de género, como las

* Mis agradecimientos a José Antonio, Guillermo y Jose por apoyar y hacer posible esta edición.

1. A lo largo del texto se hará uso de un lenguaje inclusivo. Por ello, se ha optado por realizar una traducción adaptada de los párrafos de la Declaración, no recurriendo al masculino genérico, que sí se incluye en la traducción oficial al castellano.

más efectivas para el logro de la igualdad. Este reconocimiento ha sido posible por la labor del movimiento feminista, que ha incidido en los espacios internacionales de toma de decisiones.

Desde entonces, la aplicación de las estrategias de *mainstreaming* transformadoras de las jerarquías de poder de género ha resultado muy desigual, con un alcance limitado y centrado en el desarrollo de herramientas técnicas y operativas que, sin embargo, no desafían el marco político existente. Esta situación responde a diversos factores que tienen que ver con la cultura institucional y las resistencias al cambio en materia de igualdad, así como con las propias debilidades y prácticas institucionales relacionadas con la falta de capacidades en perspectiva de género, la sectorialización o la falta de apropiación por parte de las administraciones del objetivo y de las estrategias de igualdad. Estos factores producen un efecto de "evaporación" de los compromisos de género y del potencial transformador de la estrategia de *mainstreaming*.

La propuesta de un enfoque transformador de género busca trascender esta aproximación despolitizada, nutrirse del enfoque de derechos humanos y apostar por la promoción de procesos de empoderamiento y de cambio social, más lentos y profundos, que tengan también en cuenta la mentalidad, la cultura o la práctica organizacional. La propuesta metodológica y operativa del enfoque transformador de género atiende, tanto a los factores formales referidos a la redistribución de recursos o a los cambios normativos, políticos e institucionales, como también, a los factores informales que configuran la dimensión simbólica de la desigualdad y que están relacionados con la construcción de la subjetividad, los estereotipos y los prejuicios sociales. Las estrategias transformadoras también tratan de superar las dicotomías genéricas desde un enfoque de diversidad, y enfatizan los procesos orientados hacia las causas estructurales de las desigualdades.

La evaporación de los elementos más transformadores del enfoque de género ha afectado a los procesos de conformación de las diferentes agendas de desarrollo y a la puesta en marcha de políticas de cooperación internacional al desarrollo. Los Objetivos de Desarrollo del Milenio, la Agenda de la Eficacia de la Ayuda, la Agenda de Financiación del Desarrollo y, finalmente, la Agenda 2030 para el Desarrollo Sostenible han articulado los compromisos con los derechos de las mujeres de manera muy desigual. Actualmente, la Agenda 2030 presenta importantes oportunidades para reposicionar la igualdad de género en el centro de los procesos de desarrollo, No obstante, la materialización de las estrategias y de los medios de implementación de la nueva Agenda condiciona la generación de políticas feministas, tractoras de un nuevo modelo de desarrollo y convivencia centrado en la justicia, la igualdad y la sostenibilidad de la vida y del planeta.

Los nuevos desafíos globales requieren enfoques innovadores, miradas integrales y aproximaciones holísticas como las que propone la perspectiva feminista. Los feminismos están realizando sólidos aportes teóricos y prácticos en la conformación de un modelo de desarrollo alternativo, enfatizando la ecodependencia y la interdependencia entre los seres humanos, y posicionando sus necesidades de cuidados en el centro de la organización comunitaria. Los feminismos igualitarios de raíz radical y estructural, los feminismos multiculturales, la economía política feminista o el ecofeminismo promueven propuestas de convivencia y de emancipación estructurales que, a su vez, ponen el acento en las experiencias concretas de las personas, haciendo de la diversidad una riqueza y una fuente de conocimiento y aprendizaje colectivos.

El feminismo como movimiento social ha venido actuando bajo principios cosmopolitas, incidiendo en los espacios internacionales de conformación de agendas de desarrollo y promoviendo sistemas de gobernanza más incluyentes y democráticos. En este sentido, el feminismo ha asumido la comprensión de la corresponsabilidad global y la necesidad de una articulación de las luchas y desafíos compartidos entre ciudadanías con diversas realidades culturales, sociales e identitarias, múltiples y variables. De manera paralela, el feminismo también apunta al cambio de conciencia, personal e íntimo y al cambio cultural como dimensiones de transformación esenciales e impulsoras de un verdadero cambio colectivo en las relaciones de producción, consumo o convivencia.

Es por ello que este estudio tiene como objetivo contribuir a la aplicabilidad y potencialidad de un enfoque transformador de género en el actual contexto de cambio del sistema de cooperación internacional, a partir de un análisis desde la perspectiva de género de las agendas internacionales de desarrollo y de las políticas de cooperación internacional al desarrollo, específicamente, de la política española de cooperación[2].

El estudio de las agendas de desarrollo incluye un análisis de los marcos interpretativos sobre (des)igualdad de género en la Declaración del Milenio y en los Objetivos del Milenio, en la Agenda de Financiación del Desarrollo y la Agenda de la Eficacia de la Ayuda, y en la Agenda 2030 para el Desarrollo Sostenible y los Objetivos de Desarrollo Sostenible. La investigación ha puesto el acento en los procesos de institucionalización de género en las agencias y en las organizaciones de cooperación al desarrollo, atendiendo a sus capacidades institucionales para la puesta en marcha de iniciativas transformadoras de género. Específicamente, la investigación ahonda en el estudio de la política española de cooperación internacional al desarrollo, realizando una valoración de los progresos en la implementación del *mainstreaming* de género y del alcance transformador de sus actuaciones.

A pesar de que la igualdad de género se ha considerado una de las "señas de identidad" de la Cooperación Española, el estudio revela que, sin embargo, no explora de manera sistemática las

2. Cabe señalar que la Cooperación Española la configura una gran diversidad de agentes, que trasciende la estructura específica de la política de cooperación en el Ministerio de Asuntos Exteriores, Unión Europea y Cooperación (MAUC), conformada por la Dirección General de Políticas para el Desarrollo Sostenible (DGPOLDES) y la Agencia Española de Cooperación Internacional al Desarrollo (AECID). También son actores de la Cooperación Española otras entidades públicas de la Administración General del Estado, las CCAA y los entes locales; así como los agentes sociales, las universidades y las organizaciones no gubernamentales para el desarrollo (ONGD).
No obstante, el estudio de caso se centra principalmente en un análisis de la política española de cooperación internacional para el desarrollo impulsada por el MAUC, dada su responsabilidad en la formulación, dirección, ejecución, seguimiento y evaluación de la misma. Es a esta dimensión de la política española de cooperación a la que la investigación se refiere cuando se emplea el concepto de Cooperación Española. Con todo, también se han contemplado referencias a la cooperación descentralizada y a las ONGD, por su importante peso y su destacado papel en la promoción de la igualdad de género.

potencialidades de un enfoque transformador de género. Estas debilidades institucionales limitan el impacto de sus intervenciones en la eliminación de las desigualdades y en la generación de procesos de cambio social más inclusivos, justos y centrados en la sostenibilidad de la vida y del planeta.

Finalmente, se plantean unas recomendaciones para la puesta en marcha de una política española de cooperación feminista, partiendo de la convicción de que solo con una mayor apuesta por la igualdad y una mejor materialización de los aspectos más transformadores del enfoque de género será posible la promoción de una cooperación más justa, más efectiva y más alineada con los retos globales actuales.

CAPÍTULO 1
POLÍTICAS DE GÉNERO TRANSFORMADORAS

La perspectiva feminista[3] desafía la producción androcéntrica de conocimiento y posiciona a las mujeres como sujetos políticos y agentes de conocimiento, visibilizando sus experiencias, intereses o situaciones diferenciadas, así como su desigual acceso y control a los recursos, las oportunidades o a la participación. Las epistemologías y metodologías feministas promueven la generación de conocimiento crítico y emancipador a través de una diversidad de saberes y prácticas que trascienden las visiones androcéntricas, etnocéntricas y heteronormativas del conocimiento, encontrando en la experiencia, el cuerpo o el deseo espacios de aprendizaje, transformación y liberación.

La teoría política feminista rompe con las categorías binarias y restrictivas que articularon la ciudadanía moderna y revela la dimensión personal, privada e íntima de lo político; desafía así la división público/privado, incorporando nuevos temas —como la sexualidad, la reproducción, la familia, la construcción de la subjetividad, el trabajo reproductivo y de cuidados o las violencias machistas— a la agenda política; y resignifica conceptos en el debate

3. A lo largo del texto se emplearán los conceptos de "perspectiva feminista" y "perspectiva de género" de manera indistinta, ya que se considera que la teoría de género parte del análisis feminista del poder, compartiendo, además, una dimensión ética y política comprometida con las transformaciones de las desigualdades.

público como la igualdad, la democracia, la paz, la vulnerabilidad, la interdependencia o la ecodependencia.

La perspectiva feminista de las políticas públicas permite identificar las distintas interpretaciones simbólicas sobre la (des) igualdad de género, así como las diferentes políticas que se derivan de las mismas. Y es que no todas las políticas de igualdad son transformadoras de unas relaciones de género discriminatorias, ni efectivas en el logro de una igualdad sustantiva. La evaporación de los elementos transformadores de las políticas de igualdad ha generado una fatiga feminista respecto a las herramientas técnicas de transversalización de la perspectiva de género e, incluso, respecto al propio concepto de género.

Ante esta circunstancia, resulta relevante rescatar aquellos elementos que pueden resultar decisivos para promover políticas e iniciativas de cooperación internacional verdaderamente transformadoras desde la perspectiva de género. Para ello, se realiza un análisis constructivista de las políticas de igualdad de género, identificando las distintas aproximaciones y estrategias políticas, y analizando su verdadero impacto en la transformación de las causas estructurales de las desigualdades de género. Finalmente, se apuntan los componentes clave de un enfoque transformador de género, dibujando una propuesta estratégica y operativa que rescata los elementos más transformadores del *mainstreaming* de género, y los conjuga con la promoción de procesos de empoderamiento y de cambio social, más lentos y profundos, que tengan también en cuenta la mentalidad, la cultura o la práctica organizacional.

GÉNERO, PERSPECTIVA DE GÉNERO E IGUALDAD DE GÉNERO

El uso de la categoría "género" fue impulsado en la década de los setenta por el feminismo académico anglosajón con el objetivo de diferenciar las construcciones sociales y culturales de la biología (Lamas, 1999; Scott, 1986). En concreto, el concepto sistema sexo/género fue acuñado por Gayle Rubin en 1975, convirtiéndose desde entonces en una de las categorías nucleares del pensamiento feminista (Cobo, 2005, 2009, 2014). La categoría género permite diferenciar los aspectos socioculturales de los biológicos, cuestionando el esencialismo y el determinismo biológico, así como entender el género como un sistema de organización social basado en el control y la dominación sobre las mujeres.

Rubin (1989) conceptualiza el sistema sexo/género como "una serie de acuerdos por los que una sociedad transforma la sexualidad biológica en productos de la actividad humana" (p. 183). El concepto género hace por tanto referencia a la existencia de una normatividad sobre lo femenino y lo masculino construida culturalmente en torno a la diferencia sexual como hecho anatómico (Cobo, 2014; Izquierdo, 2004; Scott, 1986; Lamas, 1999). Esta normatividad se articula en torno a la división sexual del trabajo y la diferenciación entre el espacio público y político "diseñado por y para los varones" y el ámbito doméstico y privado "creado por los varones para las mujeres" (Cobo, 2014: 10).

Así mismo, con base en una complementariedad biológica y reproductiva, el orden sexista ha formulado una supuesta complementariedad identitaria, destinada a legitimar la desigual distribución de roles, espacios y recursos entre mujeres y hombres (Izquierdo, 2004). El género actúa por ello como un principio de jerarquización (Cobo, 2014), manteniendo a las mujeres en una situación de subordinación. La teoría feminista ha denominado patriarcado (Millett, 1995; Cobo, 2009) a este conjunto de estructuras y prácticas institucionales y simbólicas que apuntalan y reproducen estas normatividades y relaciones de poder.

La perspectiva de género permite analizar la forma en la que se organizan jerárquicamente las relaciones entre hombres y mujeres en cada sociedad y en cada tiempo, ya que género es un concepto dinámico histórico y cultural (Cobo, 2014; Izquierdo, 2004; Lamas, 1999; NNUU, 1996). La identidad de género es por tanto histórica y se articula en torno a lo que cada cultura considera como femenino o masculino; pero, aunque cambie la manera en cómo se simbolice e interprete, "permanece la diferencia sexual como referencia universal que da pie tanto a la simbolización del género como a la estructuración psíquica" (Lamas, 1999: 165).

Este proceso de construcción psicosocial de lo femenino y de lo masculino se (re)produce a través del proceso de socialización de género (Cobo, 2009; De Beauvoir, 2015) que asigna y alimenta una identidad de género binaria desde la infancia, por la que las personas filtran sus experiencias y relaciones. La identidad de género se vincula con un rol de género en tanto que "conjunto de deberes, aprobaciones, prohibiciones y expectativas acerca de los comportamientos y actividades considerados socialmente apropiados para las personas que poseen un sexo determinado" (Murguialday, 2006: párr. 1). Este orden simbólico se articula tal y como se ha mencionado, en torno a la división sexual del trabajo y la distinción entre el espacio público y el ámbito privado (Cobo, 2014; Izquierdo, 2004).

En este sentido, Scott (1996) señala que el género es un elemento constitutivo de las relaciones sociales basadas en la diferencia sexual, pero también "es una forma primaria de las relaciones significantes de poder" (p. 291). Scott identifica así cuatro componentes del género: i) las representaciones simbólicas y los mitos culturalmente disponibles; ii) los conceptos normativos derivados de las interpretaciones contingentes (religiosas, científicas, educativas, legales, etc.) de los significados simbólicos en torno a lo masculino y lo femenino; iii) las organizaciones e instituciones sociales de las relaciones de género (familia, política, instituciones educativas, etc.); y iv) la construcción de la subjetividad.

La construcción de la subjetividad será la base de la propuesta de Butler (2008), quien traslada el interés desde las características estructurales de la relación sexo/género a la acción y el carácter performativo de los discursos. Las relaciones de poder intervienen en la construcción de la subjetividad, por lo que identificarse como mujer u hombre se considera el resultado de un acto de sujeción. Para Butler, además, el cuerpo no es naturaleza, sino que también está marcado por la cultura y encarna por ello el entramado de relaciones sociales de poder (Izquierdo, 2004). El planteamiento posestructuralista de Butler polemiza con la categoría género, amplifica las combinaciones identitarias y busca resignificar las categorías corporales como práctica subversiva del orden de género; no obstante, al centrarse en el ámbito de las identidades, aleja en cierta medida el foco de las relaciones estructurales de poder en torno a la división sexual del trabajo.

El pensamiento feminista ha realizado un análisis diferenciado de la identidad de género y la identidad sexual (Lamas, 1999). Así, por ejemplo, Rubin (1989) reconocerá años más tarde, a la hora de conceptualizar el sistema sexo/género, que es "absolutamente esencial analizar separadamente género y sexualidad si se desean reflejar con mayor fidelidad sus existencias sociales distintas"; considera que "igual que el género, la sexualidad es política" y que "[la sexualidad] está organizada en sistemas de poder que alientan y recompensan a algunos individuos y actividades, mientas que castigan y suprimen a otros y otras" (pp. 184 y 187). El trabajo crítico y deconstructivista feminista ha llevado a distinguir entre la identidad de género, la identidad sexual, la expresión de género o el sexo biológico, planteando un *continuum* en cada categoría y apostando por una multiplicidad de opciones en la conformación de una subjetividad consciente que desafía las estructuras binarias del orden patriarcal.

FIGURA 1

GÉNERO COMO CATEGORÍA DESCRIPTIVA, ANALÍTICA Y POLÍTICA

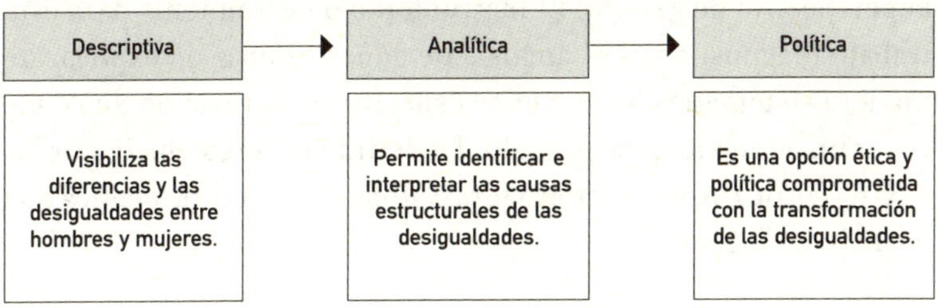

Fuente: Elaboración propia a partir de Cobo (2009) y De la Cruz (2009).

La perspectiva de género hace por tanto referencia a la aproximación a la realidad social a través de la categoría género. La categoría género permite visibilizar y analizar la diferente y desigual distribución de recursos, oportunidades, beneficios y expectativas entre hombres y mujeres en todas las sociedades en función de los roles y responsabilidades asignados a cada sexo y su consideración y valoración social. La perspectiva de género permite también identificar e interpretar las causas y efectos de dichas desigualdades, tales como patrones culturales, discursivos y simbólicos, prácticas institucionales o sistemas internalizados de opresión, derivados de unas relaciones de poder patriarcales. La perspectiva de género es también una categoría política que promueve la transformación de estas desigualdades (Cobo, 2009; De la Cruz, 2009).

Como explica Lagarde (1996), la perspectiva de género da cuenta de las diferentes "posibilidades vitales" de mujeres y de hombres, es decir,

> el sentido de sus vidas, sus expectativas y oportunidades, las complejas y diversas relaciones sociales que se dan entre ambos géneros, así como los conflictos institucionales y cotidianos que deben enfrentar y las maneras en que lo hacen. Contabilizar los recursos y la capacidad de acción con que cuentan mujeres y hombres para enfrentar las dificultades de la vida y la realización de los propósitos es uno de los objetivos de este examen (p. 15).

La identificación diagnóstica de las diferencias y de las desigualdades es por tanto el punto de partida para la aplicación de la perspectiva de género. El instrumento o herramienta para este trabajo diagnóstico es el análisis de género, capaz de explicar de manera sistemática los modelos específicos de relación de género en un contexto determinado. La definición presentada por las NNUU (1996) en aplicación a los resultados de Beijing explica que el análisis de género

> sirve para examinar las similitudes y diferencias entre las funciones y responsabilidades de hombres y mujeres, pero sin referencia directa a cuestiones biológicas, sino más bien a las pautas de comportamiento que cabe esperar de las mujeres y de los hombres y a su fundamento cultural. Estas funciones suelen ser propias de un lugar y tiempo dados, es decir, puesto

que las funciones por razones de género dependen del medio social y económico, pueden variar según el contexto concreto y pueden cambiar con el tiempo (párr. 9).

Desde el punto de vista de la planificación de las políticas públicas y de las políticas de cooperación internacional, el análisis de género es la brújula que permite identificar los objetivos de igualdad, los resultados, las actividades y los indicadores de género en cada política e intervención, contribuyendo a no perpetuar las discriminaciones y, también, a promover los cambios necesarios para transformarlas. Se trata por tanto de un elemento esencial del enfoque transformador de género.

La igualdad es un concepto multidimensional, polisémico, histórico y relacional, y su conceptualización ha marcado los debates feministas, especialmente desde la década de los ochenta (Amorós y De Miguel, 2005; Bustelo y Lombardo, 2006; Cobo, 2014; García Prince, 2008; Verloo y Lombardo, 2007). En el marco del paradigma igualitario, se destacan los aportes teóricos feministas relativos al desarrollo conceptual del principio de igualdad, como garantía para la plena realización de los derechos y libertades en igualdad entre hombres y mujeres. En este sentido, la condición de igual se interpreta como *equivalencia humana*, y a la vez, como reconocimiento de la diferencia y la diversidad. El concepto de igualdad no se refiere por tanto a que las personas seamos idénticas o semejantes, sino a que tenemos el mismo valor y la misma dignidad en tanto que seres humanos (García Prince, 2008).

La igualdad como valor ético se concreta también política y jurídicamente en la igualdad de derechos y en la no discriminación por el hecho de ser diferentes. La Convención sobre la eliminación de todas las formas de discriminación contra la mujer (CEDAW por sus siglas en inglés) (1979), que constituye el instrumento jurídico de mayor relevancia en defensa de los derechos de las mujeres, define la discriminación contra la mujer como

toda distinción, exclusión o restricción basada en el sexo que tenga por objeto o resultado menoscabar o anular el reconocimiento, goce o ejercicio por la mujer, independientemente de su estado civil, sobre la base de la igualdad del hombre y la mujer, de los derechos humanos y las libertades fundamentales en las esferas política, económica, social, cultural y civil o en cualquier otra esfera (art. 1).

La lucha por la igualdad formal o la igualdad de derechos y libertades conformó el eje de articulación del primer feminismo y del feminismo liberal. No obstante, cabe destacar que la crítica feminista también pone el acento en el sesgo androcéntrico y patriarcal del derecho, analizando la naturaleza y el origen de los derechos e interpelando los estándares normativos que responden a "criterios patriarcales tradicionales que consagran la universalidad del hombre y de lo masculino" (García Prince, 2008). La mirada y la acción política feminista ha venido también proponiendo la formulación de nuevos derechos desde la perspectiva de género —vinculados con la sexualidad, los cuidados, la reproducción o las violencias machistas—, desafiando la frontera público/privado y abordando los ejes estructurales del patriarcado, que condicionan la libertad y la autonomía personal de las mujeres.

En esta perspectiva estructural de la desigualdad, la teoría feminista ha venido identificando y problematizando la permanencia de la brecha que existe entre, por un lado, el reconocimiento formal de derechos, esto es, la "igualdad formal" recogida en los marcos jurídicos; y por otro, la "igualdad real" o igualdad sustantiva, experimentada efectivamente en todos los ámbitos públicos y privados. La noción de *igualdad sustantiva* ha sido promovida en tratados fundamentales de derechos humanos para integrar el carácter estructural de la desigualdad (ONU Mujeres, 2015a) y ofrece la cobertura normativa necesaria para la implementación de medidas temporales de acción positiva que contribuyan a la equidad en la distribución de recursos y oportunidades.

La igualdad sustantiva pone el acento en hacer realidad los derechos, avanzando en su realización práctica y efectiva por parte de las mujeres, por lo que promueve la acción política orientada en tres direcciones interrelacionadas y complementarias: i) la igualdad de oportunidades, como condición de posibilidad para el ejercicio de los derechos; ii) la igualdad de trato o trato equivalente, capaz de considerar las diferencias y las desigualdades, por lo que también se refiere al trato diferenciado y justo; y, finalmente, iii) la igualdad de resultados en la plena realización y el ejercicio efectivo de los derechos (García Prince, 2008).

Esta igualdad de resultados amerita el trato diferente a quienes se encuentren en una situación de desventaja para el logro de objetivos comunes en condiciones de igualdad (García Prince, 2008; ONU Mujeres, 2015a). La equidad de género hace referencia a este trato justo en función de las situaciones y necesidades diferenciadas entre mujeres y hombres, y constituye un instrumento político imprescindible para el logro de la igualdad (García Prince, 2008; ONU Mujeres, 2015a, 2015b). La equidad implica, por tanto, la existencia de una voluntad política y de una acción política redistributiva para el logro de la justicia de género. El avance en la identificación de las causas estructurales de la desigualdad de género ha ampliado el ámbito y las dimensiones de actuación de las políticas de equidad y de las políticas de género, con el objetivo de generar cambios en las instituciones y las estructuras, en los patrones sociales de relación, producción y convivencia y en los estereotipos culturales que sostienen estos modelos patriarcales.

Este enfoque integral y estructural de la desigualdad de género está alcanzando un consenso internacional en la manera de interpretar los estándares internacionales vinculados con la igualdad sustantiva. Este enfoque se traslada, por tanto, al procedimiento de evaluación que los diferentes comités y organismos internacionales realizan a los Estados sobre el cumplimiento con las obligaciones en materia de igualdad[4] (ONU Mujeres, 2015a,

4. El cumplimiento de los estándares internacionales en materia de igualdad de género se enfrenta a importantes limitaciones, ya que hay Estados que no han ratificado los principales tratados, y también, Estados que los han ratificado incluyendo, no obstante, reservas importantes que comprometen los derechos de las mujeres. Otras limitaciones se refieren a la existencia de Estados que no realizan los informes correspondientes o, también, que no llevan a cabo reformas legales y políticas esenciales para el logro de la igualdad. Por otro lado, cabe mencionar que todavía existen temáticas clave desde la perspectiva de género que se encuentran débilmente expresadas en los diversos instrumentos internacionales, como la reproducción social y el trabajo de cuidados, o los impactos de género de las dinámicas macroeconómicas o políticas globales; y que los comités y organismos

2015b). El principio de igualdad sustantiva también inspira la formulación de un enfoque transformador de género en el diseño y formulación de políticas e intervenciones de cooperación internacional.

POLÍTICAS DE IGUALDAD DE GÉNERO

Las políticas públicas no son totalmente objetivas, ya que se construyen de forma intersubjetiva en torno a una determinada interpretación y conceptualización de los fenómenos y problemas sociales y, por tanto, reflejan las visiones, valores e intereses de los agentes que las impulsan (Alfama *et al.*, 2014; Bustelo y Lombardo, 2006; Espinosa, 2011). Desde esta perspectiva posestructuralista, el concepto de marco interpretativo también se ha utilizado en la literatura sobre establecimiento de agenda política (*agenda setting*) y, en concreto, resulta clave en el enfoque *What's the problem represented to be?* (Bacchi, 2009, 2012; Bacchi y Goodwin, 2016). El enfoque explica cómo la construcción de los problemas sociales y su incorporación en la agenda política tienden a ser una representación estratégica que concede más relevancia a unos problemas sobre otros; así mismo, considera que estas representaciones orientan las soluciones planteadas para resolverlos (Bustelo y Lombardo, 2006).

La (des)igualdad es un concepto polisémico, histórico y relacional, por lo que está sujeta a diferentes interpretaciones que en ocasiones entran en conflicto. En función de estas interpretaciones se plantean aproximaciones diferenciadas en la manera de definir y abordar el problema y, por tanto, en la orientación y el diseño de las políticas dirigidas a revertir la desigualdad. La teoría feminista ha formulado tres aproximaciones a la comprensión de la igualdad de género —en función de los debates en torno a la igualdad, la diferencia y la diversidad— asociadas a tres estrategias diferenciadas de acción política.

---

presentan una brecha de capacidad a la hora de solicitar la aplicación efectiva de medidas de justicia de género (ONU Mujeres, 2015a, 2015b).

En primer lugar, tendríamos la igualdad como *sameness*, centrada en la igualdad de trato y de oportunidades, lo que se aplica especialmente en los campos masculinizados a los que se incorporan las mujeres, manteniendo el estándar previo; en segundo lugar, la igualdad como reconocimiento de las *diferencias*, más preocupada por garantizar una valoración equivalente y justa a las contribuciones que pueden ser diferentes; y, por último, la igualdad como *transformación* de las prácticas y estándares de género para ambos sexos (Alfama *et al.*, 2014: 217).

Con base en estas aproximaciones, Squires (2008) ha sistematizado tres enfoques teóricos diferenciados sobre género y política: i) en primer lugar, los enfoques de inclusión (*inclusion approaches*), centrados en la integración de las mujeres en un marco teórico que las excluía, pero entendiendo que los principios de igualdad, justicia y ciudadanía son ideales y neutros; ii) en segundo lugar, los enfoques de inversión (*reversal approaches*), que proponen una reelaboración de la teoría política reconociendo la diferencia y la perspectiva particular de las mujeres, enfatizando la ética del cuidado y una noción diferenciada de la ciudadanía, y planteando la representación desde la identidad; y, finalmente, iii) los enfoques de desplazamiento (*displacement approaches*), que apuestan por repensar la ciencia política desde la perspectiva de género desafiando los discursos binarios hegemónicos, enfatizando las ideas de diversidad y transgresión, y proponiendo una noción de la ciudadanía heterogénea y con capacidad simbólica de conformar un marco de representación alternativo, que trascienda las normas patriarcales.

Las políticas públicas de igualdad de género conforman el conjunto de decisiones, objetivos y medidas adoptadas por las instituciones públicas para promover la igualdad entre mujeres y hombres y mejorar la situación socioeconómica, política y cultural de las mujeres. Las estrategias y políticas de igualdad de género disponen de un notable recorrido y han evolucionado en la manera de interpretar la (des)igualdad, tratando de transitar la brecha que se mantiene entre la "igualdad formal" reconocida en los marcos jurídicos, y la "igualdad real" o igualdad de resultados, experimentada efectivamente en todos los ámbitos de la vida pública, laboral y privada (García Prince, 2008; Espinosa, 2011).

Squires (2007) identifica y analiza tres estrategias diferenciadas en la definición y diseño de políticas de igualdad que, no obstante, se han venido implementando de manera combinada: i) las estrategias de "presencia", dirigidas a lograr una mayor participación de las mujeres desde una visión descriptiva de la representación, fundamentalmente a través de sistemas de cuotas; ii) las estrategias de "voz", en torno a la puesta en marcha de instituciones y mecanismos gubernamentales de igualdad, con el objetivo de promover las demandas de las mujeres en la agenda pública, desde una visión sustantiva de la representación; y iii) las estrategias de "proceso" o *mainstreaming* de género, encaminadas a reconceptualizar conceptos clave desde un enfoque de desplazamiento con perspectiva de género. Squires (2007) atribuye el logro que ha supuesto el desarrollo de estas estrategias a la confluencia de varios factores, entre los que destaca la labor de incidencia del movimiento feminista, así como la presión de las organizaciones internacionales que comenzaron a impulsar el principio de igualdad, especialmente desde la década de los setenta, así como las ventajas estratégicas percibidas por las élites políticas. No obstante, la implementación de estas estrategias conllevó también un cambio en la relación entre el movimiento feminista y el Estado, dando origen al feminismo de Estado o feminismo institucional, que también supuso una burocratización del feminismo (Squires, 2007).

El primer abordaje público sobre la desigualdad está inspirado en el feminismo liberal y se centra en extender los derechos y libertades de ciudadanía a las mujeres, ya que habían sido excluidas del ámbito público desde el origen de las democracias liberales. Surgen así las políticas de igualdad de trato y de igualdad de oportunidades, que buscan acabar con la discriminación que limita la participación de las mujeres (en la política, en el mercado de trabajo, la cultura, etc.) en condiciones de igualdad con los hombres. Estas estrategias inciden en la revisión de los marcos legales para eliminar cualquier elemento de discriminación contra las mujeres y ponen el acento en la educación, fortaleciendo la formación de las mujeres (Astelarra, 2004). Cabe destacar que las políticas de igualdad de oportunidades avanzaron en la comprensión de la dimensión colectiva y diacrónica de la discriminación, entendiendo que la igualdad no es solo el punto de partida, sino, también, un punto de llegada que emplaza a los poderes públicos a poner en marcha políticas públicas destinadas a acabar con las circunstancias que generan discriminación.

En esta primera fase, a partir de la década de los setenta y, especialmente, de los ochenta, comenzaron a desarrollarse las políticas de género entendidas como ámbitos sectoriales de intervención con sus herramientas concretas —donde destacan los planes de igualdad— y sus instituciones específicas —las instituciones o mecanismos de igualdad— (Alfama y Alonso, 2015). La proliferación de instituciones y mecanismos de igualdad tuvo un importante respaldo internacional, fundamentalmente porque el movimiento feminista internacional tuvo la habilidad de vincular su existencia como requisito de una buena gobernanza (Squires, 2007). A pesar de la importancia práctica y simbólica de estas primeras políticas de igualdad, el enfoque sectorial de intervención fue mostrando sus debilidades dado el carácter multidimensional, estructural y profundamente arraigado en las prácticas culturales, identitarias y simbólicas de las desigualdades de género (Alfama y Alonso, 2015).

Las políticas de igualdad de oportunidades se mostraron por tanto insuficientes cuando las condiciones de partida no son similares para ambos sexos, y cuando el contexto sociocultural apuntala prácticas, creencias o costumbres que conllevan una desventaja o discriminación para las mujeres. Un paso adelante y complementario de las políticas de igualdad de oportunidades fueron las acciones positivas, ya que abordaron también la dimensión indirecta de la discriminación y buscaron un cambio en las estructuras para corregir esta desventaja inicial de las mujeres (Astelarra, 2004).

Las acciones positivas son medidas especiales y temporales de equidad en la distribución de recursos y oportunidades, lo que en ocasiones amerita el trato diferente a quienes se encuentren en desventaja para el logro de la igualdad real. La legislación española, por ejemplo, define las acciones positivas como las medidas específicas en favor de las mujeres para corregir situaciones patentes de desigualdad de hecho respecto de los hombres. Tales medidas serán aplicables en tanto que subsistan dichas situaciones, habrán de ser razonables y proporcionales en relación con el objetivo perseguido en cada caso (Ley 3/2007 para la igualdad efectiva de mujeres y hombres, art. 11).

Las acciones positivas también están reconocidas en el marco europeo, en concreto, en el art. 157.4 del Tratado de Funcionamiento de la Unión Europea (2016), que indica lo siguiente:

> Con objeto de garantizar en la práctica la plena igualdad entre hombres y mujeres en la vida laboral, el principio de igualdad de trato no impedirá a ningún Estado miembro mantener o adoptar medidas que ofrezcan ventajas concretas destinadas a facilitar al sexo menos representado el ejercicio de actividades profesionales o a evitar o compensar desventajas en sus carreras profesionales.

Los aportes conceptuales y técnicos desarrollados en torno al género y al patriarcado generaron diagnósticos cada vez más elaborados sobre las causas estructurales de la desigualdad. De esta aproximación crítica y estructural, centrada en las relaciones de poder, y desde un enfoque de desplazamiento, surge el *mainstreaming* de género como estrategia para la puesta en marcha de políticas transformadoras de las desigualdades. La estrategia de *mainstreaming* de género tiene como objetivo poner la igualdad de género en el centro de la agenda política principal, y en 1995 recibió el respaldo internacional en la Cuarta Conferencia Mundial sobre la Mujer como la más efectiva para el logro de la igualdad, junto con la estrategia de empoderamiento.

EL *MAINSTREAMING* DE GÉNERO

El *mainstreaming* de género supone un paso más en las políticas destinadas a la integración del principio de igualdad, ya que amplía el foco desde las mujeres hacia la transformación estructural del orden social patriarcal y de las instituciones que lo sustentan. Así, la estrategia de *mainstreaming* de género, además de insistir en la necesidad de asegurar la presencia de mujeres y de establecer medidas de equidad en la distribución de recursos, espacios y oportunidades, pone el acento en la importancia de cambiar las estructuras, los procesos, las mentalidades y la cultura, con medidas transversales e integrales aplicables a todos los sectores y a todas las políticas e iniciativas.

El Consejo Económico y Social de las Naciones Unidas (ECOSOC) define el *mainstreaming* de género como

> el proceso de evaluación de las consecuencias para las mujeres y los hombres de cualquier actividad planificada, inclusive las leyes, políticas o programas, en todos los sectores y a todos los niveles. Es una estrategia destinada a hacer que las preocupaciones y experiencias de las mujeres, así como de los hombres, sean un elemento integrante de la elaboración, la aplicación, la supervisión y la evaluación de las políticas y los programas en todas las esferas políticas, económicas y sociales, a fin de que las mujeres y los hombres se beneficien por igual y se impida que se perpetúe la desigualdad. El objetivo final es lograr la igualdad entre los géneros (Conclusiones convenidas 1997/2, en NNUU, 1999a: 24).

El Consejo de Europa adoptó en 1998 la definición sobre *mainstreaming* de género consensuada por el grupo de personal experto en *mainstreaming* (*Group of Specialists on Mainstreaming*), encargado de presentar el marco conceptual y metodológico de la nueva estrategia. Según la definición del Consejo de Europa (1998), el *mainstreaming* de género es

> la (re)organización, la mejora, el desarrollo y la evaluación de los procesos políticos, para incorporar una perspectiva de igualdad de género en todas las políticas, a todos los niveles y en todas las etapas, por parte de los actores normalmente involucrados en dichos procesos[5] (p. 15).

Tal y como señala Lombardo (2006), la definición no deja de ser un "significante abierto y vacío" (p. 90) que requiere de la

5. Traducción propia del inglés.

identificación y desarrollo de criterios que orienten la aplicación de la estrategia. En este sentido, Lombardo (2003, 2006) propone cinco criterios o requisitos para evaluar si un proceso político está integrando la perspectiva de género:

1. La adopción de un enfoque amplio de igualdad de género, que incluya la igualdad de resultados y el abordaje de las causas estructurales de la desigualdad.
2. La incorporación de la perspectiva de género en la agenda política principal y como una prioridad en todos los sectores de intervención (lo que implica recursos específicos).
3. La igual participación política, económica y social de las mujeres, así como una mayor presencia masculina en el ámbito de la reproducción social y, en definitiva, una distribución de espacios y roles equitativa.
4. Un cambio en las culturas institucional y organizativa que involucra cambios en:
   a) el proceso político (mejorando las competencias y la sensibilización en género de los actores públicos, contando con el asesoramiento de personal experto, del movimiento feminista y de las organizaciones de la sociedad civil).
   b) los mecanismos políticos (promoviendo una coordinación y cooperación horizontal en todos los ámbitos, departamentos y niveles, y el uso de herramientas y técnicas adecuadas).
   c) los actores que participan en el proceso político (involucrando a personal experto, al movimiento feminista y a las organizaciones de la sociedad civil en todo el ciclo de la política).
5. Adoptar un enfoque de la diversidad e integrar también la estrategia de empoderamiento.

La estrategia de *mainstreaming* de género parte del reconocimiento de que las políticas públicas no son neutras al género y que todas las acciones públicas tienen un impacto en las relaciones de género discriminatorias que, si no se tienen en cuenta, pueden contribuir a reforzar. Por ello, es imprescindible incorporar la perspectiva de género en la planificación de todas las políticas públicas e intervenciones con independencia del sector al que se orienten para corregir estos sesgos y garantizar que la igualdad de género se incorpora como un objetivo complementario y como una prioridad de manera sistemática (Consejo de Europa, 1998; De la Cruz, 2009; EIGE, 2016; García Prince, 2008).

La voluntad política es esencial en la estrategia de *mainstreaming* de género y su operatividad está condicionada por la existencia de un mandato claro que refleje y explicite este compromiso político con el principio de igualdad, en todos los documentos normativos, declarativos y operativos (leyes, planes, programas, etc.). Desde un punto de vista organizativo, la estrategia requiere de una estructura organizacional que promueva una mayor cooperación entre agentes y que asigne responsabilidades específicas en materia de género. La existencia de recursos y de estructuras e instrumentos organizativos expertos, como las instituciones y observatorios de igualdad, es también un factor que contribuye a la transversalización. Así mismo, otra condición fundamental es la generación y mejora de los conocimientos y capacidades técnicas a través de formaciones, pero también mediante el intercambio de información y de experiencias, y con la colaboración con la Academia y personal experto. La generación y catalización de canales de participación ciudadana, específicamente de las organizaciones de mujeres, contribuye también a la aplicación efectiva del *mainstreaming* de género. Destaca también como condición clave la existencia de mecanismos de seguimiento, rendición de cuentas y evaluación desde la perspectiva de género (Alfama y Alonso, 2015; EIGE, 2016).

Finalmente, la estrategia de *mainstreaming* de género se ha desplegado recurriendo al diseño y desarrollo de técnicas, instrumentos y herramientas específicas, aplicables a lo largo de todo el ciclo de las políticas públicas. En este sentido destacan la generación de datos estadísticos desagregados por sexo, el levantamiento de información diagnóstica —cuantitativa y cualitativa— desde la perspectiva de género —como los informes de impacto de género y, específicamente, a través del análisis de género— o los presupuestos con perspectiva de género, la generación de indicadores, *checklist* y guías de transversalización de género específicos, así como la evaluación de género, entre otras (EIGE, 2016).

Una vía imprescindible para la implementación efectiva del *mainstreaming* de género es la disposición de completos diagnósticos sobre la población desde la perspectiva de género, capaces de identificar y describir las causas estructurales de las desigualdades entre mujeres y hombres, en su diversidad. El análisis de género es la herramienta clave para este trabajo diagnóstico, ya que es la brújula que orienta la definición concreta de objetivos, resultados, actividades e indicadores de género en cada política o intervención concreta. Se trata por tanto de un requisito imprescindible para la generación de políticas verdaderamente transformadoras de las desigualdades de género.

La estrategia de *mainstreaming* no excluye la utilización de medidas complementarias de acción positiva y de acciones enfocadas específicamente a promover condiciones de empoderamiento para las mujeres. Tal y como se recoge en la Plataforma de Acción de Beijing:

> El éxito de las políticas y de las medidas destinadas a respaldar o reforzar la promoción de la igualdad de género y la mejora de la condición de la mujer debe basarse en la integración de una perspectiva de género en las políticas generales relacionadas con todas las esferas de la sociedad, así como en la aplicación de medidas positivas con ayuda institucional y financiera adecuada a todos los niveles (NNUU, 1995: párr. 57).

Este enfoque de la doble vía (*twin-track approach*) o estrategia dual es el que se reconoce como el más efectivo para el logro de la igualdad y, por tanto, el que se espera que adopten los poderes públicos y, en concreto, el que se espera también que apliquen los diversos actores del sistema de cooperación internacional (OECD, 1998).

El *mainstreaming* de género implica, por tanto, traducir la voluntad política hacia la igualdad género en la planificación estratégica, la cultura organizacional, el presupuesto, la estructura organizativa y los procedimientos de trabajo, los sistemas de información y comunicación o los sistemas de seguimiento y evaluación. Para ello, se requiere de un proceso de institucionalización de la igualdad de género, por el que las organizaciones integran el enfoque de género a través de procedimientos y procesos específicos, incorporándose en las rutinas y a las normas existentes, pasando a ser parte importante de las prácticas institucionales, la estructura organizativa y la definición de los objetivos y metodologías de la organización (Rico, 2001).

Aunque el compromiso con la igualdad de género se ha extendido ampliamente desde finales de la década de los noventa, los progresos en la implementación de las estrategias de *mainstreaming* han sido lentos y parciales, con un amplio margen de mejora en los desempeños institucionales, incluso entre los países con mayor recorrido en la institucionalización de género (Alfama *et al.*, 2014). De hecho, la puesta en práctica de la estrategia de *mainstreaming* de género ha transcurrido por diversos caminos, no todos ellos con potencial transformador.

Se distinguen así diversas estrategias de aplicación (Espinosa, 2013, 2016; Jahan, 1996; Lombardo, 2006; Mukhopadhyay, 2004; Walby, 2005):

a) La estrategia integracionista (*bureaucratic tool of integration*), centrada en el diseño de medidas para integrar los asuntos de género (en el análisis de problemas de un sector particular, identificando objetivos y resultados de género, etc.), si bien sin desafiar el marco político existente y como vía para mejorar la efectividad de las políticas públicas.
b) La estrategia *agenda setting*, que busca cambiar la agenda política incorporando la perspectiva y los intereses de las mujeres como una prioridad en el proceso político (problematizando asuntos como la violencias machistas o los derechos sexuales y reproductivos que estaban fuera de la agenda política).

c) La estrategia transformadora (*transformative strategy*) o *mainstreaming* de desplazamiento, que busca promover cambios en las estructuras, las instituciones, los procesos, las mentalidades y la cultura que reproducen y apuntalan la desigualdad. La estrategia de desplazamiento o transformadora trata de superar las dicotomías genéricas desde un enfoque de diversidad y enfatiza los procesos orientados hacia las causas estructurales de las desigualdades.

El empleo de estrategias poco transformadoras se ve potenciado por diferentes obstáculos y resistencias al cambio, que producen un efecto de "evaporación" (García Prince, 2008; Espinosa, 2013, 2016; Zabala, Martínez y Labaien, 2012) de los compromisos de género y del potencial transformador del *mainstreaming* de género. En este sentido, Espinosa (2016) sistematiza los factores que condicionan la aplicación de la perspectiva de género en las políticas públicas y en las políticas de cooperación internacional, en torno a dificultades y resistencias políticas y sociales, por un lado, y por otro, a dificultades organizativas y operativas. Las primeras estarían vinculadas a la falta de voluntad y de contundencia a la hora de considerar la igualdad como una prioridad de alto nivel, lo que también se traduce en una falta de recursos y fondos destinados a las políticas de género, o una debilidad orgánica y funcional de las instituciones de igualdad. Las dificultades organizativas y operativas estarían relacionadas con la naturaleza jerárquica e inercial de las burocracias gubernamentales, la dificultad para implementar enfoques transversales y la falta de capacidades del personal y de recursos humanos especializados. En este sentido, Alfama y Alonso (2015) afirman que las estrategias de *mainstreaming* no encajan con el habitual estilo de implementación de las políticas públicas, caracterizado "por una baja coordinación y trabajo en red, rigidez en la implementación, debilidad en los mecanismos de rendición de cuentas y monitoreo, y poco peso de la participación ciudadana", por lo que se requiere avanzar hacia estilos "más estratégicos, horizontales y en red, participativos y enfocados a las personas" (p. 27).

Las estrategias de *mainstreaming* de género se han centrado habitualmente en el desarrollo de herramientas técnicas y operativas desde una visión integracionista; sin embargo, no se ha puesto tanto el acento en el desarrollo de enfoques verdaderamente transformadores. La propuesta de un enfoque transformador de género busca trascender esta aproximación despolitizada, nutrirse del enfoque de derechos humanos y apostar por la promoción de procesos de empoderamiento y cambio social, más lentos y profundos, que tengan también en cuenta la mentalidad, la cultura o la práctica organizacional (Espinosa, 2016; Pajarín y Navarro, 2018).

Las instituciones y las organizaciones constituyen ámbitos de conflicto y de cooperación entre grupos, con intereses diversos y atravesados por relaciones de poder, incluidas las relaciones de género (Alfama y Alonso, 2015; Navarro, 2007, 2011, 2017). El *mainstreaming* de género de desplazamiento o transformador subraya por tanto el papel clave de las instituciones y de las organizaciones en la (re)producción del orden social patriarcal, y pone el foco en las capacidades de las organizaciones para explorar las potencialidades transformadoras de la estrategia.

Navarro (2011) explica la interdependencia que existe entre el cambio institucional y el cambio organizacional, así como la diferencia entre ambos términos: las instituciones se refieren a "las normas, reglas formales o informales que una sociedad se otorga para delimitar el espectro de acciones plausibles en cada situación" (p. 5), estableciendo incentivos y sanciones, y definiendo los comportamientos individuales y colectivos; las instituciones marcan también las actuaciones de las organizaciones, estableciendo las "reglas de juego". No obstante, según Navarro (2011), "las organizaciones son las protagonistas principales del cambio institucional" (p. 6), ya que además de promover cambios hacia su interior generan cambios dirigidos a transformar el contexto institucional —leyes, normas sociales, etc.— reorientando las prioridades, los recursos y las estrategias hacia la igualdad de género.

Desde la perspectiva de género se enfatiza por ello la importancia de las capacidades institucionales para la puesta en marcha de políticas de género verdaderamente transformadoras. Con inspiración en el marco de Tichy, Navarro (2011, 2017) propone analizar estas capacidades de las organizaciones en sentido amplio y desde un triple punto de vista —técnico, político y cultural— que abarque: i) aspectos misionales vinculados con las políticas, la trayectoria o la cultura organizacional; ii) un análisis de las estructuras y los procesos de planificación, toma de decisiones, comunicación y aprendizaje; y iii) aspectos vinculados con las personas, como la propia gestión de personal, la participación de los diversos actores o las actitudes y compromiso con el cambio hacia la igualdad.

La perspectiva organizacional es decisiva en el análisis de la incorporación de la perspectiva de género en las políticas de cooperación al desarrollo. Así, por ejemplo, Zabala *et al.* (2012) proponen un análisis de la transversalización atendiendo a los siguientes criterios:

a) Definición y orientación de la estrategia dual, atendiendo al alcance de la transversalidad en todas las políticas, actuaciones, instrumentos y modalidades; así como a las prioridades y objetivos de género, no solo como prioridad sectorial, sino también en el resto de líneas sectoriales.
b) Coherencia de la estrategia en relación a los baremos de valoración y a las partidas presupuestarias específicas.
c) Existencia de recursos para la gestión de la estrategia en relación a los equipos humanos de gestión (competencias, permanencia, estructura de género), así como los sistemas de información que permitan el seguimiento y la evaluación de los avances.
d) Involucración y participación de agentes diversos en el desarrollo de la estrategia.

Navarro (2011) enfatiza la interdependencia que existe entre las organizaciones y las instituciones, ya que un componente esencial del cambio organizacional está orientado al cambio de su trabajo "hacia fuera" y, específicamente, al cambio de las instituciones, las leyes, las normas, las creencias o las costumbres que apuntalan la desigualdad de género y la discriminación de las mujeres (p. 7). El enfoque transformador de género da cuenta de esta interdependencia y articula líneas de cambio, tanto hacia el interior de las organizaciones y agentes de cooperación al desarrollo como en relación a las características de las políticas e iniciativas que llevan a cabo para el logro de la igualdad de género en un contexto de nuevos desafíos para los derechos de las mujeres.

TABLA 1

MAINSTREAMING DE GÉNERO: CAPACIDADES INSTITUCIONALES

1.	*Marco político y estratégico.* Desde el punto de vista político, cabe preguntarse por la evolución en la incorporación de la perspectiva de género, si la igualdad de género es una prioridad misional y estratégica o si están establecidas responsabilidades concretas para garantizar su incorporación; así mismo interesa la presencia de mujeres en los puestos de toma de decisiones o la participación y la capacidad de intervención e incidencia por parte de los diversos actores.
2.	*Capacidades y recursos técnicos.* Desde un punto de vista técnico interesa conocer la existencia de una estrategia y/o política de género y su alineación con un enfoque dual, el empleo de herramientas técnicas adecuadas (estrategias desde la perspectiva de género, diagnósticos de género, planificación desde la perspectiva de género, presupuestos específicos, evaluaciones de género, etc.), así como la arquitectura de género, incluidos los recursos humanos y financieros, y las capacidades y competencias en género del personal.
3.	*Cultura organizacional.* Referida a la consistencia entre las creencias, valores y normas de la organización y la igualdad de género, la gestión de la información y del conocimiento, el trabajo en red y cooperativo en género, el uso de lenguaje inclusivo y otras normas de comunicación desde la perspectiva de género, la apropiación del mandato de género y el compromiso con el cambio del personal.

Fuente: Elaboración propia a partir de Navarro (2011), Oxfam (2010) y Zabala *et al.* (2012).

Junto a esta dimensión organizacional, el enfoque transformador de género también integra de manera sustancial la estrategia de empoderamiento. La aproximación tecnificada e integracionista del *mainstreaming* de género que ha prevalecido en el ámbito de las políticas públicas y, en concreto, en el ámbito de la cooperación internacional al desarrollo, ha provocado un alejamiento de ambas estrategias (Rao y Kelleher, 2005). El enfoque transformador de género enfatiza su confluencia, resaltando los factores más informales e invisibles de la desigualdad, así como las dimensiones individual y colectiva de los procesos de cambio social.

EL EMPODERAMIENTO COMO ESTRATEGIA

El concepto de empoderamiento tiene sus bases conceptuales en las teorías críticas posestructuralistas y posmodernas, que generaron un profundo cambio en las ciencias sociales a partir de la década de los sesenta. La recuperación de la cultura, el significado simbólico o la reinterpretación de la realidad como una construcción social contingente, dinámica y cambiable modificó los planteamientos epistemológicos y metodológicos clásicos. Este cambio, sin embargo, tardaría en llegar a los estudios del desarrollo y las relaciones internacionales (Benería, 2003).

El análisis de poder que realizaron Gramsci (2013) y Foucault (2007) se encuentra en la base del concepto de empoderamiento: por una parte, la idea de que el poder es una relación social de carácter multidimensional que opera en todos los niveles de la sociedad, desde las relaciones interpersonales e íntimas hasta la maquinaria del Estado; y, por otra, que las relaciones de poder y las formas de conciencia son históricas y culturalmente condicionadas por las luchas sociales, por lo que se enfatiza la importancia de generar conciencia, organización y movilización política para superar situaciones de opresión (Murguialday, 2013).

Otro de los pilares conceptuales del empoderamiento fueron los planteamientos en torno a la pedagogía emancipadora de Paulo Freire (2005) y al amplio movimiento de educación popular que inspiró, especialmente, en América Latina. Freire incidió en la transformación de la conciencia a través de la reflexión crítica y de una dinámica de aprendizaje transformadora y liberadora. El cuestionamiento por parte de las personas sin poder sobre las estructuras que limitan su desarrollo y participación social será uno de los postulados que adopte la noción de empoderamiento (Murguialay, 2013).

La importancia del análisis del poder que experimentan las ciencias sociales se traduce también en el ámbito de los movimientos sociales. Así, por ejemplo, en la década de los sesenta el discurso del movimiento por los derechos civiles para la población afroamericana en los Estados Unidos identificó la búsqueda del "poder negro" como estrategia de reivindicación (León, 1997). Cabe señalar también que la crítica feminista a la ceguera de género del modelo freiriano propicia en América Latina la "educación popular de mujeres", que canaliza las experiencias prácticas de trabajo con las mujeres de los sectores populares y que inspira también la posterior teorización sobre el empoderamiento de las mujeres (Murguialday, 2013).

En el ámbito del desarrollo, los primeros debates sobre el concepto de empoderamiento se localizan en el Sudeste Asiático en la década de los ochenta. En este contexto, el concepto aparece con un significado muy ligado a las estrategias de desarrollo rural integral y participación comunitaria, si bien las organizaciones de mujeres comienzan a enfatizar la importancia de ganar poder sobre sus propias vidas como un elemento constitutivo del empoderamiento (Murguialday, 2013).

A finales de la década de los ochenta, el concepto de empoderamiento comenzó a utilizarse por actores diversos (agencias y organizaciones internacionales de desarrollo, Gobiernos y organizaciones de la sociedad civil, etc.) con ideologías, enfoques y prácticas muy variados, y su significado llegó a hacerse confuso e impreciso. En ocasiones se utilizó en un sentido ligado a la autoconfianza empresarial (Young, 1997) o con un significado idéntico al que evocan los conceptos de participación, descentralización o los enfoques de desarrollo de participación comunitaria (Sen, 1997). En este contexto, las teóricas feministas de la década de los noventa se propusieron fortalecer y clarificar el significado del término, configurando el cuerpo teórico del nuevo enfoque alternativo. El empoderamiento se retoma entonces en aras de "la transformación social según la concepción feminista del mundo" (Wieringa, 1997: 157).

Los procesos de empoderamiento se orientan a promover condiciones para que las mujeres ejerzan mayor poder y control sobre sus propias vidas. Tienen que ver, por tanto, con el poder —relacional, complejo y cambiante—, analizándolo y proponiendo concepciones del poder alternativas a una noción de poder de suma negativa, controlador y ejercido sobre otras personas. Este *poder sobre* entendido como la habilidad para imponer unos intereses en detrimento de otros intereses (obligando, prohibiendo, reprimiendo, etc.) puede entenderse de tres formas diferenciadas: en primer lugar, como *poder sobre visible* referido al conflicto observable en la toma de decisiones, se relaciona con la jerarquía y las normas formales y se considera que los actores son conscientes de sus requerimientos y que disponen de capacidad y recursos para que sus voces sean escuchadas; en segundo lugar, el *poder sobre oculto*, que hace referencia a la capacidad de quien tiene el poder de crear agenda, evitando la discusión abierta sobre el conflicto, excluyendo cuestiones de la agenda de decisión y neutralizando la capacidad de las personas oponentes en expresar sus intereses y preferencias; y, finalmente, el *poder sobre invisible*, que se ejerce cuando las personas interiorizan normas, valores y creencias que son socialmente aceptados y asimilados como normales y ciertos (Murguialday, 2013; Navarro, 2011; Rutgers, 2018).

Frente a la teorización del poder como un *poder sobre* negativo, las estrategias del empoderamiento de las mujeres se asientan en visiones creativas y positivas del poder, avanzando en tres dimensiones alternativas:

1. Ganar poder personal o *poder interior* (*power within*), que implica aumento de la autoestima y la confianza en la propia valía, en la capacidad de poder controlar su propia vida. Se trata de un proceso individual que tiene que ver con la toma de conciencia sobre la propia situación y sus causas.
2. Ganar poder colectivo o *poder con* (*power with*), mediante la construcción de redes y alianzas, la participación y la acción colectiva. El intercambio de experiencias y la reflexión colectiva permite una mejor comprensión de las estructuras que afectan a la vida cotidiana y motiva a actuar de manera colectiva, fortalece el sentido de competencia personal y mejora las capacidades de negociación en las relaciones familiares.
3. Ganar *poder para* (*power to*), facilitador y creador, un poder para transformar, para definir la propia vida, para imaginar

escenarios futuros y planificar los objetivos y posibilidades de cambio (Murguialday, 2013; Pajarín y Leyra, 2018; Rowlands, 1997; Rutgers, 2018; Zabala, 2010).

Murguialday (2013) expone los consensos feministas en torno al empoderamiento. Así, por ejemplo, indica que se trata de

> un proceso a largo plazo que va de dentro hacia afuera y de abajo hacia arriba, que se inicia en el ámbito personal mediante el desarrollo de la autoimagen positiva y confianza en las propias capacidades, continúa en el ámbito de las relaciones cercanas a través de la habilidad para negociar e influenciar las relaciones familiares, y se expande hacia una dimensión colectiva en la que las mujeres construyen estructuras organizativas suficientemente fuertes para actuar en la arena política en pos de cambios sociales y políticos (pp. 40-41).

El poder es entendido de manera relacional y dinámica, como un proceso de cambio que implica la adquisición de poder por quienes carecían del mismo, poniendo el acento en el proceso y no tanto en el grado en el que se posee o ejerce (Zabala, 2010). El empoderamiento no trata solo de abrir los procesos de toma de decisiones, sino, principalmente, que las personas o grupos tengan la capacidad de percibirse a sí mismas como aptas para ocupar los espacios de toma de decisiones y de usar dichos espacios de manera efectiva (Rowlands, 1997).

Basándose en la distinción analítica que realizara Molyneux (1985) entre necesidades prácticas de género e intereses estratégicos de género[6], Young (1997) considera que el cuestionamiento de las necesidades prácticas por las mujeres, mediado por la discusión y el intercambio de experiencias, puede transformar las necesidades prácticas en intereses estratégicos que cuestionen la

6. Las necesidades prácticas se vinculan con las condiciones materiales inmediatas de mujeres y hombres en función de sus roles de género, mientras que los intereses estratégicos tienen que ver con la posición social de unas y otros, su consideración y valor social, su capacidad de influencia o con la protección y el ejercicio de sus derechos.

subordinación de género y la visión androcéntrica de la realidad. Las dimensiones colectiva e individual del concepto de empoderamiento están íntimamente relacionadas. Si para Sen (1997) el cambio interno, de conciencia, personal e individual es lo más característico del proceso, Kabeer (1997) considera que el empoderamiento debe tener como meta última la capacidad de las personas desempoderadas de actuar colectivamente a favor de sus propios intereses prácticos y estratégicos. El empoderamiento desafía por tanto el orden establecido, por lo que no es un proceso neutral y es posible que las transformaciones que implica entren en conflicto con los ámbitos donde las relaciones de poder se ven alteradas (López, 2006).

Los procesos de empoderamiento no son lineales ni intercambiables, ya que difieren en cada persona o grupo en función de sus circunstancias vitales y contextuales o de la localización de la subordinación (en lo personal, familiar, comunitario, nacional, regional o global). No existen por tanto modelos únicos que puedan ser aplicados de manera indistinta, si bien sí pueden identificarse elementos o dimensiones comunes en torno a los cuales contribuir a generar procesos de empoderamiento, en tanto que indicadores aproximados de los resultados del proceso.

Así, por ejemplo, Rowlands (1997) distingue tres dimensiones del proceso de empoderamiento: i) la dimensión personal, donde el empoderamiento consiste en desarrollar el sentido de ser, la autoconciencia de derechos, la confianza y las capacidades individuales (implica la deconstrucción de los efectos de la internalización de la opresión); ii) la dimensión de las relaciones cercanas, donde el empoderamiento consiste en desarrollar la habilidad para negociar, participar e influir en la naturaleza de la relación y en las decisiones que puedan tomarse (lo más difícil); y iii) la dimensión colectiva, donde las mujeres trabajan conjuntamente para lograr un mayor impacto del que podrían ejercer individualmente (puede ser local/informal o formal).

Kabeer (1999) propone una metodología basada en tres aspectos combinados: la agencia, los recursos (materiales, sociales, personales, etc.) y los logros (resultados efectivos del proceso).

La agencia constituye el elemento más característico del proceso de empoderamiento, ya que enfatiza el papel protagonista de las mujeres en el proceso de cambio de sus propias vidas. La capacidad efectiva de elegir es, por tanto, nuclear, y Kabeer la articula en torno a tres elementos: i) las condiciones de la elección (si hay diversas alternativas o no); ii) las consecuencias de las elecciones (si son sobre aspectos vitales o secundarios); y iii) el potencial transformador de la elección (si la elección transforma o reproduce las desigualdades o situaciones de discriminación) (Murguialday, 2013).

A pesar de su complejidad y contingencia, el concepto de empoderamiento es susceptible de traducirse en acciones observables y mensurables. La estrategia de empoderamiento parte de una visión crítica de la realidad y representa una práctica emancipadora en lo personal y en lo colectivo, en aras de un cambio profundo, estructural y sostenible de las relaciones de poder existentes.

ENFOQUE TRANSFORMADOR DE GÉNERO

Las críticas feministas al concepto moderno de ciudadanía se han realizado desde diversos enfoques. Desde el feminismo liberal se apuesta por la incorporación de las mujeres al ámbito público a través de medidas de igualdad de trato y de oportunidades, no obstante, sin cuestionar el estándar androcéntrico con el que se configuró el modelo de ciudadanía moderno. Por otro lado, desde el feminismo radical y el feminismo cultural se cuestiona el carácter patriarcal de las democracias modernas y se propone una transformación radical de la ciudadanía, politizando cuestiones como la reproducción, la sexualidad, el amor, la maternidad, el trabajo doméstico y de cuidados no remunerado, o las violencias machistas; y reivindicando un ensanchamiento de derechos y una mayor intervención pública para su reconocimiento y realización.

Algunos planteamientos desde esta mirada cultural proponen la reconfiguración de la ciudadanía enfatizando la diferente perspectiva y ética de las mujeres y promoviendo medidas para el reconocimiento de la diferencia, o la valorización e integración de los aportes de las mujeres, desde una noción identitaria de la representación. En este sentido, Pateman (1988) presenta el "dilema Wollstonecraft" entre igualdad y diferencia, incurriendo en la contradicción de plantear desde el paradigma de la diferencia la conformación de una nueva ciudadanía igualitaria e inclusiva.

Sin embargo, otros planteamientos radicales desde el paradigma de la igualdad (Cobo, 2011; Fraser, 2015; García Prince, 2008; Jaggar, 2014; Mouffe, 1992, 1999) proponen el avance en la noción de igualdad sustantiva que, como se ha mencionado, remite a una noción de equivalencia humana capaz de reconocer la diferencia y la diversidad. La igualdad sustantiva subraya la necesidad de implementar políticas de redistribución feministas junto con las políticas de reconocimiento, con el objetivo de transitar desde una igualdad formal a una igualdad de resultados. Para ello, propone transformar las causas estructurales de las desigualdades que tienen que ver con las relaciones de poder que se (re)producen a través de las instituciones, las estructuras, los patrones sociales de relación, producción y convivencia o los estereotipos culturales.

Desde esta perspectiva estructural, el principio de igualdad sustantiva reconoce por tanto el carácter transcultural y transnacional del patriarcado y, en un contexto de globalización neoliberal, su impacto en la explotación sexual y económica de las mujeres. La igualdad sustantiva también insiste en la importancia de integrar las experiencias localizadas de las mujeres en su diversidad en la formulación de iniciativas y políticas y, en definitiva, en su articulación como actoras políticas y agentes de cambio, participando en paridad en la creación simbólica de un nuevo marco de justicia y convivencia.

La noción de igualdad sustantiva trasciende por tanto una visión de ciudadanía basada en una homogeneidad identitaria, restrictiva y artificial, y potencia el reconocimiento de la pluralidad y la diversidad, pero con igual valor o estatus ante la comunidad, las instituciones y el conjunto del sistema. En esta línea, destaca el planteamiento de Mouffe (1992), quien enfatiza esta dimensión política de la igualdad, con el término de "equivalencia democrática". Desde una visión cosmopolita, también puede trasladarse al ámbito internacional, insistiendo en la necesidad de avanzar en fórmulas de gobernanza más democráticas y representativas, canalizadoras del debate democrático en la conformación de una visión ética compartida (Jaggar, 2014), y capaces de promover la acción colectiva cooperativa que requieren los nuevos retos globales.

La propuesta de un enfoque transformador de género se articula en torno a la noción de igualdad sustantiva, promoviendo medidas de reconocimiento feminista focalizadas en el cambio de los patrones culturales androcéntricos institucionalizados; así como de redistribución feminista, centradas en la transformación de las estructuras socioeconómicas desiguales, organizadas en torno a la división sexual del trabajo. La justicia de género implica el desarrollo de políticas de género y de iniciativas que incorporen la perspectiva de género, superando aproximaciones despolitizadas, con el objetivo de lograr la igualdad de resultados y la plena realización de derechos. El enfoque transformador explora las posibilidades de la estrategia de *mainstreaming* de desplazamiento y de la estrategia de empoderamiento para transformar las causas estructurales de las desigualdades, generando procesos de cambio profundos y a largo plazo. La adopción de esta estrategia dual o de doble vía es una de las características del enfoque transformador.

Tal y como se ha explicado, el *mainstreaming* de género pone el acento en la importancia de cambiar las estructuras sociales, los procesos y las prácticas discriminatorias, las mentalidades y la cultura, con medidas transversales e integrales de cambio individual y colectivo. Se trata por ello de un proceso estratégico que integra el análisis de la realidad teniendo en cuenta las diferentes situaciones, necesidades, intereses o expectativas que tienen hombres y mujeres, así como los recursos, beneficios y posibilidades de participación política, económica y social diferenciados por sexo.

El análisis de género constituye la herramienta clave para la transversalización de la perspectiva de género, ya que explica de manera sistemática los modelos específicos de relación de género en un contexto determinado. El análisis de género permite recabar información muy relevante para la programación de políticas públicas y, en concreto, de iniciativas de cooperación internacional, sobre los siguientes aspectos (De la Cruz, 2009):

- las diferentes perspectivas, roles, necesidades e intereses de mujeres y hombres y las desigualdades que se producen en el acceso a recursos, responsabilidades o capacidad de intervenir en las tomas decisiones;
- los patrones culturales, las creencias, las prácticas o estereotipos que estructuran las oportunidades, las necesidades y los beneficios;
- las capacidades institucionales de titulares de obligaciones y de titulares de responsabilidades[7] para implementar políticas y acciones de género;
- el impacto diferencial de las intervenciones, políticas o programas;
- las oportunidades y fortalezas, así como los obstáculos y resistencias para los avances en el logro de la igualdad.

Existen diversos marcos de análisis de género[8] que ofrecen elementos analíticos y herramientas que contribuyen a poner en diálogo el análisis de género con la planificación de las acciones. Entre los diversos modelos pueden identificarse categorías conceptuales comunes y decisivas para entender y describir las

---

7. Las estrategias de actuación del enfoque basado en derechos humanos se centran en la identificación de los roles y de las capacidades (o brechas de capacidad) de las personas titulares de derechos (las personas), los titulares de responsabilidades (las organizaciones de la sociedad civil, los medios de comunicación o el sector privado) y los titulares de obligaciones (Estados y Gobiernos a nivel local, regional y global). El enfoque busca promover las capacidades de las personas titulares de derechos para que puedan conocer, ejercer y reclamar sus derechos, las capacidades de los titulares de responsabilidades para denunciar violaciones de derechos humanos y promover su goce efectivo, y las capacidades de los titulares de obligaciones para reconocer, respetar, proteger y garantizar los derechos humanos (García Varela y Borja, 2014).
8. Entre los diversos marcos de análisis de género destacan el Marco de Moser, el Marco de igualdad y de empoderamiento de Sara H. Longwe, el Enfoque de las Relaciones Sociales, de Naila Kabeer, o el Marco de Harvard, entre otros (De la Cruz, 2009; Batliwala y Pittman, 2010).

relaciones de género. En este sentido, el análisis de género ha de incluir, al menos, estos siete pasos básicos:

1. *Conocer el perfil de actividades de los hombres y de las mujeres en función de los roles de género, la división sexual del trabajo y el análisis de distribución del tiempo.* Los roles de género asignan actividades y responsabilidades diferenciadas a mujeres y hombres y distribuyen espacios y recursos. La naturaleza y el valor del trabajo realizado por las mujeres suele comportar menos ingresos y suele tener una menor valoración social. El análisis de género contempla el triple rol de las mujeres (De la Cruz, 1998; SIDA, 2009; Sojo, Sierra y López, 2002):
   a) *Rol reproductivo:* comprende todas las actividades y tareas dedicadas al cuidado y manutención del hogar y de sus miembros. Incluye, entre otras: el embarazo y el parto, la crianza y el trabajo de cuidados a personas dependientes, la preparación de los alimentos, la recolección de agua y fuentes de energía o las actividades agropecuarias de subsistencia. No suele considerarse trabajo, no se remunera y tiene un escaso valor social.
   b) *Rol productivo:* comprende todas las actividades y tareas destinadas a la producción de bienes y servicios para la venta y el consumo, como el trabajo por cuenta ajena, el trabajo agrícola, los trabajos profesionales, etc. Es considerado propio de los hombres, aunque las mujeres también participan, pero en peores condiciones (precariedad, temporalidad, parcialidad). Genera ingresos y tiene valor social (aunque en distinto grado dependiendo de las actividades).
   c) *Rol comunitario:* abarca todas las actividades y tareas que contribuyen al desarrollo cultural, espiritual y organizativo de una comunidad. Incluye la participación en organizaciones comunitarias, la organización de los servicios sociales, el trabajo voluntario, etc. Hombres y mujeres participan, aunque los primeros suelen estar en tareas

de liderazgo y las mujeres en tareas de apoyo, constituyendo la mayor parte del voluntariado.

2. *Analizar el acceso y el control de los recursos y de los beneficios de todo tipo (sociales, económicos, culturales, motivacionales, movilidad, información, etc.) de hombres y de mujeres, de manera diferenciada.* Mientras que el acceso se refiere a la capacidad de acceder y usar un recurso, el control se refiere a la capacidad de decidir sobre el uso, resultado o explotación del mismo. Desde la perspectiva de género, es esencial analizar también esta dimensión de control.
3. *Identificar los factores sociales, económicos, culturales, políticos y personales que influyen en las relaciones de género.* Se trata tanto de factores de cambio como la capacidad de liderazgo y de generación de alianzas, o la existencia de marcos normativos garantistas con los derechos de las mujeres, como de factores de resistencia vinculados a la existencia de normas, estereotipos interpretaciones religiosas o prácticas culturales discriminatorias, el funcionamiento del mercado de trabajo, la política fiscal, etc. Cabe destacar la importancia del monitoreo de estos factores a lo largo de la intervención, tratando de potenciar los factores que están contribuyendo al cambio hacia la igualdad, así como de identificar y neutralizar los "cambios negativos, retrocesos o reacciones adversas" que puedan generarse ante los procesos de empoderamiento (Batliwala y Pittman, 2010). En este sentido, es importante dar seguimiento a "cómo están respondiendo las estructuras de poder a los desafíos que plantean las intervenciones por los derechos de las mujeres" (p. 13).
4. *Conocer las necesidades prácticas y los intereses estratégicos de mujeres y de hombres.* Según Molyneux (1985), las necesidades prácticas se vinculan con las condiciones materiales inmediatas de mujeres y hombres en función de sus roles de género (condición); y los intereses estratégicos tienen que ver con la posición social de unas y otros, su consideración y valor social, su capacidad de influencia, o con la protección y el ejercicio de sus derechos (posición).

5. *Abordar de manera específica la calidad de la participación de las mujeres, distinguiendo diferentes niveles de participación:* a) reciben beneficios y recursos de manera pasiva (no participan); b) realizan actividades definidas por otras personas; c) son consultadas en algún momento; d) participan en el ciclo de la política o la intervención; e) deciden autónomamente y participan en todos los ámbitos de toma de decisiones (García, 2009).
6. El análisis de género puede ofrecer también información sobre la capacidad institucional de titulares de obligaciones y de titulares de responsabilidades en materia de *mainstreaming* de género (Navarro, 2011; Oxfam, 2010; Zabala *et al.*, 2012) en torno a:
   a) *Marco político y estratégico:* evolución en la incorporación de la perspectiva de género, si la igualdad de género es una prioridad misional y estratégica o si están establecidas responsabilidades concretas para garantizar su incorporación, la capacidad de intervención e incidencia por parte de los diversos actores, etc.
   b) *Capacidades y recursos técnicos:* existencia de una estrategia y/o política de género y su alineación con un enfoque dual, el empleo de herramientas técnicas adecuadas, recursos humanos y financieros, las capacidades y competencias en género del personal, etc.
   c) *Cultura organizacional:* referida a la consistencia entre las creencias, los valores y las normas de la organización y la igualdad de género, la gestión de la información y del conocimiento, el trabajo en red y cooperativo en género, el uso de lenguaje inclusivo y otras normas de comunicación desde la perspectiva de género, la apropiación del mandato de género y el compromiso con el cambio del personal.
7. *Identificar las situaciones de mayor vulnerabilidad y las situaciones de vulneración de derechos específicas en función de otros factores de discriminación que interseccionan con la desigualdad de género* (como el estatus socioeconómico,

la etnia, la religión, la orientación sexual o la identidad de género, entre otras).

La información recabada a través del análisis de género es la que orienta el contenido y las características de la transversalización de la perspectiva de género en la planificación y en la programación de las políticas públicas y de las acciones de cooperación internacional. El análisis de género es la brújula que permite identificar los objetivos, resultados, actividades e indicadores de género en cada intervención y en cada contexto, contribuyendo a no perpetuar las discriminaciones y, también, a promover los cambios necesarios para transformarlas. La formulación de objetivos específicos de género como elemento central del diseño de la intervención, así como la formulación de medidas concretas para su logro, con recursos suficientes y adecuados, basados en la información del análisis de género, son elementos nucleares desde un punto de vista estratégico y operativo del enfoque transformador de género (De la Cruz, 2009; Espinosa, 2018).

TABLA 2

CATEGORÍAS Y PREGUNTAS CLAVE DEL ANÁLISIS DE GÉNERO

CATEGORÍAS CONCEPTUALES BÁSICAS	PREGUNTAS BÁSICAS DEL ANÁLISIS DE GÉNERO
Roles de género: división sexual del trabajo y perfil de actividades	¿Quién hace qué? ¿Dónde lo hace? ¿Cuánto tiempo? ¿Comporta ingresos?
Acceso y control de recursos y beneficios	¿Quién tiene qué? ¿Quién sabe qué? ¿Cómo se distribuyen los recursos? ¿Cómo se accede al conocimiento y a la información?
Factores de influencia, de cambio y de resistencia	¿Qué factores afectan a los acuerdos de género? ¿Qué factores y capacidades de cambio? ¿Qué factores de resistencia y reacciones adversas?
Necesidades prácticas e intereses estratégicos	¿Qué necesidades? ¿Qué expectativas? ¿Qué oportunidades? ¿Quién quiere qué? ¿Qué prioridades?
Calidad de la participación	¿Cómo se participa? ¿Quién participa en la toma de decisiones? ¿Dónde? ¿Quién decide qué?
Capacidad institucional de género	¿Qué fortalezas y oportunidades? ¿Qué debilidades y resistencias?
Interseccionalidad	¿Qué mujeres? ¿Qué hombres?

Fuente: Elaboración propia a partir de De la Cruz (2009).

Esta perspectiva es la que adopta la Agencia Sueca de Cooperación al Desarrollo (SIDA, 2009, 2017), que concede al análisis de género un lugar central en su estrategia de transversalización de género. El modelo sueco incluye un análisis de género obligatorio que guía la definición de una estrategia de género específica, y que puede combinar tres enfoques diferentes: i) la puesta en marcha de intervenciones adaptadas para fortalecer a grupos o temáticas específicas; ii) la integración de la igualdad de género en los programas y proyectos; y iii) el diálogo sobre la igualdad de género, que incluye acciones de diálogo e incidencia sobre los derechos de las mujeres (especialmente sobre derechos sexuales y reproductivos) y el fortalecimiento de capacidades de entidades socias, específicamente, de las organizaciones feministas (por ejemplo, financiando y promoviendo su participación en eventos internacionales relevantes). La estrategia de género incluye la formulación de objetivos e indicadores de género, la previsión de recursos y de personal experto en género, así como el seguimiento y la evaluación de los resultados de género.

La desigualdad de género es multidimensional, compleja y estructural, y el sistema de relaciones de poder jerárquicas que la originan se (re)producen en diferentes niveles y ámbitos: desde lo subjetivo, pasando por las relaciones interpersonales más cercanas, hasta las estructuras sociales, económicas, políticas y normativas. La desigualdad de género tiene una clara dimensión material, pero también una dimensión simbólica clave, que se encuentra enraizada en los estereotipos sociales, los valores y las subjetividades (Alfama *et al.*, 2014; Batliwala y Pittman, 2010; Friedman y Gordezky, 2011; Rao y Kelleher, 2005). Este carácter multidimensional y estructural de la desigualdad de género requiere de la puesta en marcha de modelos redistributivos que tengan en cuenta también esta dimensión menos visible e informal de la desigualdad, así como la calidad de la participación de las mujeres en la definición del escenario político y del marco de justicia (Fraser, 2015).

La propuesta metodológica y operativa del enfoque transformador de género atiende tanto a los factores formales referidos a la redistribución de recursos o a los cambios normativos, políticos e institucionales, como, también, a los factores informales como la construcción de la subjetividad, la conciencia de derechos o los estereotipos y los imaginarios y prejuicios sociales que configuran la dimensión simbólica de la desigualdad. El enfoque transformador de género también hace referencia al papel y a las capacidades de las instituciones, de las administraciones públicas y de las organizaciones en la generación de políticas transformadoras de género, así como en el desarrollo de prácticas y actitudes alineadas con el principio de igualdad.

El logro de la igualdad de género requiere de respuestas integrales y comprehensivas que contemplen de manera coordinada las cuatro dimensiones de cambio que se proponen en la figura 2, elaborada con base en la propuesta de *Gender at Work Framework*. Por un lado, la dimensión individual, ligada a la experiencia y a la toma de conciencia sobre la vulneración de derechos, que incluiría actividades de empoderamiento individual, habilidades como la capacidad de expresarse y de negociar, o condiciones como la libertad de expresión. Esta dimensión también incluiría el impulso de modelos de masculinidad alternativos (Connell, 1997). Por otro lado, la dimensión individual formal, vinculada con el acceso y el control de recursos y oportunidades, que contemplaría todas las acciones destinadas a fortalecer la autonomía económica, política y física de las mujeres.

Las políticas transformadoras también han de contemplar la dimensión colectiva desde un punto de vista sistémico, generando cambios institucionales que promuevan la igualdad, como el cambio en las leyes discriminatorias, las modificaciones de las políticas económicas y fiscales, o una mayor firmeza en el compromiso con la igualdad de género por parte de los titulares de obligaciones. Así mismo, el cambio colectivo también ha de realizarse en una dimensión menos visible, lo que supondría trabajar también los patrones culturales y simbólicos discriminatorios. Esta dimensión conllevaría, por ejemplo, un trabajo de sensibilización comunitaria con titulares de responsabilidades, organizaciones sociales y religiosas o medios de comunicación (Batliwala y Pittman, 2010; Friedman y Gordezky, 2011; Rao y Kelleher, 2005).

FIGURA 2

ENFOQUE TRANSFORMADOR DE GÉNERO: PROPUESTA ESTRATÉGICA

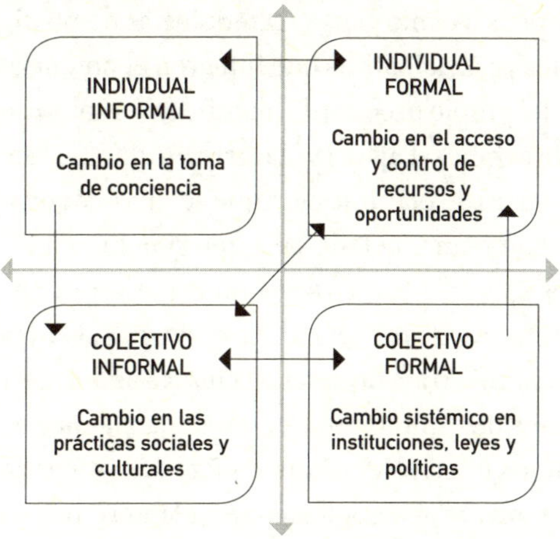

Fuente: Adaptación de Carballo, Castelló y Pajarín (2018: 34) con base en la propuesta de *Gender at Work Framework*.

Estas cuatro dimensiones están interrelacionadas y marcan una hoja de ruta estratégica para el logro de la igualdad efectiva. Así mismo, el enfoque transformador de género plantea abordajes multisectoriales e intersectoriales que emplazan a la coordinación y al trabajo con distintas titularidades, así como a la conformación de redes de estratégicas multinivel (Pajarín y Navarro, 2018).

Esta propuesta estratégica conjuga los elementos más transformadores del *mainstreaming* de género con las propuestas operativas de la estrategia de empoderamiento. En este sentido, instituciones como el Departamento para la Cooperación Internacional del Gobierno británico (DEFID por sus siglas en inglés) (2015) o CARE International (2014) proponen un marco de empoderamiento en torno a las siguientes dimensiones: a) la agencia —la capacidad para tomar decisiones sobre la propia vida y para alcanzar el logro de resultados deseados—; b) la estructura —el marco que condiciona las elecciones—; y c) las relaciones de poder donde las mujeres negocian sus condiciones de empoderamiento individual y colectivo[9].

9. La agencia se refiere a la capacidad para tomar decisiones sobre la propia vida y para alcanzar el logro de resultados deseados. El trabajo de fortalecimiento de la agencia implica el trabajo a varios niveles como la autoimagen y la autoestima;

La naturaleza de estos procesos complejos de cambio individual y social emplaza al trabajo estratégico a largo plazo, lo que requiere de un apoyo sostenido en el tiempo, así como el uso metodologías de planificación operativas, flexibles y participativas que integren el potencial transformador intrínseco del propio proceso de planificación como un paso más en la dinámica de cambio (Pajarín y Navarro, 2018). En este sentido, destacan las propuestas de planificación que se fundamentan en la "teoría del cambio", como una metodología que genera una visión y una ruta compartidas sobre el proceso de cambio que se pretende lograr (DEFID, 2015; Retolaza, 2010; UNDG, 2017; Van Es, Guijt y Vogel, 2015). La teoría del cambio trata de sacar a la luz las creencias y los valores sobre los procesos de cambio y que condicionan las acciones, y busca provocar cambios interrelacionados a nivel operativo (en cómo se hacen las cosas), a nivel epistemológico (en cómo se piensa sobre las cosas) y a nivel ontológico (en cómo entendemos y nos posicionamos en la realidad) (Retolaza, 2010). La teoría del cambio integra por tanto la importancia de los factores culturales y simbólicos en los procesos de cambio, esenciales para transformar las causas estructurales de las desigualdades.

Finalmente, un enfoque transformado de género pone el acento en la participación de las mujeres como actoras políticas en la creación de un nuevo marco de justicia y de convivencia. La generación de un entorno sociopolítico adecuado para el ejercicio de una ciudadanía plena para las mujeres desde un enfoque de derechos es un componente clave del enfoque. En este sentido, se destacan las líneas

---

la conciencia jurídica y de derechos; el acceso a la información y el desarrollo de habilidades; el acceso a la educación y al empleo; la movilidad en espacios públicos; la capacidad de influencia en las decisiones domésticas y familiares; la adhesión a grupos de incidencia; la propiedad de activos materiales; o las condiciones adecuadas para su salud corporal e integridad física. La estructura es el marco que condiciona las elecciones, donde influyen, entre otras, las reglas de matrimonio y parentesco; las leyes y las prácticas de ciudadanía; las normas y los procesos institucionales; la información y el acceso a servicios y, en concreto, el acceso a la justicia; la participación en puestos de toma de decisiones a todos los niveles; las prácticas presupuestarias o la capacidad de incidencia de la sociedad civil. Finalmente, las relaciones de poder donde las mujeres negocian sus condiciones de empoderamiento individual y colectivo tienen que ver con su capacidad para diseñar logros para ellas mismas, con la capacidad de negociación y de trabajo colectivo y en alianza, o con la participación en procesos de incidencia y de rendición de cuentas (CARE International, 2014; DEFID, 2015).

de trabajo mencionadas en torno a la ruptura de la división patriarcal entre la esfera pública y la privada, con el avance en el reconocimiento, garantía y protección de los derechos económicos y sociales desde la perspectiva de género, de los derechos sexuales y reproductivos y, en concreto, del derecho a una vida libre de violencia, así como el avance en la corresponsabilidad pública de la reproducción social. Otra línea de trabajo es el fortalecimiento de titulares de obligaciones y de responsabilidades en la puesta en marcha de políticas de género y de *mainstreaming* de género, con énfasis en la capacidad diagnóstica para contextualizar las vulneraciones concretas de derechos y en los sistemas de evaluación y rendición de cuentas.

TABLA 3

ENFOQUE TRANSFORMADOR: ELEMENTOS CLAVE

Orientación hacia la transformación de las causas estructurales de la desigualdad de género y de la vulneración de derechos para el logro de la igualdad sustantiva.
Combinación de medidas de reconocimiento feminista, focalizadas en el cambio de los patrones culturales androcéntricos institucionalizados, y de medidas de redistribución feminista, centradas en la transformación de las estructuras socioeconómicas desiguales, organizadas en torno a la división sexual del trabajo.
Adopción de estrategias duales que combinen políticas de mainstreaming de género con políticas de empoderamiento.
Obtención de información diagnóstica a través del análisis de género, con metodologías participativas, que tenga en cuenta la intersección de discriminaciones y la identificación de colectivos en situación de mayor discriminación.
Formulación de objetivos, resultados, actividades, recursos e indicadores específicos de género, alineados con la información del análisis de género.
Diseño de estrategias de intervención que tenga en cuenta el trabajo en cuatro dimensiones de cambio complementarias: a) en las creencias y las actitudes internalizadas; b) en las normas sociales y culturales; c) en las leyes formales, las políticas, las estructuras o las capacidades institucionales en género; y d) el acceso y control de recursos y oportunidades.
Abordajes multisectoriales e intersectoriales a través de trabajo coordinado con distintas titularidades, así como la conformación de redes de estratégicas multinivel.
Fortalecimiento de las capacidades institucionales en género de la institución u organización promotora de la intervención, en relación al marco político y estratégico, las capacidades y recursos técnicos y la cultura organizacional.
Procesos estratégicos de cambio a largo plazo, que requieren un apoyo sostenido y el empleo de metodologías de planificación transformadoras.
Participación de las mujeres como actoras políticas a todos los niveles, en la creación de un nuevo marco de justicia y de convivencia.
Defensa y preservación de los logros en igualdad alcanzados.

Fuente: Elaboración propia.

El enfoque transformador enfatiza la importancia de la participación de las mujeres a todos los niveles, incluyendo el ámbito internacional, donde la globalización neoliberal ha generado nuevos retos para la igualdad de género. En este sentido, cabe señalar que los logros en igualdad han de ser defendidos, preservados y sostenidos, por lo que la defensa por la pervivencia de los logros y del consenso internacional en igualdad alcanzado en las últimas décadas constituye también una línea complementaria de trabajo.

El fortalecimiento de la participación de las mujeres en todos los procesos de toma de decisiones y a todos los niveles es uno de elementos nucleares del enfoque transformador. Para ello, es clave el apoyo a las organizaciones feministas con el objetivo de fortalecer su capacidad de incidencia o de participar en alianzas y redes estratégicas, también en el ámbito internacional. En el actual contexto de cambios en el sistema internacional y de desafíos globales, la participación de las organizaciones feministas en los espacios internacionales de toma de decisiones cobra especial relevancia.

El feminismo global se enfrenta en los próximos años al doble reto de, por un lado, mantener los logros alcanzados en igualdad ante la reacción patriarcal impulsada por los fundamentalismos religiosos y políticos; y, por otro, el de participar en paridad en la reconfiguración del nuevo marco de justicia, sobre el que se asiente un nuevo modelo de convivencia global centrado en la igualdad, la justicia social y la sostenibilidad de la vida y del planeta. Los nuevos desafíos globales requieren de miradas integrales y de aproximaciones holísticas como la que propone el enfoque transformador de género. Así mismo, las propuestas estratégicas y operativas del enfoque pueden contribuir a enfrentar los retos de implementación de la Agenda 2030 para el Desarrollo Sostenible en el logro de la igualdad de género que se propone.

CAPÍTULO 2

MUJERES, GÉNERO Y DESARROLLO

La visión sobre el papel de las mujeres en los procesos de desarrollo ha ido transformándose con la evolución de la propia concepción del desarrollo. En este proceso destaca la reflexión sobre las consecuencias e impactos que las diferentes políticas de desarrollo tienen sobre las mujeres y, también, el debate en torno a las políticas más efectivas para el logro de la igualdad de género.

Resulta de especial interés realizar este recorrido por las diferentes visiones y estrategias centradas en el papel de las mujeres en los procesos de desarrollo, con el objetivo de identificar aquellos elementos diferenciadores del enfoque "Género en el Desarrollo" (GED), que busca transformar las relaciones desiguales de poder entre mujeres y hombres que están en la base de la discriminación de las mujeres y su participación limitada en todos los ámbitos de la vida pública y privada. Este carácter transformador de las políticas de género raramente se encuentra actualmente en las políticas de cooperación al desarrollo que promueven la igualdad de género. Por el contrario, la mayor parte de las actuaciones destinadas a la igualdad de género siguen reproduciendo estrategias previas a la consolidación del enfoque GED.

La incorporación de la categoría género a los estudios del desarrollo y el cambio de paradigma que supuso el enfoque de desarrollo humano, y su conexión con visiones alternativas como la estrategia de empoderamiento, contribuyó a la formulación del enfoque GED. El enfoque GED traslada su atención desde las mujeres a las causas estructurales de las desigualdades de género, buscando la transformación de los roles tradicionales y de las estructuras simbólicas, culturales, políticas, económicas y sociales que perpetúan la discriminación de las mujeres y las jerarquías de poder de género.

La literatura especializada (Buvinic, 1983; Cirujano, 2006; De la Cruz, 1998; Espinosa, 2011, 2013; Kabeer, 1998; Moser, 1991, 1993; Rodríguez Manzano, 2008, 2017; Zabala, 1999, 2006, 2010) distingue los siguientes enfoques y estrategias en función del tipo de necesidades, intereses y asuntos de las mujeres que las agencias de desarrollo pretenden cubrir y promover. A pesar de que estas estrategias han surgido en contextos históricos concretos y que han sufrido modificaciones y revisiones, "se han ido manteniendo a lo largo del tiempo de manera que muchas de ellas están aún presentes en la actividad de las agencias de desarrollo" (Zabala, 2006: 9).

Estos enfoques y estrategias generados a partir de mediados del siglo pasado pueden ser clasificados en dos grandes grupos: por un lado, los "enfoques oficialistas" (García Prince, 2008: 10), que fueron los impulsados por los organismos multilaterales a través de espacios y procedimientos formales oficiales; y por otro, los "enfoques alternativos" (García Prince, 2008; Zabala, 2006, 2010), que plantean importantes críticas a los enfoques oficiales y que surgen, en algunos casos, desde las Organizaciones de la Sociedad Civil (OSC). A continuación se realiza un recorrido siguiendo las estrategias de bienestar, Mujeres en el Desarrollo (MED) —en su versión equidad, antipobreza y eficiencia—, Mujeres y Desarrollo, y, finalmente, se analiza en profundidad las particularidades conceptuales y técnicas del enfoque de GED. Esta revisión se realiza también a la luz de los avances normativos implementados en el reconocimiento de la igualdad y de los derechos de las mujeres.

Un factor destacado para la progresiva institucionalización del principio de igualdad en el sistema internacional fue la conformación de un movimiento feminista internacional con capacidad de incidencia en los foros internacionales de debate y de toma de decisiones. La celebración de las Conferencias Mundiales sobre la Mujer en el marco de las NNUU, el diálogo entre la agenda ecológica y de la agenda feminista o la capacidad del feminismo para generar redes multiactor contribuyeron a la conformación de un movimiento global por los derechos de las mujeres, no exento de disensos internos, pero capaz de articular una visión y una agenda compartida.

ENFOQUE DEL BIENESTAR

En las primeras décadas de la evolución de los estudios y la práctica del desarrollo, el primer enfoque sobre el papel de las mujeres en el desarrollo es el "enfoque de bienestar", que fue dominante entre los años cincuenta y setenta del siglo pasado, y que estuvo estrechamente vinculado al paradigma de la teoría de la modernización. La teoría de la modernización, además de confiar en el "efecto goteo" (*trickle down*) del crecimiento económico en otras áreas del desarrollo social, mantiene un marcado sesgo androcéntrico. Así, las estrategias se fundamentan en el modelo de familia nuclear occidental presuponiendo una rotunda división sexual del trabajo por la que el cabeza de familia varón es el proveedor (*male breadwinner*), mientras que la mujer se ciñe a su rol reproductivo en el hogar, ignorando otros modelos de familias y de relaciones de género en el contexto de los países receptores de ayuda (Cirujano, 2006; Espinosa, 2013; Jiménez, 2016).

Desde esta perspectiva, las mujeres quedan fuera de los programas de desarrollo de las principales agencias de cooperación internacional (Buvinic, 1983; Zabala, 2010). La teoría de la modernización no integra las políticas sociales como parte de la estrategia de desarrollo; sin embargo, promueve programas asistenciales de ayuda dirigidos a "grupos vulnerables". En este contexto, las mujeres eran consideradas como un grupo vulnerable y las políticas destinadas a las mismas se inspiran en los programas de bienestar familiar dirigidos a las mujeres durante la Primera y la Segunda Guerra Mundial (Murguialday, 2005; Zabala, 2006).

Este primer enfoque parte de tres supuestos: en primer lugar, que las mujeres son receptoras pasivas del desarrollo; en segundo lugar, que la maternidad es su rol más importante; y en tercer lugar, que la crianza y el cuidado de su descendencia era su mayor y más efectiva contribución al desarrollo (Moser, 1993: 60). Por ello, los programas orientados a las mujeres tenían como objetivo el bienestar de las familias más vulnerables, a través de la ayuda alimentaria y lucha contra la malnutrición (donación de alimentos, programas de capacitación en nutrición o salud, formaciones sobre actividades productivas tradicionales como huertos o cría de animales para el consumo doméstico), y también a través de la atención de la salud materno-infantil con medidas focalizadas en el binomio madre-hijo/a y asumiendo que las mujeres son las únicas interesadas en mejorar recursos y habilidades para la crianza efectiva. Posteriormente, a partir de mediados de la década de los sesenta, en esta línea de actuaciones con enfoque del bienestar se incluyeron los programas de planificación familiar (Jiménez, 2016; Murguialday, 2005; Zabala, 2010).

El enfoque del bienestar familiar y su visión asistencialista de las mujeres como "grupo vulnerable" se ha mantenido vigente desde entonces (Moser, 1993), con una incidencia más prolongada en la acción humanitaria donde la incorporación de la perspectiva de género ha sido posterior a su integración en las políticas y acciones de desarrollo.

ENFOQUES 'MUJERES EN EL DESARROLLO'

Desde la década de los setenta el enfoque del bienestar entra en crisis debido, por un lado, al fracaso del crecimiento económico vía modernización para acabar con la pobreza, la desigualdad o el desempleo; y por otro, como consecuencia de la invisibilidad de las aportaciones productivas de las mujeres en los países en desarrollo y de los impactos diferenciados de los programas del desarrollo en mujeres y hombres, en perjuicio de las primeras (Espinosa, 2016; Zabala, 2006).

Bajo la influencia intelectual del trabajo pionero de la economista danesa Ester Boserup (1970), quien estudia el impacto negativo de las políticas de desarrollo sobre las mujeres de los países receptores de ayuda, se comienza a cuestionar los supuestos implícitos en el enfoque del bienestar. En su trabajo, Boserup documenta y explica cómo las políticas modernizadoras habían excluido a las mujeres y habían invisibilizado el rol productivo que desempeñan en estos contextos, donde en sectores como la agricultura las mujeres tienen un papel decisivo. Esta situación había derivado en una pérdida de estatus y en un aumento de la brecha de género en términos de productividad e ingresos. Así mismo, se muestra cómo la contribución de las mujeres a la economía no quedaba reflejada en las estadísticas nacionales ni en la planificación de las políticas de desarrollo (Cirujano, 2006; Murguialday, 2005). Boserup reclama a la comunidad de donantes que integren de manera adecuada a las mujeres en los procesos de desarrollo en calidad de actoras del mismo y no solo como meras beneficiarias (Rodríguez Manzano, 2017).

La influencia de este trabajo cataliza la labor de incidencia de una red de mujeres profesionales que conformaron el grupo "Mujeres en el Desarrollo" (MED)[10] y que promovieron el reconocimiento del papel de las mujeres en los procesos de desarrollo. Su labor de incidencia logró que el Congreso de los Estados Unidos aprobara en 1973 la Enmienda Percy a su *Foreign Assistance Act* de 1961, reconociendo el significativo papel de las mujeres "en la producción económica, el sostenimiento de la familia y el conjunto del proceso de desarrollo de las economías nacionales" e instando a que la ayuda al desarrollo "preste particular atención a aquellos programas, proyectos y actividades que tiendan a integrar a las mujeres en las economías nacionales" con el objetivo

10. Según Rodríguez Manzano (2017) y Cirujano (2005), la denominación de "Mujeres en el Desarrollo" procede del Comité de Mujeres de la sección en Washington de la Society for International Development, quienes acabaron conociéndose por esta apelación.

de mejorar su estatus y su contribución al desarrollo (Rodríguez Manzano, 2017: 52).

Los trabajos desarrollados con enfoque MED consideran que las políticas de desarrollo habían sido injustas con las mujeres, buscan visibilizar su rol productivo y presentarlas como sujetas activas y contribuyentes del desarrollo. El enfoque pretende demostrar cómo la discriminación y la división sexual del trabajo las excluye de las actividades generadoras de ingresos y de los beneficios del desarrollo, por lo que resultaba imprescindible mejorar sus oportunidades de acceso al empleo y al mercado, así como su participación en la esfera pública. El enfoque busca por tanto la igualdad entre mujeres y hombres desde una perspectiva económica, aunque sin cuestionar en profundidad la división sexual de trabajo y sin atender a la dimensión personal y privada de la discriminación. El enfoque promueve su *integración* —a través de la puesta en marcha de políticas de integración de mujeres— en las políticas de desarrollo para el logro de la igualdad, pero también para la contribución hacia un desarrollo más eficiente (Espinosa, 2011, 2016).

Durante la década de los setenta, las críticas al enfoque de bienestar promovieron una serie de nuevos enfoques sobre el papel de las mujeres en los procesos de desarrollo: enfoque de equidad, enfoque antipobreza y enfoque de eficiencia. Estos enfoques, a pesar de compartir orígenes y elementos comunes y de convivir en el tiempo, mantienen diferencias sustanciales que conviene clarificar con el objetivo de no confundirlos en la misma categoría de "Mujeres en el Desarrollo", ya que implican supuestos y políticas diferenciadas (Moser, 1993).

El *enfoque de equidad* se corresponde con el enfoque MED original y se desarrolla en torno a las siguientes premisas: i) las mujeres desempeñan un doble rol —el reproductivo y el productivo—; y este último supone una importante contribución al desarrollo y cobra mayor importancia cuanto más pobre es una sociedad; ii) las actividades económicas de las mujeres no quedan recogidas en la contabilidad tradicional de las actividades económicas; iii) las políticas de desarrollo han desconsiderado la complejidad del trabajo que realizan las mujeres debido a los estereotipos occidentales centrados en la familia nuclear y en la importancia de la maternidad; y, por ello, iv) las mujeres han quedado marginadas del desarrollo, relegadas a la economía tradicional, más empobrecidas, con menos oportunidades que los hombres y con una mayor brecha de ingresos (Cirujano, 2006; Moser, 1993; Murguialday, 2005; Zabala, 2006).

En función de estas premisas, la estrategia de equidad "desafía la posición subordinada de las mujeres" (Moser, 1993: 62) y tiene "claras connotaciones redistributivas" (Zabala, 2005: 10) para promover un acceso justo de las mujeres a los beneficios del desarrollo. La estrategia pone el énfasis en el papel productivo de las mujeres, entendiendo su subordinación por su exclusión del mercado y del empleo e identificando la independencia económica como sinónimo de equidad (Moser, 1993; Rodríguez Manzano, 2017). Por ello, la estrategia de equidad concede una gran importancia a la educación y a la capacitación de las mujeres y plantea la necesidad de establecer servicios sociales que alivien la carga del trabajo doméstico y favorezcan la incorporación de las mujeres al trabajo productivo (Zabala, 2005).

El enfoque de equidad fue considerado amenazante y fue visto como una injerencia del feminismo occidental capaz de interferir con las tradiciones y la cultura de los países en desarrollo; resultó por ello impopular entre los Gobiernos y las agencias internacionales (Moser, 1993; Murguialday, 2005; Zabala, 2005). Las resistencias de las agencias internacionales hacia muchos de sus supuestos más transformadores hizo que el enfoque de equidad no prosperara institucionalmente y se sustituyera por el enfoque antipobreza y, especialmente, por el enfoque de eficiencia. No obstante, la visibilización del papel de las mujeres en los procesos de desarrollo que inspira el enfoque de equidad o los logros alcanzados en materia de igualdad y no discriminación en la normativa internacional han promovido un decisivo avance hacia la igualdad de las mujeres en todo el mundo.

El fracaso de la estrategia de la modernización y su impacto en el incremento de la desigualdad y de la pobreza lleva a los organismos internacionales a cuestionar la estrategia del crecimiento y a promover, en la década de los setenta, medidas específicas destinadas al alivio de la pobreza y la desigualdad. Surge así, en primer lugar, la estrategia de "redistribución con crecimiento" y, posteriormente, la estrategia de las "necesidades básicas" (Murguialday, 2005).

La estrategia de redistribución con crecimiento promueve el desarrollo de medidas públicas destinadas a mejorar el ingreso de los grupos más pobres a través del incremento de su acceso a los insumos físicos y financieros o al conocimiento y las habilidades técnicas. Por su parte, el enfoque de las necesidades básicas desplaza la atención del aumento de los ingresos a la cobertura de las necesidades básicas como la educación, la alimentación, la vivienda, el transporte, etc., pero también necesidades no materiales como la seguridad o la participación colectiva. El enfoque resulta más "ambicioso y progresista" que el anterior, si bien sigue sin cuestionar las causas estructurales de la pobreza (Zabala, s. f.: 2).

En este contexto y fruto de las resistencias de los Gobiernos y las agencias a implementar el enfoque de equidad, el movimiento MED orienta sus esfuerzos hacia la situación de las mujeres pobres, surgiendo el *enfoque antipobreza.* El enfoque plantea la necesidad de tener un mejor conocimiento del papel productivo de las mujeres y de incrementar su capacidad de ingresos para poder salir de la pobreza (Cirujano, 2006). El enfoque antipobreza resulta una versión "atenuada" (Moser, 1993; Rodríguez Manzano, 2017) del enfoque de equidad, al considerar que la pobreza de las mujeres es consecuencia, principalmente, de un problema de subdesarrollo y no tanto de un problema de discriminación (Moser, 1993).

Los estudios que analizan la pobreza femenina visibilizan cómo en los hogares pobres las mujeres sufren un incremento de la carga productiva cuando, sin embargo, la carga que implican las tareas reproductivas y de cuidados mantiene su intensidad. En este contexto surge el término de "feminización de la pobreza", que pone el acento en los hogares encabezados por mujeres donde se produce un deterioro de sus condiciones de vida. El concepto llegará a integrarse en el lenguaje y en la práctica del desarrollo (Carballo y Leyra, 2017).

El enfoque antipobreza se basa en los siguientes supuestos (Zabala, 2006): i) hay una mayor proporción de mujeres entre los grupos de menores ingresos que en la población total; ii) el funcionamiento económico de los hogares con menores ingresos está directamente relacionado con la actividad económica de las mujeres; iii) el rol productivo de las mujeres es más importante cuanto más pobre es un hogar, mientras que no disminuye su trabajo reproductivo; y iv) aumentando la productividad y los ingresos de las mujeres en los hogares más pobres se logrará un crecimiento económico equilibrado.

El enfoque antipobreza reconoce y acentúa el papel productivo de las mujeres y tiene como objetivo mejorar la capacidad de ingresos de las mujeres pobres para que contribuyan de manera más eficiente en la resolución de las necesidades básicas de sus familias. Los proyectos dirigidos a las mujeres pobres, especialmente a los hogares encabezados por mujeres, buscan mejorar su acceso a la propiedad privada, al capital y al mercado laboral mediante el desarrollo de nuevas habilidades que les permitan producir bienes y servicios para el mercado a pequeña escala. El objetivo es generar ingresos a través de "microproyectos" (Espinosa, 2016; Murguialday, 2005), si bien se trata de un "dinero de bolsillo", complementario, con actividades "sexo-específicas" centradas en tareas tradicionalmente femeninas, sin desafiar la división sexual del trabajo (Rodríguez Manzano, 2017: 59).

Muchos de estos microproyectos de generación de ingresos fueron un fracaso por su baja o nula viabilidad y rentabilidad; además, este tipo de iniciativas tuvieron el efecto de incrementar la carga de trabajo de las mujeres (Rodríguez Manzano, 2017; Zabala, 2006, 2010). La mayoría de este tipo de proyectos se convirtieron en acciones asistenciales que solo mejoraron las habilidades de las mujeres en la producción de alimentos, costura o artesanía tradicionales "sin proporcionarles alternativas de empleo e ingresos sostenibles a medo plazo" (Murguialday, 2005: 83) que contribuyeran de manera decisiva a que las mujeres pobres salieran de la marginalidad económica.

Con todo, el enfoque antipobreza tuvo —y todavía tiene— éxito entre las Organizaciones No Gubernamentales (ONG) (Moser, 1993). Por otro lado, tal y como señala Cirujano (2008), el enfoque antipobreza contribuyó a fomentar la organización entre mujeres, dando origen a múltiples asociaciones y ONG específicas para presentar proyectos que, en la mayoría de los casos, eran ejecutados por ellas mismas con independencia de su cualificación o la infraestructura disponible.

En la década de los ochenta se produce un cambio en la corriente principal del desarrollo motivado por el deterioro de la economía mundial, especialmente en América Latina y África, causado por la subida del precio del petróleo, la caída de los precios de las exportaciones, el desequilibrio en la balanza de pagos y por el surgimiento de crisis de la deuda externa, así como por la influencia de los principios del Consenso de Washington y de la ideología neoliberal. Desde esta visión neoliberal se confiaba en que una mayor libertad de mercado y un menor control estatal contribuirían a una asignación más eficiente de los recursos para lograr la recuperación económica (Espinosa, 2016; Murguialday, 2005). Con base en esta perspectiva se pusieron en marcha políticas de estabilización y de ajuste estructural promovidas por el Fondo Monetario Internacional (FMI) y el Banco Mundial (BM), centradas en la reducción del gasto público[11].

En este contexto surge el *enfoque de eficiencia* orientado hacia las mujeres que, desde una visión instrumental, busca asegurar un desarrollo más eficiente mediante una participación económica de las mujeres más activa. Se considera además que cualquier mejora en la situación económica de las mujeres contribuiría a mejorar la situación de desigualdad (Rodríguez Manzano, 2017; Zabala, 2010).

11. Las primeras críticas a las consecuencias de las políticas de ajuste sobre los sectores más vulnerables y las posibilidades de crecimiento futuras se recogen en el informe *Ajuste con rostro humano*, perteneciente a la serie UNICEF y publicado en 1987 (Zabala, s. f.).

El enfoque de la eficiencia parte de la idea de que las mujeres son un recurso desaprovechado e infrautilizado y que es imprescindible fomentar su participación en actividades productivas y reconocer su trabajo —en la producción agrícola en África o en las empresas manufactureras de América Latina— para promover una mejor asignación de recursos y superar la crisis. De manera paralela, las políticas de ajuste reducen el papel de los Estados en la provisión de políticas sociales que pudieran aliviar la carga del trabajo reproductivo y de cuidados que realizan las mujeres, con el objetivo de liberar parte de su tiempo al trabajo productivo. La estrategia de eficiencia resuelve esta tensión con una mayor carga de trabajo para las mujeres, considerando que el trabajo reproductivo y de cuidados que realizan las mujeres es esencial para la productividad y el crecimiento económico y que "el tiempo de trabajo femenino es infinitamente elástico y puede dar de sí lo suficiente para cubrir todas las necesidades" (Zabala, 2006: 12).

Además de su rol reproductivo y productivo, la estrategia tiene en cuenta el rol comunitario de las mujeres, ya que utiliza el trabajo, habitualmente voluntario, que realizan en la comunidad y su capacidad organizativa para poner en marcha medidas compensatorias del ajuste como los programas de apoyo a los comedores populares (Rodríguez Manzano, 2017; Zabala, 2006). Tal y como señala Cirujano (2006), "las asociaciones y organizaciones de mujeres sirvieron en este contexto de colchón amortiguador de la crisis, organizándose en redes de subsistencia que se apoyan mutuamente" (p. 76).

A pesar de su visión instrumental de la igualdad, de provocar una sobrecarga de trabajo para las mujeres y de descansar sobre el aprovechamiento de su trabajo reproductivo y comunitario gratuito para compensar la falta de servicios sociales, las estrategias de eficiencia han gozado —y todavía gozan— de gran acogida por parte de las agencias internacionales.

En definitiva, la implementación del enfoque MED se tradujo en "políticas de integración de mujeres" (Espinosa, 2016: 167) en tanto que políticas destinadas a promover el acceso de las mujeres a recursos y oportunidades económicas y políticas con el objetivo de integrar a las mujeres en los procesos de desarrollo. En la década de los ochenta, las agencias internacionales multiplicaron sus actuaciones destinadas a las mujeres, si bien estas políticas pusieron el énfasis no tanto en el hecho de que las mujeres necesitaran del desarrollo sino desde una perspectiva instrumental en que el desarrollo necesitaba a las mujeres. Además, estas actuaciones tendieron a considerar a las mujeres como un grupo aislado, con una problemática específica y desvinculada de dinámicas estructurales, y por ello, diseñadas como soluciones parciales que atendieran a sus necesidades a través de intervenciones específicas o en proyectos con un "componente" de mujer. Estas acciones estuvieron mayoritariamente enmarcadas en enfoques tradicionales, reforzando sus roles genéricos, sin cuestionar la división sexual del trabajo y sobrecargando por ello a las mujeres.

ENFOQUE 'MUJERES Y DESARROLLO'

A lo largo de la década de los ochenta y de manera paralela al desarrollo del enfoque MED tanto en la teoría como en la práctica del desarrollo, se articulan también las miradas críticas a dicho enfoque. Entre estas voces críticas se destacan las feministas neomarxistas y estructuralistas, quienes cuestionan los procesos de modernización y ajuste desde la base y consideran que las políticas de integración de mujeres a través del acceso a educación, empleo e ingresos son insuficientes para el logro de la igualdad (Murguialday, 2005). Lourdes Benería y Gita Sen (1981) fueron las pioneras de este enfoque que enfatiza la importancia de considerar no solo la esfera productiva, sino también la reproductiva, así como la interacción entre ambas, para analizar el trabajo femenino.

El punto de partida de este enfoque denominado "Mujeres y Desarrollo" (MyD) es que las mujeres siempre han funcionado como importantes agentes económicos, desempeñando trabajos tanto productivos como reproductivos que son centrales en el mantenimiento de las sociedades y de las estructuras internacionales de desigualdad existentes. El enfoque MyD considera que la desigualdad no deriva de un problema de integración de las mujeres en los procesos de desarrollo, sino de su posición subordinada, marcada por la clase social y la división sexual del trabajo, en las estructuras internacionales, jerárquicas y conflictivas, de producción y acumulación (Murguialday, 2005; Rahgerber, 1990). Se considera que las mujeres pobres son las más oprimidas del capitalismo (Murguialday, 2005) y se asume, no obstante, que la posición de las mujeres mejorará con unas estructuras internacionales más equitativas (Rahgerber, 1990).

Con todo, el enfoque MyD fue clave a la hora de analizar en profundidad el concepto de reproducción y de enfatizar cómo la subordinación de las mujeres se encuentra también ligada a su rol reproductivo y a las relaciones de género, y no solo a los procesos de acumulación de capital. El enfoque MyD señaló por tanto esta carencia de la que adolecían las teorías marxista y estructuralista. Sus aportes fueron esenciales en las revisiones feministas posteriores, pues tal y como señala Murguialday (2005):

> El trabajo de reproducción y de cuidados realizado por las mujeres, la estructura de parentesco y la organización familiar, la división del trabajo dentro y fuera del hogar, el diferente acceso a recursos materiales y simbólicos por parte de mujeres y hombres, empiezan a ser considerados como cuestiones relevantes para entender la posición de las mujeres en las diferentes sociedades y el impacto de los procesos de desarrollo en sus vidas (p. 89).

Esta mirada estructural ha tenido un interesante desarrollo desde la economía feminista y desde la economía política internacional donde la mirada feminista está resultando decisiva en el análisis de los impactos de género de la globalización neoliberal y desvelando la política sexual sobre la que se sostiene (Cobo, 2011; Fraser, 2015).

ENFOQUE DE EMPODERAMIENTO

La década de los ochenta resultó decisiva en la articulación de las críticas que las mujeres del Sur venían realizando al enfoque MED, al considerar que no era capaz de responder a la complejidad de su situación en sus respectivos contextos. Las organizaciones de mujeres del Sur reivindicaron la diversidad de feminismos, apostando por integrar sus visiones y propuestas alternativas de desarrollo y proponiendo un mayor protagonismo de las mujeres en las políticas de desarrollo (Echart, 2017; Rodríguez Manzano, 2008, 2017; Zabala y Martínez, 2017).

Estas propuestas alternativas pivotan en torno al concepto de empoderamiento, tratando de promover las condiciones necesarias para que las mujeres puedan ejercer un mayor poder y control sobre sus propias vidas. Las estrategias de empoderamiento implican un trabajo a largo plazo, capaz de generar condiciones de cambio en el interior de las personas, en sus capacidades de autoafirmación, de negociación en las relaciones cercanas y, finalmente, de liderazgo e influencia en los diferentes procesos de toma de decisiones en el entorno sociopolítico (Murguialday, 2013).

Tal y como señala Moser (1991), el foque de empoderamiento difiere del enfoque MED no solo en sus orígenes, ya que procede del movimiento feminista y de las organizaciones de base del Sur, sino también en la identificación de las causas, dinámicas y estructuras de opresión de las mujeres, y en las estrategias propuestas para cambiar la posición de subordinación de las mujeres. Para Moser (1991, 1993) el enfoque de empoderamiento reconoce el triple rol de las mujeres y busca alcanzar los intereses estratégicos de género a través de la movilización *bottom-up* en torno a las necesidades prácticas.

A pesar de su complejidad y contingencia, el concepto de empoderamiento es susceptible de traducirse en acciones observables y mensurables. Sin embargo, como ha demostrado la práctica de la cooperación al desarrollo, el empoderamiento puede quedar reducido a promover un mayor acceso a la participación en la toma de decisiones en los proyectos, y tener poco o ningún impacto sobre un cambio estructural más amplio. La estrategia de empoderamiento parte de una visión crítica de la realidad y representa una práctica emancipadora en lo personal y en lo colectivo, en aras de un cambio profundo, estructural y sostenible de las relaciones de poder existentes. Este carácter desafiante y transformador hace que la estrategia de empoderamiento no haya resultado muy popular salvo para las ONG del Sur (Moser, 1993).

ENFOQUE DE CAPACIDADES

A partir de la década de los ochenta se fue construyendo también una nueva visión que entendía el desarrollo como el proceso de ampliación de las capacidades, las opciones y las libertades de las personas para poder llevar a cabo una vida que consideren valiosa. Esta nueva visión cristalizó en el enfoque de desarrollo humano y supuso un importante cambio de paradigma al posicionar a los seres humanos en el centro de los procesos de desarrollo, entendiendo a las personas como el fin y no como el medio de los esfuerzos y de las estrategias.

El concepto de desarrollo humano está inspirado en el enfoque de capacidades desarrollado por Amartya Sen (2000) y Martha Nussbaum (2009, 2012). Las capacidades hacen referencia a la diversidad de opciones de funcionamiento que pueden lograr las personas (desde disponer de alimentación hasta participar en la vida comunitaria) y refleja la libertad de cada persona para elegir entre distintas formas de vivir. La libertad de elegir entre un conjunto de posibles funcionamientos alternativos refleja la capacidad de una persona. Por tanto, más que enfatizar un estadio de desarrollo determinado, el enfoque de capacidades pone el acento en la agencia, es decir, en la capacidad efectiva de elegir y de forjar su propio destino, como acto de libertad y de responsabilidad. Esta concepción dinámica fortalece la idea de que las personas somos agentes activos de los procesos de desarrollo (Zabala, 2010, 2006).

Sen (2000) ya señalaba que la agencia de las mujeres se encuentra específicamente mermada por sus dificultades para generar una renta y recursos propios, por sus mayores dificultades de acceso a la educación, por las normas culturales discriminatorias o por las dificultades para poder tomar decisiones en el ámbito del hogar. En relación al ámbito doméstico, cabe destacar las contribuciones teóricas de Sen al análisis feminista de las unidades domésticas, apuntando a la existencia de relaciones de conflicto y de cooperación en la toma de decisiones y planteando la noción de "conflicto cooperativo", que introduce el enfoque de género en los modelos de negociación[12] (Benería, 2008). Sen visibiliza las diferencias de poder en la negociación en el hogar que perjudican a las mujeres por varios factores: por su posición de partida desventajosa (menos acceso a recursos materiales, formación, etc.); la invisibilidad y escaso valor del trabajo doméstico y de cuidados que realizan; la dificultad para tomar decisiones en beneficio propio; y por la situación de mayor vulnerabilidad ante situaciones de amenaza, violencia o coerción (Zabala, 2010).

Por su parte, Martha Nussbaum (2012) describe y analiza cómo las mujeres "carecen de apoyo en funciones fundamentales de la vida humana en la mayor parte del mundo" (p. 27), así como los obstáculos a los que se enfrentan para el desarrollo de sus capacidades, y considera que no son tratadas como fines en sí mismas, dignas de respeto por parte de las leyes y las instituciones. Nussbaum (2009, 2012) argumenta la necesidad de incorporar el enfoque de género en las teorías y políticas internacionales como un objetivo de justicia social y también como una manera de interpretar y de enfrentar de manera eficaz los problemas de la pobreza y el desarrollo. Para ello, defiende la generación de normas transculturales y articula un listado de capacidades funcionales centrales con validez universal, que den cuenta de los obstáculos a los que se enfrentan las mujeres, y que pueda servir de base para medir el bienestar y nutrir la incidencia política hacia los Gobiernos.

El listado de capacidades centrales puede traducirse en objetivos generales concretados de manera diferente por cada sociedad; con todo, para Nussbaum constituyen un mínimo de justicia

12. Las aportaciones de Sen fueron reelaboradas y ampliadas por diversas autoras feministas, entre las que destaca Bina Agarwal (Agarwal, 1997, 2007; Agarwal y Pradeep, 2007) y su trabajo sobre la influencia de las normas sociales y de las prácticas culturales, así como de la violencia, en los procesos de negociación en el seno de la unidad doméstica (Benería, 2008; Zabala, 2010).

social en el sentido de que una sociedad no será justa si no garantiza un nivel mínimo de todas ellas para toda la ciudadanía (Zabala, 2010). Nussbaum (2009) considera por tanto que los componentes de la lista son irrenunciables en su totalidad y que están relacionados entre sí de diversas y complejas maneras. Esta interdependencia permite, por ejemplo, vincular los derechos reproductivos de las mujeres con sus derechos económicos, civiles y políticos; permite también comprender los vínculos y las transacciones que se producen entre el mercado, los hogares, el Estado y las redes sociales.

El enfoque de capacidades, con su énfasis en la noción de capacidad y agencia y el protagonismo de las personas en los procesos de desarrollo, presenta elementos compartidos con el enfoque de empoderamiento. Además, ambos enfoques buscan acabar con la subordinación de las mujeres y eliminar los obstáculos para su participación en igualdad en todos los ámbitos de la vida. No obstante, el enfoque de capacidades se ubicaría en un plano más abstracto y filosófico, con vocación universalista y centrado en la libertad; mientras que el enfoque de empoderamiento se asienta sobre contenidos concretos, localizados y políticos, más orientado al análisis de las relaciones de poder.

Ambos enfoques se complementan: por un lado, el enfoque de empoderamiento potencia los componentes más políticos del enfoque de capacidades, que no siempre se asocian a la visión más institucionalizada del enfoque de desarrollo humano; y por otro, el enfoque de capacidades aporta proyección y refuerza el discurso global de la estrategia de empoderamiento (Zabala, 2006, 2010). En este sentido, cabe señalar que los indicadores de desarrollo humano utilizados por el Programa de las Naciones Unidas para el Desarrollo (PNUD) no tienen en cuenta variables clave desde la perspectiva de género como el trabajo de reproducción y de cuidados, las violencias machistas, los procesos de toma de conciencia o la posición de las mujeres en el ámbito del hogar[13] (Zabala, s. f).

13. En el marco del PNUD se han desarrollado una serie de índices que tratan de medir la desigualdad y el empoderamiento de las mujeres. Actualmente destaca el Índice de Desigualdad de Género (IDG) en torno a tres dimensiones: la salud reproductiva (tasa de mortalidad materna y tasa de fecundidad adolescente); el empoderamiento

ENFOQUE 'GÉNERO EN EL DESARROLLO'

La incorporación de la categoría género a los estudios del desarrollo y el cambio de paradigma que supuso el enfoque de desarrollo humano y su conexión con visiones alternativas, como la estrategia de empoderamiento, abrieron el espacio a miradas más integrales de la realidad y a los debates en torno a las relaciones de poder, el conflicto y las relaciones de género para entender la subordinación de las mujeres. En este contexto de revisión y superación de las limitaciones del enfoque MED, en la década de los noventa se produjo la institucionalización internacional del enfoque GED, con sus implicaciones estratégicas y metodológicas en la planificación de políticas de desarrollo (De la Cruz, 1998). La igualdad se consagró internacionalmente como un objetivo político y un objetivo de desarrollo, así como una condición necesaria para el mismo (PNUD, 1995). El enfoque GED ha sido considerado, tanto entre las organizaciones feministas como por las agencias internacionales, como el más efectivo para el logro de la igualdad de género.

Mientras que el enfoque MED se centra en la incorporación de las mujeres en los procesos de desarrollo sin cuestionarse las causas de su participación diferenciada, el enfoque GED traslada su atención a las estructuras sociales, los procesos y las relaciones que originan que las mujeres tengan una posición de desventaja en una sociedad determinada. El problema de las desigualdades entre hombres y mujeres trascendería por tanto la reasignación de recursos económicos y se centraría en la transformación estructural de las relaciones desiguales de poder que crean diferentes oportunidades, experiencias y beneficios, así como en la transformación de los marcos culturales, sociales, políticos, económicos e institucionales que reproducen estas desigualdades (Cirujano, 2006; Espinosa, 2013).

(proporción de escaños parlamentarios ocupados por mujeres y la proporción de mujeres y hombres adultos de 25 años o más que han cursado como mínimo la enseñanza secundaria); y la situación económica (participación en el mercado laboral medida según la tasa de participación en la fuerza de trabajo de mujeres y hombres de 15 años o más). El IDG sustituye al Índice de Potenciación de Género. Destaca también el Índice de Desarrollo de Género, que mide de manera diferenciada entre mujeres y hombres en los indicadores del IDH.

TABLA 4

¿QUÉ PROPONE EL ENFOQUE 'GÉNERO EN EL DESARROLLO'?

Redefinir el concepto y las estrategias de desarrollo repensando el proceso y las prioridades para el cambio.
Comprender la estructura y la dinámica de las relaciones de género para un análisis más integral de la realidad.
Centrarse en las relaciones de poder entre mujeres y hombres en situaciones culturales e históricas concretas como causa estructural de la desigualdad, teniendo en cuenta la intersección con otras variables de discriminación (grupo social, étnico, edad, orientación sexual, etc.).
Analizar de forma específica las relaciones derivadas de la división sexual del trabajo y las interdependencias entre las esferas productiva y reproductiva.
Integrar las necesidades y los intereses de las mujeres en el análisis de las relaciones de género en los hogares, en la comunidad y las instituciones.
Identificar las oportunidades para mejorar la redistribución de género y la equidad en las políticas, los proyectos y los programas de desarrollo.
Promover condiciones de empoderamiento de las mujeres en su dimensión individual (toma de conciencia de derechos, autoestima, dotación de recursos) y también, en su dimensión colectiva (fortaleciendo a las organizaciones de mujeres).
Promover la transformación de los roles tradicionales y de las estructuras simbólicas, culturales, políticas, económicas y sociales que perpetúan la discriminación.
Garantizar la participación igualitaria en todas las fases de diseño, ejecución y evaluación de las políticas de desarrollo.

Fuente: Elaboración propia a partir de De la Cruz (2007: 15).

El enfoque GED logró un amplio respaldo político internacional en la Cuarta Conferencia Mundial sobre la Mujer, celebrada en Pekín en 1995, en la que se afianzaron las estrategias de empoderamiento y de *mainstreaming* de género como las más efectivas para el logro de la igualdad (NNUU, 1995). Desde entonces, el alcance de la incorporación de la perspectiva de género ha sido desigual a pesar de que gran parte de los organismos internacionales y países donantes hayan incluido contenidos de género en sus declaraciones, instrumentos operativos y programáticos y en sus procedimientos. Tal y como señalaba el propio ECOSOC en 2003, se aprecia una notable "brecha entre el discurso y la práctica" (Rodríguez Manzano, 2008: 228).

En este sentido, Espinosa (2016) sistematiza algunos de los factores que han contribuido a la evaporación de los compromisos de género y a la puesta en marcha de políticas que se alejan del potencial transformador del enfoque GED y que responden más a enfoques MED e, incluso, al enfoque del bienestar. Por un lado, identifica la existencia de dificultades y resistencias políticas vinculadas a la falta de voluntad y contundencia a la hora de considerar la igualdad como una prioridad de alto nivel, junto con la falta de recursos y fondos destinados a las políticas de género; así como dificultades ligadas a la aceptación de los principios de igualdad en contextos con un patriarcado muy institucionalizado a nivel social y político. Por otro lado, resalta las dificultades organizativas y operativas relacionadas con la naturaleza jerárquica e inercial de las burocracias gubernamentales, la dificultad para implementar enfoques transversales y la falta de recursos humanos especializados.

En esta línea, Zabala *et al.* (2012) identifican también los siguientes límites y obstáculos para la transversalización efectiva de la perspectiva de género en las políticas de cooperación al desarrollo: i) la ausencia de capacidades técnicas y de políticas institucionales de igualdad con respaldo a alto nivel y con recursos humanos y financieros específicos; ii) la dificultad de diálogo político en materia de igualdad con los países socios y con la participación de la sociedad civil y, especialmente, con las organizaciones de mujeres; iii) la debilidad de los marcadores de género —específicamente el del Comité de Ayuda al Desarrollo (CAD)[14]— para conocer efectivamente la ayuda dedicada a la igualdad de género y el empoderamiento de las mujeres; iv) la falta de indicadores de género en los marcos de resultados de las agencias; o v) la ausencia de procedimientos e instrumentos que permiten la aplicación del enfoque.

Así mismo, la ausencia de diagnósticos completos desde la perspectiva de género capaces de orientar las intervenciones, el desajuste entre los instrumentos, los tiempos y la metodología de planificación en relación a la naturaleza de los procesos de empoderamiento y de transformación estructural o la ausencia de

14. El CAD de la Organización para la Cooperación y el Desarrollo Económicos (OCDE) ha diseñado un sistema de marcadores para facilitar la supervisión y la coordinación de las actividades de los países donantes en materia de igualdad de género, sostenibilidad ambiental, desarrollo participativo y buen gobierno, etc.

enfoques multisectoriales y multiactor que den cuenta de la interdependencia de derechos son debilidades que limitan el potencial transformador del enfoque GED (Pajarín y Navarro, 2018). Todo ello lleva a que el enfoque GED se vea reducido en la práctica a un proceso técnico, debilitando su carácter transformador y su anclaje en visiones normativas centradas en los derechos humanos y en la justicia social.

LA IGUALDAD DE GÉNERO EN EL SISTEMA INTERNACIONAL

El Primer Decenio de las NNUU para el Desarrollo, aprobado por la Resolución 1.710 (XVI) de la Asamblea General el 19 de diciembre de 1961, coincide en el tiempo con el enfoque del bienestar. Así, aunque la Resolución incorpora menciones al desarrollo social instando a los Estados a intensificar sus esfuerzos "a fin de acelerar el avance hacia una situación en la que el crecimiento de la economía de las diversas naciones y su progreso social se sostengan por sí mismos" (NNUU, 1961: párr. 1), no se incluye sin embargo ninguna referencia explícita a las mujeres (Rodríguez Manzano, 2017).

Esta ausencia en el Primer Decenio para el Desarrollo da cuenta del lugar marginal que los asuntos de mujeres tenían entonces en las NNUU (Espinosa, 2013) a pesar de los primeros pasos en la institucionalización internacional de la igualdad de género. En este sentido destacan la Carta de Naciones Unidas (NNUU, 1945), que recoge la "igualdad de derechos de hombres y mujeres" en su preámbulo y la lucha contra la discriminación por razón de sexo en su art. 1; la creación de la Comisión de la Condición Jurídica y Social de la Mujer (CSW por sus siglas en inglés) en 1946 como entidad intergubernamental dependiente del Consejo Económico y Social (ECOSOC) encargada de examinar los progresos realizados hacia la igualdad de la mujer en todo el mundo; o, también, la Declaración Universal de Derechos Humanos (NNUU, 1948), que reafirma el principio de igualdad entre hombres y mujeres recogido en la Carta e incluye en su art. 2 la igualdad de derechos sin discriminación por sexo.

El interés de estas primeras iniciativas influidas por el feminismo liberal se centra en señalar la discriminación legal de las mujeres y en promover acciones orientadas casi exclusivamente a lograr la igualdad jurídica (García Prince, 2008; Espinosa, 2013). No obstante, desde mediados de la década de los sesenta se promueve en el marco de NNUU la redacción de un proyecto destinado a condenar la discriminación contra las mujeres, que culmina con la adopción de la Declaración sobre la eliminación de la discriminación contra la mujer, el 7 de noviembre de 1967.

A partir de la década de los setenta, con el surgimiento de los primeros trabajos MED, se visibiliza el papel de las mujeres en el desarrollo y se promueve su integración en los procesos de desarrollo. El fracaso de las tesis desarrollistas impulsó el interés por los elementos redistributivos en las políticas de desarrollo que se refleja en la Estrategia Internacional del Desarrollo para el Segundo Decenio de las Naciones Unidas (Murguialday, 2005). Así mismo, a diferencia del silencio sobre las mujeres en el Primer Decenio para el Desarrollo, la Estrategia insta a los Estados a estimular "la integración plena de la mujer en la totalidad del esfuerzo a favor del desarrollo" (NNUU, 1970: párr. 18h). Esta incorporación constata la consideración de las mujeres como categoría específica y distintiva en el discurso del desarrollo (Kabeer, 2003, citada por Rodríguez Manzano, 2017).

En seguimiento a la Enmienda Percy aprobada en 1973 gracias a la labor de incidencia del grupo MED, la Agencia de los Estados Unidos para el Desarrollo Internacional (USAID por sus siglas en inglés) creó la *Women in Development Office*, convirtiéndose en un modelo para otros donantes como Noruega, Canadá, Países Bajos, Dinamarca y Finlandia, que promovieron la integración de la problemática de las mujeres en sus programas de cooperación. El BM, el PNUD, la Organización de las Naciones Unidas para la Alimentación y la Agricultura (FAO) o la Organización Internacional del Trabajo (OIT), entre otras entidades de NNUU, y también el CAD de la Organización para la Cooperación y el Desarrollo

Económicos (OCDE) se comprometieron a integrar a las mujeres en los proyectos de desarrollo y a poner en marcha medidas específicas para ellas (Rodríguez Manzano, 2008, 2017).

Esta visibilización del papel de las mujeres y su integración en el desarrollo se planteó también en las Conferencias de las Naciones Unidas sobre Alimentación (1973) y sobre Población (1974), donde se reconoció la necesidad de una mayor participación de las mujeres en la toma de decisiones sobre la alimentación y la nutrición y su importancia en las tendencias demográficas (Murguialday, 2005). La creciente fuerza del movimiento feminista a nivel internacional durante la década de los setenta y su labor de incidencia política en el marco de NNUU favoreció el proceso de reconocimiento de las tesis del enfoque de equidad, que culminó en 1975 con la celebración del Año Internacional de la Mujer y con la proclamación de la Década de Naciones Unidas para la Mujer (1976-1985). En este sentido, cabe considerar al enfoque MED como un movimiento de alianzas en el que confluyen feministas, investigadoras del ámbito académico y mujeres que trabajan en las agencias de desarrollo y, especialmente, en el marco de NNUU (Tinker, 2004).

LA PRIMERA CONFERENCIA MUNDIAL SOBRE LA MUJER Y LA CEDAW

El enfoque de equidad logró un gran respaldo institucional e ideológico con la celebración de la Primera Conferencia Mundial sobre la Mujer, celebrada en México en 1975. La Conferencia contó con la participación de 133 Gobiernos y, a la vez, 6.000 representantes de ONG asistieron a un foro paralelo (ONU Mujeres, 2020a). La Conferencia contribuyó a cristalizar los avances en la visibilización del papel de las mujeres como agentes activos del desarrollo y consagró su incorporación en la agenda internacional del desarrollo. El Plan de Acción Mundial fruto de la Primera Conferencia establece por primera vez un conjunto de directrices a seguir en los próximos cinco años hacia la consecución de las tres metas fijadas por la Asamblea General: "Igualdad, Desarrollo y Paz". El Plan establece dos ambiciosos objetivos: por un lado, "definir una sociedad en la que las mujeres participen en un sentido verdadero y pleno, en la vida económica, social y política" y, por otro, "elaborar estrategias para que esas sociedades puedan desarrollarse" (Rodríguez Manzano, 2017: 56). Con todo, la Declaración y el Plan Mundial fueron objeto de críticas y en la Conferencia se constataron las diferentes visiones entre las mujeres del Este, que se mostraron especialmente interesadas en los temas vinculados a la paz, las occidentales, quienes pusieron el acento en la igualdad, y las mujeres del Sur, que enfatizaron los temas de desarrollo (Rodríguez Manzano, 2017).

La Conferencia concluyó con la recomendación de convocar una segunda conferencia en 1980 y con cinco resoluciones y decisiones de especial relevancia. Entre estas, se destacan, por un lado, la Resolución 12 sobre Recursos especiales para la integración de las mujeres en el desarrollo, que culmina en 1984 con la creación del Fondo de Desarrollo de las Naciones Unidas para la Mujer (UNIFEM); y por otro, la Resolución 26, sobre la conveniencia de establecer el Instituto Internacional de Investigaciones y Capacitación para la Promoción de la Mujer (INSTRAW), que en 1983 se establece definitivamente en la República Dominicana (Rodríguez Manzano, 2008).

Así mismo, el Plan Mundial enfatizó la puesta en marcha de una convención sobre la eliminación de la discriminación contra la mujer, como mecanismo jurídico vinculante, con procedimientos efectivos para su implementación[15]. Finalmente, en 1979 se aprueba la Convención sobre la eliminación de todas las formas de discriminación contra la mujer (CEDAW por sus siglas en inglés), que entra en vigor en 1981. La CEDAW constituye el instrumento jurídico de mayor relevancia en defensa de los derechos de las mujeres al reconocer un amplio abanico de derechos civiles, políticos, sociales y culturales para las mujeres[16] y por su carácter

15. Tal y como señala Rodríguez Manzano (2008), el carácter vinculante de la Convención se debe al descontento generado por la escasa atención de los Gobiernos a la Declaración sobre la eliminación de la discriminación contra la mujer (1967).
16. La CEDAW no aborda el problema de la violencia de género, que sí pasa a recogerse con la Declaración sobre la eliminación de la violencia contra la mujer, de 1993 (López, 2005).

vinculante. En este sentido, los Estados firmantes están obligados a acabar con todas las formas de discriminación contra la mujer y a garantizar su pleno desarrollo y adelanto (Cirujano, 2006; López, 2005; Rodríguez Manzano, 2008).

La CEDAW (1979) consta de un preámbulo y 30 artículos. El preámbulo enumera los instrumentos jurídicos previos en materia de igualdad, constata la existencia de "importantes discriminaciones", lo que "viola los principios de igualdad de derechos y respeto a la dignidad humana" (párr. 7), dificultando la participación de las mujeres y su contribución al desarrollo. En el preámbulo se hace un llamamiento a la corresponsabilidad en la crianza y la educación de la descendencia —"el papel de la mujer en la procreación no debe ser causa de discriminación sino que la educación de los niños exige responsabilidad compartida entre hombres y mujeres y la sociedad en su conjunto" (párr. 13)—; y a "modificar el papel tradicional tanto del hombre como de la mujer en la sociedad y en la familia" (párr. 14).

En relación al articulado, en los primeros 16 artículos la CEDAW recoge y amplía los derechos reconocidos en los instrumentos anteriores de derecho internacional, impulsando medidas de igualdad en áreas como la educación, la economía y el empleo, la participación política, social y cultural, la toma de decisiones, las relaciones matrimoniales y familiares, el ámbito rural o la igual capacidad jurídica y la igualdad ante la ley (López, 2005). A partir del artículo 17, la Convención regula el establecimiento y funcionamiento del Comité para la Eliminación de la Discriminación contra la Mujer y la relación con los "Estados partes".

Cabe, no obstante, destacar la definición de discriminación contra la mujer que recoge el artículo 1 de la CEDAW (1979):

> A los efectos de la presente Convención, la expresión "discriminación contra la mujer" denotará toda distinción, exclusión o restricción basada en el sexo que tenga por objeto o resultado menoscabar o anular el reconocimiento, goce o ejercicio por la mujer, independientemente de su estado civil, sobre la base de la igualdad del hombre y la mujer, de los derechos

humanos y las libertades fundamentales en las esferas política, económica, social, cultural y civil o en cualquier otra esfera.

Destacan también las obligaciones generales para los Estados que recoge la Convención en sus artículos 2, 4, 5 y 24. Así, por ejemplo, el artículo 4, que establece una distinción entre la igualdad formal y la igualdad real o de resultados (García Prince, 2008; López, 2005), consagra la posibilidad de implementar medidas de acción positiva en tanto que "medidas especiales de carácter temporal encaminadas a acelerar la igualdad *de facto* entre el hombre y la mujer". Resulta también de especial relevancia la mención del art. 5 a la puesta en marcha de medidas destinadas a modificar patrones socioculturales, eliminar prejuicios y prácticas consuetudinarias discriminatorias, así como al "reconocimiento de la responsabilidad común de hombres y de mujeres en cuanto a la educación y al desarrollo de sus hijos".

En cuanto a los mecanismos de seguimiento y aplicación, los países que firman y ratifican la CEDAW[17] se comprometen a someter al secretario general de NNUU, para que lo examine el Comité, un informe periódico (al menos cada cuatro años), que dé cuenta de las medidas adoptadas para hacer efectivas las disposiciones de la Convención (art. 18). No obstante, y tal como señala López (2005), "la CEDAW es el instrumento internacional de derechos humanos sobre el que se han formulado mayor cantidad de reservas formales" (p. 10).

En el proceso de rendición de cuentas, cabe destacar también la labor de incidencia que realizan las OSC feministas, a través de la generación de los Informes Sombra que remiten al Comité CEDAW; así como la posibilidad de presentar denuncias particulares que introdujo en 1999 el Protocolo Opcional facultativo de la CEDAW (NNUU, 1999b). El Protocolo depende de la CEDAW y, aunque no crea nuevos derechos ni obligaciones substantivos, sí crea nuevas potestades pera el Comité, ya que le permite recibir quejas, emitir

17. Actualmente se encuentra ratificada por 189 países. Estados Unidos y Palaos, a pesar de haber firmado la Convención en 1980 y 2011, respectivamente, no la han ratificado.

recomendaciones o iniciar investigaciones, constituyendo por tanto un mecanismo de acceso para las mujeres a la justicia internacional (Facio, 2010)[18].

El impulso del enfoque equidad promovió, por tanto, las primeras políticas de igualdad de género (García Prince, 2008). Desde mediados de la década de los setenta, se crearon también las primeras agencias de mujeres o los mecanismos gubernamentales de igualdad, fruto del interés de parte del movimiento feminista por amplificar su voz e introducir los asuntos de las mujeres en las instituciones y en la administración del Estado. El surgimiento de estos mecanismos de igualdad promovió la aparición del "feminismo de Estado" y de las "femócratas", consideradas como importantes agentes de representación de las mujeres y catalizadoras de los "triángulos de empoderamiento" creados por la unión entre mujeres en cargos electos, el movimiento feminista y el personal funcionario. El incremento en la presencia de las mujeres (representación descriptiva) pudo contribuir a la promoción de contenidos e intereses de las mujeres (representación sustantiva) en las políticas, si bien derivó también en la "burocratización del feminismo" (Squires, 2007: 33).

LA SEGUNDA Y LA TERCERA CONFERENCIAS MUNDIALES SOBRE LA MUJER

En el marco de la Década de las NNUU para la Mujer, en 1980 se celebra la Segunda Conferencia Mundial sobre la Mujer en Copenhague. El objetivo de esta segunda Conferencia era evaluar el progreso alcanzado en relación al Plan Mundial de Acción de México e identificar áreas de acción prioritarias para la segunda mitad de la década. La Conferencia, calificada como la "más conflictiva"[19] de la década (Rodríguez Manzano, 2008: 141) y su Programa

18. Actualmente 125 países han firmado el Protocolo, de los que 113 lo han ratificado.
19. Rodríguez Manzano (2008, 2017) explica cómo esta conflictividad se debió, por una parte, a que la Conferencia incluía el examen sobre los efectos de la ocupación israelí sobre las mujeres palestinas, así como el análisis de las consecuencias del *apartheid* en las mujeres del África meridional; y por otro, a la tensión mantenida entre las visiones de las organizaciones de mujeres del Norte y del Sur.

de Acción enfatizaron las cuestiones de desarrollo, estableciendo como áreas prioritarias la educación, la salud y el empleo e instando a los países a adoptar medidas más firmes para garantizar la apropiación y el control de la propiedad por parte de las mujeres, así como a introducir mejoras vinculadas a los derechos de herencia, la nacionalidad y la custodia de hijos e hijas (ONU Mujeres, 2020a; Rodríguez Manzano, 2017). Así mismo, a diferencia del Plan de Acción de México y de la CEDAW, el Programa de la Segunda Conferencia sí menciona explícitamente la violencia contra las mujeres (Rodríguez Manzano, 2008). La Conferencia contó con la participación de 145 Estados y con un Foro paralelo de ONG con 8.000 participantes, contribuyendo a fomentar la discusión y el intercambio de información, así como la creación de redes y la consolidación de un movimiento feminista internacional (ONU Mujeres, 2020a).

El Programa de Acción de Copenhague contiene también una crítica al enfoque MED, por una parte, por no captar la complejidad de la situación de las mujeres del Sur, para quienes la discriminación por sexo se conjuga con elementos como la pobreza, la etnia o la clase social; y por otra, al advertir que el desarrollo ha de incluir aspectos políticos, sociales y culturales, que trasciendan la visión economicista (Rodríguez Manzano, 2017).

A lo largo de la Tercera Década de Desarrollo de las NNUU (1981-1990) se va produciendo un cambio en la corriente principal del desarrollo influido por las tesis neoliberales, que inspiran el enfoque de la eficiencia en la orientación de las estrategias de desarrollo hacia las mujeres. En este periodo también se aprobó la Declaración sobre el Derecho al Desarrollo (NNUU, 1986) que, sin embargo, posicionó el concepto de desarrollo en el marco de los derechos humanos[20].

La década de los ochenta resulta también clave en la amplificación de las voces de las mujeres del Sur y de sus críticas al

20. La Declaración incluye en varias ocasiones menciones al principio de no discriminación por razón de sexo y, además, especifica que "deben adoptarse medidas eficaces para lograr que la mujer participe activamente en el proceso de desarrollo" (art. 8).

enfoque MED. Estas críticas y las propuestas alternativas de desarrollo articuladas en torno al concepto de empoderamiento adquirieron un peso definitivo en la Tercera Conferencia Mundial sobre la Mujer, celebrada en Nairobi en 1985.

La nueva Conferencia surge de una de las decisiones adoptadas en la Conferencia de Copenhague, referida a la celebración de una Conferencia Mundial para el Examen y Evaluación de los Logros del Decenio de las Naciones Unidas para la Mujer. Como novedad, el plenario de las NNUU solicita a la CSW que sea el órgano preparatorio de la Conferencia, contribuyendo así a su revitalización (Rodríguez Manzano, 2008).

La Tercera Conferencia contó con la participación de 1.900 delegadas y delegados de 157 Estados miembros y tenía como mandato el establecimiento de medidas concretas para superar los obstáculos al logro de los Objetivos del Decenio (ONU Mujeres, 2020a). Ente las actividades de la Conferencia, cabe señalar especialmente la celebración del foro paralelo de ONG, que contó con la asistencia de 12.000 participantes (ONU Mujeres, 2020a) y que se destacó por su gran organización, la calidad de las reuniones preparatorias e intervenciones, así como por la alta participación de mujeres locales (Rodríguez Manzano, 2008).

Entre los trabajos preparatorios de la Conferencia destaca el informe independiente *Development, Crises and Alternative Visions: Third World Perspectives* (Sen y Grown, 1987), presentado por el grupo de investigadoras y activistas del Sur denominado Development Alternatives with Women for a New Era (DAWN). El informe, que fue utilizado como documento de referencia en los diversos grupos de trabajo del Foro y de la Conferencia, introduce elementos como el neocolonialismo, reivindica la diversidad de feminismos sensibles a las diferentes visiones y preocupaciones de las distintas mujeres según su etnia o clase —cuestionando la visión unitaria liberal occidental del enfoque MED—, y propone un papel protagonista para las mujeres en las políticas de desarrollo (Echart, 2017; Rodríguez Manzano, 2008, 2017; Zabala y Martínez, 2017). El informe promueve además un modelo de desarrollo alternativo basado en el empoderamiento y centrado, no tanto en el crecimiento económico, sino en las personas y, especialmente, en las mujeres y en su capacidad para tener un mayor control sobre sus vidas y su bienestar (Murguialday, 2013). El informe analiza también la "crisis reproductiva", enfatizando la interdependencia entre la producción, el crecimiento y la reproducción social, e introduce la existencia de otras crisis como la ecológica o la crisis de gobernanza, con gran impacto en la vida de las mujeres (Zabala y Martínez, 2017).

Junto con el impulso de DAWN, el Foro posibilitó también la emergencia de tres importantes redes regionales de organizaciones de mujeres: el Asian Pacific Forum on Women, Law and Development (APWLD), el Women in Law and Development in Africa (WILDAF) y el Comité de América Latina y el Caribe para la Defensa de los Derechos de la Mujer (CLADEM) (Rodríguez Manzano, 2008).

Tras la Conferencia, los Gobiernos adoptaron las "Estrategias de Nairobi orientadas hacia el futuro para el adelanto de mujer" (NNUU, 1985), que esbozaron las medidas que deberían adoptarse para lograr la igualdad de género y que reflejaron las principales ideas planteadas por el informe. Así, el enfoque de empoderamiento fue cobrando relevancia en los espacios internacionales, incluyendo la necesidad de atender a lo cotidiano y a lo personal como espacios de opresión y de superar la dicotomía público-privado (y, en paralelo, las esferas productiva-reproductiva), que mantenían los proyectos de desarrollo inspirados en el enfoque MED (Echart, 2017).

LA CUARTA CONFERENCIA MUNDIAL SOBRE LA MUJER

La labor de incidencia y el intenso trabajo conjunto de las organizaciones feministas fue decisiva en la década de los noventa para la integración del enfoque GED en las principales conferencias y cumbres internacionales sobre diferentes temáticas que tuvieron lugar durante esta década y que fueron conformando una amplia agenda de desarrollo en el marco de la NNUU (CEPAL, 2004; Espinosa, 2013; Pajarín, 2015; Zabala y Martínez, 2012). En este proceso destaca la participación de DAWN en la Conferencia sobre Medio Ambiente y Desarrollo (Río de Janeiro, 1992), trasladando el foco del problema de la degradación ambiental desde la sobrepoblación a la liberalización comercial o al modelo de consumo (Zabala y Martínez, 2012). La Declaración reconoce el papel fundamental de las mujeres en el medio ambiente y el desarrollo y reivindica su plena participación. Este reconocimiento fue también posible gracias a la labor desarrollada por la Women's Environment and Development Organization (WEDO), quienes canalizan el trabajo preparatorio que realizaron las organizaciones de mujeres (*Women's Action Agenda 21*) e introducen el Comité de Mujeres (*Women's Caucus*) como mecanismo innovador en la Conferencia (Rodríguez Manzano, 2008).

Así mismo, en la Conferencia Mundial de Derechos Humanos (Viena, 1993), las organizaciones feministas integraron el debate en torno a la violencia de género[21], lograron que la Declaración afirmara que "todos los derechos humanos de la mujer y de la niña son parte inalienable, integrante e indivisible de los derechos humanos" y que el programa de acción reclamara la eliminación de todas las formas de discriminación contra la mujer, así como la puesta en marcha de mecanismos para el logro de la igualdad por parte de los Estados (Rodríguez Manzano, 2008).

Durante la preparación de la Conferencia Internacional sobre Población y Desarrollo (CIPD) (El Cairo, 1994), de nuevo las organizaciones feministas se movilizaron para transformar la perspectiva de los debates demográficos y de control poblacional, anclándolos en los derechos humanos, la salud o el bienestar de las personas y, en concreto, de las mujeres. En este proceso destaca el trabajo de la International Women's Health Coalition (IWHC), que articuló también un Comité de Mujeres encargado de promover la incorporación de un capítulo dedicado a las mujeres y de contrarrestar la oposición del Vaticano a la presencia de términos como derechos reproductivos, salud sexual, planificación familiar

21. El acento en la violencia culmina unos meses después con la aprobación de la Declaración sobre la eliminación de la violencia contra la mujer, en 1993 (Rodríguez Manzano, 2008).

o aborto en la Declaración final (Rodríguez Manzano, 2008). El disenso se produjo también al interior del propio Comité entre las feministas del Norte (quienes enfatizan el derecho al aborto) y del Sur (más enfocadas en cubrir necesidades de salud reproductiva) (Zabala y Martínez, 2012); si bien gracias a sus esfuerzos se logró plantear una nueva aproximación a las políticas de población y desarrollo donde la salud sexual y reproductiva y los derechos reproductivos de las mujeres ocupan un importante espacio[22]. Cabe mencionar que el Programa de Acción incluye también un capítulo titulado "Igualdad y equidad entre los sexos y la habilitación de la mujer", que anticipa cuestiones clave que formarán parte del debate de la Cuarta Conferencia Mundial sobre la Mujer, celebrada un año después (Rodríguez Manzano, 2008).

En 1995 se celebra la Cumbre Mundial sobre Desarrollo Social (Copenhague, 1995) con el objetivo de resaltar la dimensión social del desarrollo y la urgente necesidad de atender a problemas como la pobreza, el desempleo o la marginación social. La Declaración reafirma la igualdad de género como prioridad de la comunidad internacional y la importancia de la plena participación de la mujer (Rodríguez Manzano, 2008). La Declaración recoge también la defensa de todos los derechos humanos y la necesidad de aumentar los recursos dedicados al desarrollo social (Zabala y Martínez, 2017) y, en concreto, a mejorar y ampliar las oportunidades de las mujeres y combatir la violencia contra la mujer.

No obstante, entre las conferencias de la década de los noventa y en materia de igualdad de género, destaca especialmente la Cuarta Conferencia Mundial sobre la Mujer, celebrada del 4 al 15 de septiembre de 1995 en Pekín (China). El proceso preparatorio de la Conferencia se prolongó durante 18 meses y se articuló a través de conferencias regionales en las que se identificaron prioridades estratégicas (López, 2005; Rodríguez Manzano, 2008). La Cuarta Conferencia amplió la participación de las conferencias precedentes y contó con la participación de 6.000 delegadas

22. A pesar de estos indudables avances, no se logró sin embargo consenso en torno a los derechos sexuales (Zabala y Martínez, 2017).

y delegados de 189 países y con 4.000 representantes de ONG acreditadas (ONU Mujeres, 2020a). Así mismo, se contó con la participación de las cinco comisiones regionales del ECOSOC, 15 órganos y programas de NNUU, 12 organismos especializados y 26 organizaciones internacionales. Como señala Rodríguez Manzano (2008), "nunca antes una conferencia de las Naciones Unidas había logrado tal participación" (p. 213). Cabe destacar también la amplísima participación con la que contó el Foro paralelo de ONG que se celebró en el distrito chino de Huairou, con aproximadamente 30.000 participantes (ONU Mujeres, 2020a).

Por la gran participación y por el alcance y calado de sus debates y propuestas, la Cuarta Conferencia Mundial sobre la Mujer contribuyó de manera decisiva a situar la causa de la igualdad de género y la participación efectiva de las mujeres en todas las esferas de la vida como una de las dimensiones nucleares de la agenda de desarrollo internacional. Los documentos emanados de la Conferencia de Beijing —la Declaración y la Plataforma de Acción— supusieron el diseño conjunto y la aprobación unánime de un plan con objetivos comunes para toda la comunidad internacional destinados al logro de la igualdad. Así mismo, se consagraron dos estrategias fundamentales para conseguir estos objetivos de igualdad: el *mainstreaming* de género y el empoderamiento de las mujeres.

La Declaración (NNUU, 1995) reafirma los compromisos asumidos por la CEDAW (párr. 8) y por las Conferencias precedentes (párr. 10), específicamente la Estrategia de Nairobi (párr. 11), así como la afirmación de que "los derechos de las mujeres son derechos humanos" (párr. 14). Frente a la persistencia de desigualdades, discriminaciones y situaciones de violencia y de vulneración de derechos, los Estados se comprometieron a adoptar las medidas necesarias para revertirlas y para potenciar la participación de las mujeres y su empoderamiento. La Declaración también hace un llamamiento a la participación de los hombres en todas las acciones encaminadas a garantizar la igualdad (párr. 25).

La Plataforma de Acción constituye el documento más completo sobre los derechos de las mujeres, identificando 12 áreas prioritarias. Por cada área temática se incluye un diagnóstico que contextualiza la batería de objetivos estratégicos y de medidas dirigidas a diversos actores: Gobiernos, instituciones financieras y de desarrollo, así como ONG nacionales e internacionales. El detalle y alcance transformador de las medidas que incluye la Plataforma de Acción, así como el consenso global que concitó, hace que siga manteniendo su vigencia como documento de referencia en la agenda de igualdad. Así, por ejemplo, incluye recomendaciones sobre la integración de las necesidades de las mujeres en las políticas macroeconómicas, el mayor reconocimiento al trabajo doméstico y de cuidados no remunerado o la consideración de los derechos reproductivos como derechos humanos (Cirujano, 2006)[23].

TABLA 5

ÁREAS DE ESPECIAL INTERÉS Y ACTUACIÓN EN LA PLATAFORMA DE ACCIÓN DE BEIJING

La mujer y la pobreza	Educación y capacitación de la mujer
La mujer y la salud	La violencia contra la mujer
La mujer y los conflictos armados	La mujer y la economía
La mujer en el ejercicio del poder y la adopción de decisiones	Mecanismos institucionales para el adelanto de la mujer
Los derechos humanos de la mujer	La mujer y los medios de difusión
La mujer y el medio ambiente	La niña

Fuente: Elaboración propia a partir de NNUU (1995).

Tal y como señala López (2005), "la Conferencia de Beijing fue una demostración de la capacidad de las mujeres para hablar por sí mismas y hacer oír su voz, identificar intereses comunes de género e integrar las diferencias en un proyecto común" (p. 12). En el plano operativo, cabe destacar también que la Plataforma propuso que el método de trabajo en el futuro se basase en la "integración de una perspectiva de género" en todas las políticas, así como en la aplicación de "medidas positivas" que vehiculicen la

23. No obstante, el término "derechos sexuales" quedó finalmente excluido de los documentos (López, 2005).

ayuda institucional y la financiación adecuada a todos los niveles (Rodríguez Manzano, 2008: 219-220).

Los compromisos recogidos en la Declaración y la Plataforma de Acción fueron asumidos por la CSW, el secretario general y el ECOSOC. Este último decidió dedicar su periodo de sesiones de 1997 a la incorporación de la perspectiva de género en todas las políticas y programas de las NNUU, ocupándose de clarificar el significado de la perspectiva de género y de la estrategia de *mainstreaming* de género[24]. Desde entonces se ha producido una progresiva incorporación de la perspectiva de género en el sistema de NNUU guiada por las orientaciones institucionales ofrecidas por el ECOSOC referidas a la aplicación de directivas, la utilización de estadísticas desagregadas por sexo y de indicadores de género, el establecimiento de mecanismos de supervisión o a la necesidad de formación en género al personal (Rodríguez Manzano, 2008).

Así mismo, siguiendo la estela de los compromisos asumidos en la Declaración y en la Plataforma de Acción de Beijing, en 1998, el CAD de la OCDE publica una guía de conceptos y directrices sobre la igualdad entre mujeres y hombres que orientan en la incorporación de la perspectiva de género y del enfoque GED en la planificación y gestión de los proyectos de cooperación al desarrollo y de acción humanitaria entre los países miembros (OCDE, 1998). Como señala De la Cruz (2015), desde Beijing la mayoría de los países y donantes han incorporado la promoción de la igualdad de género en sus planes y estrategias, se han asentado y ampliado las garantías jurídicas para los derechos de las mujeres y se han establecido mecanismos de seguimiento y rendición de cuentas en el avance del principio de igualdad.

24. Tal y como se ha explicado, el ECOSOC define la estrategia de *mainstreaming* de género como "el proceso de evaluación de las consecuencias para las mujeres y los hombres de cualquier actividad planificada, inclusive las leyes, políticas o programas, en todos los sectores y a todos los niveles. Es una estrategia destinada a hacer que las preocupaciones y experiencias de las mujeres, así como de los hombres, sean un elemento integrante de la elaboración, la aplicación, la supervisión y la evaluación de las políticas y los programas en todas las esferas políticas, económicas y sociales, a fin de que las mujeres y los hombres se beneficien por igual y se impida que se perpetúe la desigualdad. El objetivo final es lograr la igualdad entre los géneros" (Conclusiones convenidas 1997/2, en NNUU, 1999a: 24).

En el año 2000 la Asamblea General celebra su vigésimo tercer periodo extraordinario de sesiones con el objetivo de evaluar los progresos realizados en la aplicación de las Estrategias de Nairobi y la Plataforma de Acción de Beijing. Durante el periodo de sesiones denominado "La mujer en el año 2000: igualdad entre los géneros, desarrollo y paz para el siglo XXI", y conocido como Beijing +5, se adopta una Declaración política y nuevas medidas e iniciativas para la aplicación de la Declaración y la Plataforma de Acción de Beijing (ONU Mujeres, 2020a; Rodríguez Manzano, 2008).

En 2000 también destaca la adopción por parte del Consejo de Seguridad de las NNUU de la Resolución 1.325 sobre mujeres, paz y seguridad (NNUU, 2000a). La agenda de mujeres, paz y seguridad había sido abordada con anterioridad por las NNUU, pero, con la adopción de la Resolución 1.325, el marco normativo para la protección y promoción de los derechos de las mujeres en situaciones de conflicto se fortalece y se amplía de manera decisiva (Mesa, 2016; ONU Mujeres, 2020c)[25]. La Resolución 1.325 reconoce el impacto desproporcionado y específico de los conflictos armados sobre las mujeres, e insta a los Estados a abordarlo de manera específica, enfatizando la protección contra la violencia sexual como crimen de guerra (art. 11). Así mismo, solicita garantizar la participación en igualdad de las mujeres en la prevención y en la solución de los conflictos, la construcción y el mantenimiento de la paz, vinculando la igualdad con una cultura de paz. La Resolución 1.325 "fue un hito histórico y supuso el triunfo de décadas de activismo" del movimiento de mujeres (Mesa, 2016: 137)[26].

25. En este proceso destaca también la adopción de la recomendación general 30 sobre las mujeres en la prevención de conflictos y en la rehabilitación posbélica adoptada en 2013 por la CEDAW (Mesa, 2016).

26. En este proceso destaca la labor de una de las organizaciones de mujeres pionera en este ámbito, la Women League for Peace and Freedom (WILPF), que promovió su aprobación en el Consejo de Seguridad y que trabaja haciendo seguimiento sobre su grado de aplicación en los países que cuentan con Planes de Acción (Mesa, 2016). A la Resolución 1.325 le ha seguido nuevas resoluciones que han ido completando la agenda sobre mujer, paz y seguridad: 1.820 (2008); 1.888 (2009); 1.889 (2009), que crea la figura de un representante especial sobre Violencia Sexual en los conflictos armados; 1.960 (2010); 2.106 (2013); 2.122 (2013); 2.242 (2015); 2.467 y 2.493 (2019) (ONU Mujeres, 2020c). Así mismo, desde 2004 el secretario general de Naciones Unidas realiza un informe anual de seguimiento sobre la implementación de la Resolución, que se remite al Consejo de Seguridad (Mesa, 2012a).

TABLA 6

HITOS NORMATIVOS E INSTITUCIONALES EN IGUALDAD DE GÉNERO EN NNUU

AÑO	CONFERENCIA/INSTRUMENTO NORMATIVO
1945	Carta de las NNUU
1946	Creación de la Comisión de la Condición Jurídica y Social de la Mujer (CSW)
1948	Declaración Universal de Derechos Humanos
1967	Declaración sobre la eliminación de la discriminación contra la mujer
1975	Primera Conferencia Mundial sobre la Mujer (México) Declaración del Año Internacional de la Mujer
1979	Convención sobre la eliminación de todas las formas de discriminación contra la mujer (CEDAW)
1980	Segunda Conferencia Mundial sobre la Mujer (Copenhague)
1983	Creación del INSTRAW y establecimiento en República Dominicana
1984	Creación de UNIFEM
1985	Tercera Conferencia Mundial sobre la Mujer (Nairobi)
1994	Conferencia Internacional sobre Población y Desarrollo (El Cairo)
1993	Declaración sobre la eliminación de la violencia contra la mujer
1995	Cuarta Conferencia Mundial sobre la Mujer (Beijing) Declaración y Plataforma de Acción
1999	Protocolo Opcional facultativo de la CEDAW
2000	Cumbre del Milenio y Declaración del Milenio Resolución 1.325 Beijing +5
2005	Beijing +10
2010	Beijing +15 Creación de ONU Mujeres
2015	Beijing +20 Agenda 2030 para el Desarrollo Sostenible
2020	Beijing +25

Fuente: Elaboración propia.

En 2005 la CSW retoma el compromiso asumido en Beijing +5 de convocar un nuevo proceso de examen y evaluación conocido como Beijing +10, en la que se adopta una nueva Declaración que subraya que la aplicación plena y eficaz de la Declaración y Plataforma de Acción de Beijing es esencial para la consecución de los objetivos de desarrollo emanados de la Declaración del Milenio (ONU Mujeres, 2020a). En Beijing +10 también se adoptaron ocho resoluciones y tres decisiones que, entre otros temas, enfatizan la importancia de la incorporación de la perspectiva de género y destacan la complementariedad entre las políticas de *mainstreaming* y las políticas y programas dirigidos específicamente a las mujeres (Rodríguez Manzano, 2008). El proceso contó con la participación de 6.000 activistas que trabajaron para no retroceder en los compromisos asumidos, especialmente en materia de derechos sexuales y reproductivos (López, 2005).

El examen de los quince años de la Plataforma de Acción de Beijing se realizó durante el quincuagésimo cuarto periodo de sesiones de la CSW, celebrado en 2010. En Beijing +15 se adoptó una nueva declaración que se hacía eco de los progresos realizados y que reafirmaba el compromiso de los Estados hacia la adopción de nuevas medidas para garantizar la aplicación integral y acelerada de la Declaración y Plataforma de Acción de Beijing (ONU Mujeres, 2020a).

A mediados de 2013, el ECOSOC solicitó a la CSW examinar y evaluar la aplicación de la Plataforma de Acción en su 20 aniversario. La evaluación se llevó a cabo en el quincuagésimo noveno periodo de sesiones —conocido como Beijing +20— en marzo de 2015, con la participación de unas 9.000 personas participantes (De la Cruz, 2015). Para informar las deliberaciones, el Consejo solicitó a los Estados la puesta en marcha de exhaustivas evaluaciones nacionales y alentó a las comisiones regionales a llevar a cabo exámenes regionales (ONU Mujeres, 2020a). No obstante, Beijing +20 no respondió a las expectativas de las organizaciones de mujeres, que leyeron el momento político —proceso pos-2015— como una oportunidad para avanzar en el espíritu de la Plataforma de Acción. De la Cruz (2015) señala tres factores que debilitaron el contenido de la declaración: i) la falta de voluntad y compromiso político con enfoque de derechos y de justicia social y de género, influida por el auge de los fundamentalismos religiosos que ponen el foco en los derechos de las mujeres; ii) la exclusión del movimiento feminista del proceso de negociación y la ausencia de referencias a su papel en el documento; y iii) su escasa contribución y orientación al marco de desarrollo pos-2015, que supuso una "oportunidad perdida" para identificar las nuevas amenazas a los derechos de las mujeres, posicionar los debates en torno a los impactos de género de la globalización y al avance en los derechos sexuales y reproductivos, temas todos ellos que quedaron fuera del documento final.

El 2020 se esperaba que fuera un año importante para el avance de la institucionalización internacional de género, al coincidir la celebración de Beijing +25 con el 20 aniversario de la Resolución 1.325 del Consejo de Seguridad de las NNUU sobre mujeres, paz y seguridad, el 10 aniversario de la creación de ONU Mujeres y el 5 aniversario de la Agenda 2030 para el Desarrollo Sostenible. La pandemia por COVID-19 aplazó el calendario previsto para esta confluencia de conmemoraciones; sobre todo, la crisis sanitaria, económica y social derivada ha generado nuevos retos para los derechos de las mujeres, concentrando la actividad de incidencia del feminismo internacional para incorporar la perspectiva de género en los planes de respuesta. Finalmente, en 2021 ONU Mujeres convocó el Foro "Generación Igualdad", presidido conjuntamente por México y Francia, donde se consensuaron importantes compromisos financieros, de políticas y programas con el año 2026 como horizonte, recogidos en el Plan de Aceleración Global. No obstante, a pesar de lo ambicioso del Plan y de iniciativas posteriores derivadas, como la Alianza Global por los Cuidados, se mantienen las dificultades para articular la justicia de género con cambios transformadores a todos los niveles (Oxfam Intermón, 2022).

CAPÍTULO 3

AGENDAS DE DESARROLLO Y DE COOPERACIÓN INTERNACIONAL DESDE LA PERSPECTIVA DE GÉNERO

Las críticas feministas frente a una visión de desarrollo ceñida al crecimiento económico han sido clave para desvelar el sesgo androcéntrico y etnocéntrico de las estrategias de desarrollo, nutriendo la noción de "maldesarrollo" y apuntando a la existencia de un fracaso global sistémico del modelo de desarrollo hegemónico. En los últimos años, el escenario internacional ha sufrido importantes transformaciones en los procesos económicos, financieros, tecnológicos, ambientales, políticos, sociales y culturales, caracterizados por una creciente globalización en los factores que los determinan y en el alcance de sus efectos en un mundo cada vez más interdependiente y transnacionalizado. El modelo de desarrollo hegemónico se ha demostrado limitado a la hora de hacer frente a estos retos globales, que trascienden la capacidad de gestión de los Estados como unidad de análisis y acción política y que requieren de la acción coordinada y cooperativa de todos los múltiples actores del sistema internacional (Martínez, 2019; Millán, 2012; Unceta, 2009, 2014).

Las consecuencias de la globalización neoliberal y de la crisis ecológica, así como las propuestas de modelos alternativos de reconfiguración de las relaciones sociales y con la naturaleza, tienen una importante lectura de género. La diversidad de miradas feministas que confluyen en la actualidad ha fortalecido el análisis feminista incorporando categorías como la clase, la raza o el colonialismo y, por tanto, nuevos cuerpos, localizaciones, estructuras y relaciones; y ha contribuido también a nutrir el carácter democrático de sus propuestas de cambio. Los diversos feminismos han realizado sólidas críticas al modelo de desarrollo hegemónico, visibilizando y analizando los vínculos y las transacciones que se producen entre las esferas productiva, reproductiva y ecológica; y promoviendo procesos alternativos de desarrollo que pongan la sostenibilidad de vida en el centro.

Así, por ejemplo, desde la economía feminista se evidencia cómo el modelo de producción y consumo capitalista se asienta en un modelo de organización social patriarcal, en el que todo lo que tiene que ver con la reproducción o el cuidado no se valora, no se tiene en cuenta y no se protege. La economía feminista apuesta por un cambio de modelo que ponga la sostenibilidad de vida en el centro y que entienda la interdependencia entre los seres humanos con su necesidad de cuidados como base del sistema de organización comunitaria. Así mismo y en sintonía con el ecofeminismo, se atiende a la ecodependencia de los procesos de desarrollo, enfatizando los límites del modelo actual de globalización, su carácter antropocéntrico y androcéntrico y vinculando la conservación y el cuidado de la naturaleza (justicia ambiental) con la igualdad y la justicia de género (Carrasco, 2017; Coello, 2017; Herrero, 2012; Pérez Orozco, 2019; Picchio, 2012; Shiva, 2006). Este análisis político ha articulado la mirada feminista redistributiva, junto con las demandas feministas de reconocimiento, y está enfatizando la necesidad de fortalecer la participación en paridad de las mujeres en la definición de un nuevo marco de justicia (Fraser, 2015), mejorando la calidad democrática de los sistemas políticos nacionales, pero también de los sistemas de gobernanza global.

También en las últimas décadas, el sistema de cooperación para el desarrollo ha iniciado un proceso de transformación sustancial que afecta a su naturaleza, configuración, medición y funcionamiento. Este proceso de cambio está motivado por las trasformaciones acontecidas en el escenario internacional, así como por los cambios en la manera de entender el desarrollo, la definición colectiva de las nuevas problemáticas y, por ende, los nuevos contenidos de la agenda de desarrollo. En este contexto, la cooperación al desarrollo experimenta el reto de transformarse ante el riesgo de caer en la irrelevancia o bien de perder su carácter distintivo (Alonso, Aguirre y Santander, 2019).

Las transformaciones del sistema de cooperación al desarrollo no se agotan en los cambios en el sistema de medición, sino que se necesita un profundo debate en torno a sus orientaciones y objetivos, sus relaciones, normas y procedimientos que contribuyan a superar la crisis de legitimidad, de resultado y de identidad del actual modelo (Domínguez y Lucatello, 2018; Martínez, 2019). Así mismo, la integralidad, interdependencia y el carácter estructural de los desafíos del desarrollo actuales llevan a Martínez (2019) a identificar "la transformación del modelo de convivencia global como uno de los grandes propósitos de la cooperación internacional" (p. 134). Esta transformación se orientaría hacia la puesta en marcha de nuevas relaciones de producción y de consumo más sostenibles y basadas en la justicia social y de género; o hacia la consolidación de entornos sociopolíticos más democráticos, inclusivos y cohesionados centrados en el empoderamiento y en la participación de la ciudadanía.

La perspectiva feminista está contribuyendo a este proceso de construcción colectiva de nuevas formas de convivencia global y a la redefinición de la cooperación internacional para el desarrollo, identificando y posicionando nuevos enfoques y contenidos, así como nuevas dinámicas e instrumentos que contribuyan a la promoción de un desarrollo centrado en la justicia, la igualdad y la sostenibilidad de la vida y del planeta. Cabe destacar que el feminismo ha sido pionero en actuar bajo principios cosmopolitas de ciudadanía global, insistiendo en la exigibilidad política de los derechos humanos o en la necesidad de realizar análisis integrales de las causas estructurales de las desigualdades y de las injusticias. El feminismo ha sido pionero también en la comprensión de la corresponsabilidad global y en la articulación de las luchas y desafíos compartidos entre ciudadanías con diversas realidades culturales, sociales e identitarias múltiples y variables, que hacen de la diversidad una riqueza y una fuente de conocimiento y aprendizaje colectivo. De manera paralela, el feminismo también apunta al cambio de conciencia, personal e íntimo, y al cambio cultural como dimensiones de transformación esenciales y tractoras de un verdadero cambio colectivo.

El siguiente análisis de la evolución en la agenda internacional del desarrollo y de la cooperación internacional desde la perspectiva de género se centra en la Declaración del Milenio y los Objetivos de Desarrollo del Milenio, en la Agenda de la Eficacia de la Ayuda y de Financiación del Desarrollo y, finalmente, en la Agenda 2030 para el Desarrollo Sostenible. El análisis trata de visibilizar el papel del movimiento feminista global como un actor con creciente peso simbólico en la realidad internacional, como un agente de cambio en la visión del desarrollo, y como protagonista decisivo de los avances hacia la integración del principio de igualdad en la agenda internacional de desarrollo.

DECLARACIÓN DEL MILENIO Y OBJETIVOS DE DESARROLLO DEL MILENIO

El cambio de paradigma que introdujo la noción de desarrollo humano alentó la puesta en marcha en la década de los noventa de una serie de cumbres temáticas en el marco de NNUU que contribuyeron a renovar la agenda del desarrollo y de la cooperación internacional (Martínez, 2019; Sanahuja, 2007), posicionando en su centro la dimensión social del desarrollo considerada hasta el momento como una agenda "blanda" de la política mundial (Alonso y Sanahuja, 2006).

Las organizaciones feministas y el movimiento internacional por los derechos de las mujeres conformado en el marco de las conferencias mundiales sobre la mujer incidieron de manera decisiva en cada una de estas cumbres y conferencias con el objetivo de incorporar la perspectiva de género y los desafíos para igualdad y los derechos de las mujeres en los compromisos que se derivaron de las mismas.

TABLA 7

CONFERENCIAS TEMÁTICAS DE NNUU EN LA DÉCADA DE LOS NOVENTA

CONFERENCIA	AÑO	CIUDAD
Conferencia Mundial sobre Infancia	1990	Nueva York
Conferencia Mundial sobre Educación para Todos	1990	Jomtien
Conferencia sobre Medio Ambiente y Desarrollo	1992	Río de Janeiro
Conferencia Mundial sobre Derechos Humanos	1993	Viena
Conferencia Internacional sobre Población y Desarrollo	1994	El Cairo
Conferencia Mundial para el Desarrollo Social	1995	Copenhague
Cuarta Conferencia Mundial sobre la Mujer	1995	Pekín
Conferencia sobre Asentamientos Humanos	1996	Estambul
Cumbre Mundial sobre Alimentación	1996	Roma
Cumbre Río +5	1997	Nueva York
Cumbre Social +5	2000	Ginebra
Beijing +5	2000	Nueva York
Cumbre del Milenio	2000	Nueva York

Fuente: Elaboración propia.

Estas conferencias y cumbres temáticas contribuyeron a la progresiva definición de objetivos compartidos en las diferentes dimensiones del desarrollo, en cierta medida, gracias a la profundidad de los debates teóricos y académicos que generaron y a la amplia participación de la sociedad civil que fomentaron. Estos debates y los compromisos establecidos a lo largo de la década, así como la iniciativa en el marco de la OCDE en torno al informe *Shaping the 21ST Century: The Contribution of Development Cooperation* (OCDE, 1996), que tradujo estos compromisos en metas cuantitativas e indicadores con un horizonte temporal fijado en el 2015, trazaron el camino hacia la Declaración del Milenio y los Objetivos de Desarrollo del Milenio (Ayuso y Costafreda, 2013; Martínez, 2019; Millán, 2012; Sanahuja, 2007).

La Cumbre del Milenio se celebró en el año 2000 en Nueva York, donde 189 países se comprometieron a intensificar los esfuerzos para la promoción de la paz, la democracia y el desarrollo humano y sostenible, centrado en la reducción de la pobreza y en la defensa de la dignidad humana, la igualdad y la equidad.

La Declaración del Milenio (NNUU, 2000b) derivada de la Cumbre explicita los valores fundamentales para las relaciones internacionales del siglo XXI —la libertad, la igualdad, la solidaridad, la tolerancia, el respeto a la naturaleza y la responsabilidad común (párr. 6)— y reconoce la distribución desigual de los beneficios de la mundialización entre los países, abogando por la puesta en marcha de políticas específicas para hacerla más incluyente y equitativa (párr. 5). La Declaración insiste en la responsabilidad colectiva en esta tarea y reivindica el papel central de las NNUU como la entidad multilateral más efectiva para ponerla en marcha y examinar los progresos. Los ODM se crearon un año más tarde como una hoja de ruta para poner en marcha la Declaración del Milenio[27].

La Declaración del Milenio y los ocho ODM finalmente formulados[28] supusieron un respaldo político sin precedentes al esfuerzo compartido por la lucha contra la pobreza y la promoción de procesos de desarrollo centrados en las personas. La iniciativa logró la concreción y el acuerdo en torno a una agenda del desarrollo con ocho objetivos y con un sistema de medición en torno a metas e indicadores destinado a su seguimiento y evaluación. La Declaración del Milenio es el resultado de un proceso de movilización y de acción política sin precedentes que involucró a actores diversos y que se centró en áreas "blandas" de la política internacional, promoviendo una "agenda social global emergente que trata de otorgar una dimensión de equidad a la globalización" (Sanahuja, 2007: 77-78). La singularidad de los ODM también se encuentra en su ambición al diseñar unos objetivos comunes sencillos y cuantificables con un sistema de seguimiento destinado a medir los avances.

27. El informe del secretario general, *Guía General para la Aplicación de la Declaración del Milenio* (NNUU, 2001), apunta y presenta una primera formulación de ODM (Sotillo, 2015; Zabala y Martínez, 2017).
28. Los objetivos, metas e indicadores desarrollados en 2001 y 2002 fueron modificados durante la Cumbre Mundial de 2005, y en 2007 la Asamblea General toma nota del nuevo marco presentado por el informe del secretario general de 2006. El *Report of the Secretary-General on the Work of the Organization* define finalmente ocho objetivos, 18 metas y 48 indicadores.

TABLA 8

LOS OCHO ODM Y SUS METAS

Objetivo 1. Erradicar la pobreza extrema y el hambre
Meta 1: Reducir a la mitad la proporción de personas con ingresos inferiores a un dólar por día Meta 2: Reducir a la mitad el porcentaje de personas que padecen hambre
Objetivo 2. Lograr la enseñanza primaria universal
Meta 3: Asegurar que los niños y niñas de todo el mundo puedan terminar un ciclo completo de enseñanza primaria
Objetivo 3. Promover la igualdad entre los sexos y el empoderamiento de la mujer
Meta 4: Eliminar la disparidad de género en la enseñanza primaria y secundaria, preferiblemente en 2005, y en todos los niveles de la enseñanza antes de finales de 2015
Objetivo 4. Reducir la mortalidad infantil
Meta 5: Reducir en dos terceras partes la mortalidad de niños menores de 5 años
Objetivo 5. Mejorar la salud materna
Meta 6: Reducir la mortalidad materna en tres cuartas partes
Objetivo 6. Combatir el VIH/SIDA, la malaria y otras enfermedades
Meta 7: Detener y comenzar a reducir la propagación del VIH/SIDA Meta 8: Detener y comenzar a reducir la incidencia de la malaria y otras enfermedades graves
Objetivo 7. Garantizar la sostenibilidad del medio ambiente
Meta 9: Incorporar los principios del desarrollo sostenible en las políticas y los programas nacionales e invertir la pérdida de recursos del medio ambiente Meta 10: Reducir a la mitad la proporción de personas sin acceso sostenible al agua Meta 11: Haber mejorado considerablemente, en 2020, la vida de al menos 100 millones de habitantes de barrios marginales
Objetivo 8. Fomentar una alianza mundial para el desarrollo
Meta 12: Desarrollar aún más un sistema comercial y financiero abierto, basado en normas, previsible y no discriminatorio Meta 13: Atender las necesidades especiales de los países menos adelantados Meta 14: Atender las necesidades especiales de los países sin litoral y de los pequeños Estados insulares en desarrollo Meta 15: Encarar de manera general los problemas de la deuda de los países en desarrollo con medidas nacionales e internacionales a fin de hacer la deuda sostenible a largo plazo Meta 16: En cooperación con los países en desarrollo, elaborar e implementar estrategias que proporcionen empleo digno y productivo a los jóvenes. Meta 17: En cooperación con las empresas farmacéuticas, proporcionar acceso a los medicamentos esenciales en los países en desarrollo Meta 18: En colaboración con el sector privado, velar por el aprovechamiento de los beneficios de las nuevas tecnologías, en particular de las tecnologías de la información y de las comunicaciones

Fuente: Elaboración propia a partir de NNUU (2001).

Con todo, los ODM adolecieron de importantes debilidades que han marcado y condicionado su apropiación por parte de los países receptores, así como su implementación y evaluación. Siguiendo a Alonso (2013), podemos destacar las siguientes debilidades e inconsistencias en los ODM:

> La asimetría de esfuerzos y compromisos que los ODM suponían para países desarrollados y en desarrollo, el carácter parcial del cuadro de objetivos seleccionados, la discutible métrica que domina la definición de metas e indicadores, el silencio respecto a recursos y cambios internacionales requeridos para hacer realidad esas metas o, en fin, la opacidad del proceso de deliberación y decisión de la agenda (p. 94).

Efectivamente, el éxito de los ODM los convirtió en un sustituto de una verdadera agenda de desarrollo, simplificando los retos de desarrollo que recogía de manera más extensa la Declaración del Milenio y las conferencias de la década de los noventa (Zabala y Martínez, 2017), y focalizándose en la lucha contra la pobreza (Alonso, 2013; Martínez, 2019). La realización de los derechos humanos, la participación política y social o la reducción de las desigualdades fueron dimensiones que quedaron excluidas de la lista de objetivos, mientras que aspectos como la sostenibilidad ambiental o la igualdad de género se recogieron, aunque de manera muy restrictiva. Los ODM se definieron sin alusión a las causas estructurales de las problemáticas y sin ocuparse de las medidas y estrategias necesarias para su cumplimiento, sin entrar en el debate sobre las políticas económicas y sociales más favorables y sugiriendo que la mera inyección de recursos contribuiría a su logro (Alonso, 2013). Así mismo, tampoco se esbozaron relaciones entre los objetivos, desaprovechando las transacciones y sinergias en su abordaje (Zabala y Martínez, 2017); y, en definitiva, su traducción en metas simplificadas y parciales desvió el interés sobre los componentes más transformadores del nuevo enfoque de desarrollo, agudizando la "brecha entre el debate y la práctica del desarrollo" (Martínez, 2019: 48).

Otra línea de crítica se refiere al propio sistema de seguimiento y evaluación, ya que las metas cuantitativas diseñadas no tuvieron en cuenta la situación de partida de los países, lo que generó un sesgo en detrimento de los países más pobres, cuyos esfuerzos quedaban invisibilizados (Alonso, 2013). Así mismo, los ODM, a pesar de inspirarse en un compromiso universal, conformaron una agenda asimétrica y desarrollista, ya que siete de los objetivos constituían desafíos para los países empobrecidos, mientras que solo el ODM 8 (Fomentar una Alianza Mundial para el Desarrollo Sostenible) estaba dirigido a los países más desarrollados con unas metas imprecisas y parciales, alejadas de la integralidad y profundidad de los desafíos para una gobernanza global y equitativa de la globalización (Alonso, 2013; Alonso y Sanahuja, 2006; Zabala y Martínez, 2017). Otra crítica a los ODM se refiere al propio proceso de definición, ya que siguió un modelo *top-down* (Ayuso y Costafreda, 2013) dirigido por un pequeño grupo de personas expertas y tecnócratas, sin que se implementaran mecanismos de participación gubernamental y por parte de la sociedad civil. Esta dinámica limitó la apropiación e identificación de la agenda de los ODM por parte de la mayor parte de los países, cuyos desafíos trascendían la lucha contra la pobreza extrema y se encaminaban a la resolución de problemas como el cambio productivo, la desigualdad y la cohesión social, la vulnerabilidad financiera o la calidad democrática, entre otros, que quedaron fuera de los ODM (Alonso, 2013).

Además de estas debilidades compartidas, el movimiento global por los derechos de las mujeres se vio además decepcionado por el escaso alcance de género que asumieron los ODM, a pesar del papel relevante que la Declaración del Milenio (NNUU, 2000b) había reservado a "la igualdad de derechos y oportunidades de hombres y de mujeres" como uno de los valores inspiradores de las relaciones internacionales en el siglo XXI (párr. 6) y al identificar la lucha contra todas las formas de violencia contra la mujer y la aplicación de la CEDAW como dos de los principales desafíos internacionales (párr. 25). Los ODM no reflejaron sin embargo este espíritu, no recogieron prioridades y temas imprescindibles en materia de derechos de las mujeres y la igualdad de género, ni incorporaron los avances teóricos y prácticos en torno a las estrategias de *mainstreaming* y empoderamiento, ampliamente reconocidas para el logro de la igualdad tras una década de consolidación e institucionalización de la perspectiva de género en la agenda internacional de desarrollo, especialmente a partir de Beijing.

De los ocho ODM formulados, con sus correspondientes metas e indicadores, el ODM 3 (Promover la igualdad entre los sexos y el empoderamiento de la mujer) se refiere explícitamente a la igualdad de género. El ODM 3 tiene como meta eliminar las desigualdades entre los sexos en la enseñanza primaria y secundaria, preferiblemente para el año 2005, y en todos los niveles de enseñanza para el año 2015. Los indicadores definidos para medir el progreso fueron los siguientes: i) la relación entre niñas y niños en la enseñanza primaria, secundaria y superior; ii) la relación entre las tasas de alfabetización de las mujeres y los hombres en edades comprendidas entre los 15 y los 24 años; iii) la proporción de mujeres entre los empleados remunerados en el sector no agrícola; y iv) la proporción de escaños ocupados por mujeres en los parlamentos nacionales.

La igualdad de género y la promoción del empoderamiento se circunscriben, por tanto, al ámbito de la educación, quedando fuera de la agenda otros temas clave para la igualdad como la violencia de género, los derechos sexuales y reproductivos, la presencia de mujeres en puestos de toma de decisiones económicas y políticas, el trabajo reproductivo no valorizado, el acceso y control de recursos económicos o la brecha de ingresos, entre otros (López, 2005; Pajarín, 2015). Así mismo, no se llegó a transversalizar la perspectiva de género en el resto de objetivos y, en algunos casos, como en el ODM 5 (destinado a mejorar la salud materna) o el ODM 6 (destinado a combatir el VIH/SIDA, la malaria y otras enfermedades), se vuelve a visiones ciegas al género y alejadas de un enfoque de derechos sexuales y reproductivos por miedo a una reacción conservadora (López, 2005; Zabala y Martínez, 2017).

Desde el movimiento feminista, y también en el marco de organizaciones internacionales y regionales, se ha tratado de visibilizar esta carencia y de formular indicadores complementarios (profundizando en la medición del progreso en igualdad en cada uno de los objetivos, desagregando por sexo algunos indicadores oficiales), así como indicadores alternativos (que abordan temáticas no incluidas en los ODM, pero prioritarias en materia de igualdad de género) (NNUU, 2010a). Tal y como indican Zabala y

Martínez (2017), estas críticas y aportaciones feministas quedaron recogidas en la Resolución aprobada por la Asamblea General el 22 de septiembre de 2010, donde se reconoce

> que la igualdad entre los géneros, el empoderamiento de la mujer, su pleno disfrute de todos los derechos humanos y la erradicación de la pobreza son esenciales para el desarrollo económico y social, incluido el logro de todos los Objetivos de Desarrollo del Milenio. Reafirmamos la necesidad de la aplicación plena y efectiva de la Declaración y la Plataforma de Acción de Beijing. El logro de la igualdad entre los géneros y del empoderamiento de la mujer es tanto un objetivo clave de desarrollo como un medio importante de lograr todos los Objetivos de Desarrollo del Milenio. Acogemos con beneplácito el establecimiento de la Entidad de las Naciones Unidas para la Igualdad entre los Géneros y el Empoderamiento de la Mujer (ONU-Mujeres), y nos comprometemos a prestar todo nuestro apoyo para su puesta en marcha (NNUU, 2010b: párr. 12).

Uno de los procesos destacados en la conformación de una nueva arquitectura de la ayuda fue la reforma de NNUU encaminada a fortalecer su legitimidad y su capacidad para establecer un marco normativo internacional. La reforma se inició con un alcance de género limitado y en riesgo de ser excluido, y fue crucial el empuje del movimiento feminista para la creación de ONU Mujeres. Así, con el objetivo de velar, consolidar e impulsar los compromisos y objetivos en materia de igualdad, la Asamblea de las NNUU crea ONU Mujeres en julio de 2010, como entidad dedicada a la igualdad de género y el empoderamiento de las mujeres. ONU Mujeres fusiona cuatro entidades previas que compartían el mandato de la promoción de la igualdad: la División para el Adelanto de la Mujer (DAM), el INSTRAW, la Oficina del Asesor Especial en cuestiones de género (OSAGI) y UNIFEM. Entre sus funciones se encuentran el apoyo a entidades intergubernamentales como la CSW para la formulación de políticas, estándares y normas mundiales, la asistencia a los Estados miembros de NNUU para implementar estos estándares, la provisión de apoyo técnico y financiero y el establecimiento de alianzas con las OSC, así como la coordinación del trabajo de NNUU en igualdad de género y la promoción de la rendición de cuentas y la supervisión de los avances (ONU Mujeres, 2020d).

Con todo, la existencia de un ODM referido a la igualdad de género creó una poderosa herramienta de incidencia para las organizaciones de mujeres (Smee y Woodroffe, 2013) y contribuyó a mantener el debate en torno al papel de la igualdad de género como objetivo sustancial e instrumental del desarrollo. Por otro lado, los aportes del movimiento feminista junto con la labor de ONU Mujeres coadyuvaron a repolitizar la agenda del desarrollo, poniendo el foco sobre las causas estructurales de las desigualdades y en los factores que limitan el avance en la lucha contra la violencia, la discriminación y el logro de la igualdad.

Desde la puesta en marcha de los ODM se han producido avances en las metas y en los indicadores de igualdad fijados, pero estos han sido lentos en todos los aspectos: a pesar de las mejoras en el acceso a la educación, las niñas siguen enfrentándose a mayores obstáculos en el ámbito educativo, y en algunas regiones como el África subsahariana el 48,1% no asisten a la escuela (frente al 43,6% de los niños); así mismo, la mortalidad materna también se ha reducido, pero a un ritmo demasiado lento, y también se ha ido incrementando el número de mujeres en ocupar escaños parlamentarios, aunque en la actualidad siguen estando subrepresentadas en los parlamentos nacionales (el 24,3% a nivel mundial en 2019).

Más allá de las dimensiones incluidas en los ODM, cabe destacar que la pobreza (extrema y relativa) o la inseguridad alimentaria inciden en mayor medida entre las mujeres; que muchos países siguen manteniendo disposiciones legislativas discriminatorias; que la violencia en todas sus dimensiones permanece como la representación más visible de las desigualdades y de la violación de los derechos humanos; que las mujeres dedican 2,6 veces más tiempo de trabajo doméstico y de cuidados no remunerado que los hombres; que persisten las desigualdades de género en el acceso al empleo, a la tierra, a otros recursos económicos o a las tecnologías de la información y la comunicación; que se mantiene la brecha salarial (al 24,3% a nivel mundial en 2019); que las mujeres ocupan menos de un tercio de los puestos de investigación; o que las mujeres se ven más afectadas por las consecuencias del cambio climático y la pérdida de biodiversidad (ONU Mujeres, 2018, 2020b).

El avance lento y desigual en el logro de la igualdad de género afecta en mayor medida a las mujeres que se encuentran en mayor desventaja por causa de las discriminaciones cruzadas (clase social, etnia, religión, estatus migratorio, identidad de género, etc.). Además, cabe señalar que los esfuerzos financieros internacionales hacia las políticas de género han sido insuficientes[29] (De la Cruz, 2015; NNUU, 2016) y que en los últimos años se ha producido una reacción conservadora que pone en peligro los avances alcanzados en materia de igualdad y, especialmente, en el reconocimiento y garantía de los derechos sexuales y reproductivos (Balchin, 2011; Cobo, 2011; Imam, 2016; Zabala y Martínez, 2017).

LA FINANCIACIÓN DEL DESARROLLO Y LA AGENDA DE LA EFICACIA

Una de las principales novedades de los ODM fue la formulación del ODM 8 destinado a fomentar una alianza mundial que, entre otros objetivos, insiste en la necesidad de otorgar más y mejor ayuda para el desarrollo[30]. Así, entre los indicadores del ODM 8 se encuentran el avance de la Ayuda Oficial al Desarrollo (AOD) de los países donantes del CAD, tanto la total como la destinada a los países menos adelantados; el avance en la AOD, destinada a los servicios sociales básicos (educación básica, atención primaria de

29. Durante la implementación de los ODM, el apoyo de los donantes del CAD a cuestiones de género aumentó más del triple; sin embargo, "las inversiones siguen situándose muy por debajo de los niveles requeridos para alcanzar la igualdad de género y solo una pequeña parte se centra en las necesidades concretas de las mujeres" (NNUU, 2016: 9).

30. No obstante, cabe señalar que las metas del ODM 8 son las más imprecisas y vagas en su formulación, ya que no son cuantificables ni hacen referencia a un horizonte temporal (Alonso, 2013; Martínez, 2019).

salud, nutrición, servicios de agua y saneamiento); o la proporción de la AOD que no está condicionada (NNUU, 2001). La concesión de una AOD más generosa está, no obstante, vinculada a la determinación y compromiso expresado por los países en reducir la pobreza, lo que refleja la importancia creciente del criterio de selectividad de la ayuda; que, según Sanahuja (2007), fue impulsado por algunos donantes desde finales de la década de los noventa, entendiendo que la existencia de "buenas" políticas en el país receptor, incluyendo la ausencia de corrupción, contribuiría a la eficacia de la ayuda (p. 79).

La Conferencia sobre Financiación al Desarrollo de Monterrey (México) celebrada en 2002 fue "el corolario de la Declaración del Milenio, pues su propósito era lograr acuerdos concretos respecto a la movilización de recursos necesarios para el cumplimiento de los ODM" (Sanahuja, 2007: 80). Si la Declaración del Milenio y los ODM constituyeron un punto de inflexión en el sistema de ayuda internacional, el Consenso de Monterrey fue un hito decisivo, ya que por primera vez las NNUU abordan el debate sobre la financiación necesaria para abordar la agenda del desarrollo. El debate sobre la financiación adoptó un enfoque amplio, integrando aspectos como el comercio y la inversión internacional, los problemas de la deuda externa o la movilización de recursos domésticos, sin ceñirse a la AOD (Alonso *et al.*, 2019).

El Consenso de Monterrey (NNUU, 2002) creó un marco amplio "para hacer frente a los problemas de la financiación para el desarrollo en el mundo, en particular en los países en desarrollo" (párr. 1), buscando una alianza mundial para la movilización de recursos financieros nacionales e internacionales —inversión extranjera directa y otras corrientes de capitales privados—, la promoción y liberalización del comercio internacional, la financiación sostenible de la deuda externa, la coherencia y cohesión de los sistemas monetarios, financieros y comerciales internacionales; así como el aumento de la cooperación financiera y técnica internacional para el desarrollo. En este último punto, el Consenso de Monterrey emplaza a "aumentar sustancialmente la AOD y otros recursos para que los países en desarrollo puedan alcanzar las metas y objetivos de desarrollo convenidos internacionalmente, incluso los consignados en la Declaración de Milenio" (párr. 41)[31]; también insiste en que "los países receptores y los países donantes, así como las instituciones internacionales, deberían tratar de aumentar la eficacia de la AOD" (párr. 43). Para Zabala y Martínez (2017), "el resultado es un consenso de mínimos que reivindica de nuevo la AOD sin cuestionar la lógica dominante del sistema financiero internacional" (p. 121).

El Consenso de Monterrey recoge en varias ocasiones la importancia del principio de igualdad (párr. 8) y del empoderamiento de la mujer (párr. 12), así como de la incorporación de la perspectiva de género, tanto como requisito para una buena gestión de los asuntos públicos (párr. 11), la provisión de servicios sociales básicos con equidad (párr.16) o la formulación de políticas presupuestarias adecuadas por parte de los países (párr.19), como un factor a tener en cuenta por el sector privado (párr. 23) y en la generación de un sistema económico mundial al desarrollo más eficaz (párr. 64). Sin embargo, a pesar de estas menciones y la apropiación del discurso de género que reflejan, el tratamiento de las cuestiones de género fue muy superficial, con una evaporación de los compromisos en la parte más operativa (Domínguez-Serrano y Espinosa, 2015). Y es que, en la práctica, el Consenso de Monterrey no implicó un incremento decisivo a los recursos destinados al desarrollo de las mujeres ni una revisión de las causas estructurales de las desigualdades, lo que alentó a las organizaciones feministas a movilizarse "para demostrar el carácter perjudicial que temas como la deuda, el comercio o el sistema financiero tienen sobre las mujeres y sus derechos" (Zabala y Martínez, 2017: 122).

El llamamiento para incrementar los flujos y la eficacia de AOD que recogía el Consenso de Monterrey confluye con la conformación de la agenda internacional de la Eficacia de la Ayuda, esta vez, a iniciativa de los países de la OCDE. La Agenda de la

31. No obstante, a pesar de esta propuesta, el Consenso de Monterrey se limita a solicitar la adopción de medidas concretas parar dedicar el 0,7% del PIB como AOD para los países en desarrollo y destinar entre un 0,15% y un 0,20% a los países menos adelantados (párr. 42).

Eficacia fue el resultado de los debates generados en la década de los noventa sobre la "fatiga de la ayuda" derivada de la pérdida de interés estratégico de la cooperación internacional por parte de los países donantes, y por las dudas vinculadas a la efectividad de la ayuda para favorecer procesos de desarrollo. Tal y como señala Martínez (2019), estos debates se centraron en cuestiones técnicas en torno a las prácticas de la cooperación internacional, relegando las cuestiones más nucleares y sistémicas vinculadas con su naturaleza.

La Agenda de la Eficacia de la ayuda impulsada desde el CAD de la OCDE consistió en un proceso de revisión de las prácticas de la cooperación internacional en torno a cuatro grandes cumbres denominadas "Foros de Alto Nivel sobre la Eficacia de la Ayuda" (HLF, por sus siglas en inglés), donde se trató de lograr acuerdos y compromisos internaciones que mejoraran técnicamente el manejo de la AOD por parte de países donantes y receptores, con el objetivo de hacerla más eficaz y transparente. La Agenda de la Eficacia llegó a transformar el marco de referencia operativo de la cooperación al desarrollo incorporando nuevos principios en la gestión de los flujos de ayuda (apropiación, alineamiento, armonización, corresponsabilidad y gestión orientada a resultados) recogidos en la Declaración de París sobre la Eficacia de la Ayuda al Desarrollo[32] (OCDE, 2005); así como introduciendo nuevos instrumentos tales como el apoyo presupuestario general y sectorial, el enfoque sectorial, los fondos canasta o los fondos e iniciativas globales (AECID, 2008).

La Declaración de París constituyó una hoja de ruta acordada principalmente entre los países donantes para incrementar "el impacto de la ayuda para reducir la pobreza y la desigualdad, acelerando el crecimiento y agilizando el logro de los ODM" (OCDE, 2005: párr. 2). A pesar de los avances y mejoras que supuso en la concepción y gestión de la ayuda, hasta entonces basada en la

32. La Declaración de París de 2005 retoma y desarrolla los acuerdos de la Declaración adoptada durante el primer HLF sobre Armonización, celebrado en Roma en 2003, en seguimiento a los Acuerdos de Monterrey sobre financiación para el desarrollo de 2002 (OCDE, 2003).

condicionalidad, presentó sin embargo un marco estrecho de cambio y con un perfil altamente técnico e instrumental que eludía aspectos nucleares y transformadores como la igualdad de género o los derechos humanos. La Declaración de París resultó por tanto ciega al género, un retroceso en los avances alcanzados en Beijing y una oportunidad perdida en la transversalización de la perspectiva de género en la nueva arquitectura de la ayuda (CONGDE, 2009; Domínguez-Serrano y Espinosa, 2015; Martínez y Zabala, 2014; Zabala y Martínez, 2012, 2017). La igualdad de género solo apareció mencionada en el punto 42 de la Declaración en relación a la armonización de los flujos de la ayuda indicando que "también serán necesarios esfuerzos de armonización similares para otros planteamientos transversales, como la igualdad de género y otras problemáticas, incluyendo los que estén financiados por fondos dedicados" (OCDE, 2005: párr. 42).

Desde 2005, factores como las transformaciones del sistema internacional, los debates críticos en torno a la construcción de la Agenda de la Eficacia de la Ayuda (en cuanto a su legitimidad, alcance y su carácter tecnocrático) y las debilidades de los ODM como agenda internacional compartida impulsaron un firme cuestionamiento de la visión hegemónica del desarrollo y de la cooperación internacional. Desde entonces, la influencia de las visiones alternativas —y, entre ellas, la perspectiva feminista— en estos foros ha sido más marcada, tratando de recuperar la centralidad de los temas transversales como la sostenibilidad, los derechos humanos o la igualdad de género; y tratando así mismo de fortalecer la gobernanza democrática del sistema internacional de ayuda.

Estas visiones alternativas fueron adquiriendo un mayor peso simbólico en los foros de definición de agenda gracias al impulso de la labor de incidencia de la sociedad civil global (Martínez, 2019), articulada bajo principios cosmopolitas de actuación (Archibugi y Held, 2012; Millán y Gil, 2018). Desde 2005, la sociedad civil global ha ido adquiriendo importantes logros en la dinamización y articulación de la participación social, agregando y canalizando reivindicaciones que trascienden las fronteras e intereses nacionales; así como logros en su capacidad de influencia en los escenarios internacionales de toma de decisiones (Martínez, 2019). De manera paralela, la Agenda de la Eficacia implicó la recuperación y el fortalecimiento del papel del Estado como "gestor del desarrollo" (Del Campo, 2012), proveedor de bienes y servicios públicos y catalizador de la cohesión social. Ambos factores —el mayor peso de la sociedad civil en la construcción de los marcos interpretativos de la realidad y en la labor de vigilancia y supervisión en el espacio global y nacional; así como el fortalecimiento del papel del Estado en la puesta en marcha de políticas redistributivas y de equidad— han contribuido a la repolitización de la agenda del desarrollo en términos de su alcance participativo, de las dimensiones que contempla y en relación a la apropiación democrática de los procesos que impulsa.

En este contexto de cambios, el reconocimiento y el posicionamiento de la igualdad de género como uno de los objetivos centrales en la agenda del desarrollo y de la cooperación internacional ha requerido una renovación de la voluntad política, un fortalecimiento de las alianzas para la igualdad, así como de una actualización y adaptación de las capacidades técnicas. Con este objetivo, el movimiento feminista internacional ha trabajado desde el cambio de siglo por incidir en estos espacios de definición de agenda, tanto desde la institucionalidad —por ejemplo, a través de la red en igualdad de género del CAD o *GenderNet*—, como de manera especial, mediante la labor de incidencia y conformando nuevas alianzas con los movimientos sociales por otra globalización (Pajarín, 2015). Desde estos espacios, el movimiento feminista internacional estuvo trabajando intensamente con el objetivo de denunciar la "falsa neutralidad de la agenda de la eficacia"[33], realizando "una lectura

33. Las organizaciones feministas denunciaron la ceguera de género con la que nació la agenda de la eficacia desde una doble perspectiva: "Por un lado, porque amparada en una visión tecnocrática no tuvo en cuenta las necesidades ni los impactos diferenciados por sexo que tienen todas las políticas públicas, y tampoco sus efectos sobre las relaciones de poder entre hombres y mujeres. Y por otro lado, la agenda de la eficacia no realizó una reflexión en torno a la visión del desarrollo que se pretendía impulsar, tampoco analizaba las causas estructurales de la pobreza o la desigualdad, ni promovió en sus inicios dinámicas inclusivas y participativas en los procesos de toma de decisiones en materia de gestión de la ayuda" (Pajarín, 2015: 74).

desde el enfoque de género de los principios de París", y a fin de "acompasar las transformaciones en la nueva arquitectura a los marcos normativos de referencia de los derechos humanos, del derecho al desarrollo y, en concreto, de los derechos de las mujeres en todo el mundo" (Pajarín, 2015: 74).

En este sentido cabe señalar cómo los marcos declarativos de los siguientes HLF recogieron de manera más contundente la importancia de la igualdad de género. Así, el Programa de Acción de Acra (OCDE, 2008a), derivado del Tercer Foro celebrado en Acra (Ghana), reconoce que

> la igualdad de género, el respeto por los derechos humanos y la sostenibilidad ambiental son esenciales para lograr un efecto duradero sobre las vidas y el potencial de mujeres, hombres y niños pobres. Es vital que todas nuestras políticas aborden estos temas de manera más sistemática y coherente (OCDE, 2008a: párr. 3).

El Programa recoge otras menciones a la igualdad de género como la necesidad de que donantes y países alineen sus programas y políticas de desarrollo con los compromisos internacionales en materia de igualdad (párr. 13c), la importancia de la protección y participación de las mujeres en las políticas de ayuda a los países en situación frágil (párr. 21b) y el fortalecimiento de los sistemas de información en la obtención de datos desagregados por sexo que contribuyan a la calidad del diseño, implementación y evaluación de las políticas (párr. 23a). A pesar de los avances en relación a la Declaración de París, el Programa de Acción de Acra no incluyó de manera transversal la perspectiva de género, ni definió unos compromisos explícitos, ni recogió la necesidad de asignar recursos específicos o el apoyo a las organizaciones de mujeres para el logro de los objetivos planteados (Craviotto y Schoenstein, 2011a; Zabala y Martínez, 2008).

Uno de los resultados de Acra fue la ampliación de la agenda de la cooperación internacional a nuevos actores, como los países emergentes catalizadores de la cooperación Sur-Sur y los actores de la sociedad civil y del sector privado (Martínez, 2019). También supuso la apertura del Grupo de Trabajo sobre la Eficacia de la Ayuda de la OCDE a las organizaciones de la sociedad civil de manera tímida inicialmente y como actores de pleno derecho a partir del Cuarto HLF, celebrado en Busan en 2011[34] (Craviotto y Schoenstein, 2011b; Martínez, 2019).

TABLA 9

LOS PRINCIPIOS DE PARÍS DESDE LA PERSPECTIVA DE GÉNERO

FORMULACIÓN ORIGINAL	MIRADA DE GÉNERO
APROPIACIÓN	
Los países socios ejercen una autoridad efectiva sobre sus políticas de desarrollo y estrategias y coordinan acciones de desarrollo.	Apoyar los esfuerzos de los países socios por integrar en sus estrategias de reducción de la pobreza los compromisos en igualdad de género tales como la CEDAW y la Plataforma de Acción de Beijing, y traducirlos en resultados ligados a presupuestos y prioridades. Mayor participación de las OSC, específicamente de las organizaciones de mujeres. Colaborar con todos los actores (Parlamentos y Gobiernos nacionales y locales, ONG, sector privado) a que se escuche la voz de las mujeres. Ayudar a las instituciones nacionales de estadística a recopilar, elaborar y analizar datos desagregados por sexo.
ALINEACIÓN	
Los donantes basan todo su apoyo en las estrategias, instituciones y procedimientos naciones de desarrollo en los países socios.	Mayor uso y compromiso con los instrumentos nacionales (constitucionales, legislativos y estratégicos) e internacionales en materia de igualdad de género y empoderamiento de la mujer (CEDAW, Plataforma de Acción de Beijing, Programa de Acción de la CIPD, ODM 3). Ampliar las capacidades y los conocimientos del país en relación a la aplicación de los compromisos en igualdad. Recurrir a la experiencia previa en los países (y regiones) socios en materia de género. Reforzar las capacidades de los Gobiernos y de la sociedad civil para establecer presupuestos que incluyan medidas de igualdad y de empoderamiento de las mujeres.
ARMONIZACIÓN	
Las acciones de los donantes son más armonizadas, transparentes y colectivamente eficaces.	Mayor coordinación de donantes y Gobiernos en la financiación y el respaldo de las intervenciones que promuevan la igualdad y el empoderamiento de las mujeres. Realizar análisis conjuntos de género por país y por sector, así como auditorías y evaluaciones de género. Compartir, aprovechar y facilitar el acceso a la experiencia de los donantes en materia de igualdad de género a nivel nacional. Integración y priorización de la igualdad de género en las estrategias conjuntas de ayuda.

34. Tras Acra, la condición de miembro del Grupo de Trabajo sobre Eficacia de la Ayuda, creado en 2005 para valorar el progreso en la implementación de la Declaración de París, se amplió para incorporar a representantes de cinco categorías de actores internacionales del desarrollo: i) países en desarrollo receptores de AOD; ii) países en desarrollo/países donantes que reciben y a su vez brindan asistencia al desarrollo; iii) donantes bilaterales de OCDE/CAD y países donantes que no integran la OCDE; iv) instituciones multilaterales incluyendo el BM, el FMI el PNUD, los bancos regionales de desarrollo y los programas globales; y v) instituciones y organizaciones civiles a través del Grupo Coordinador de la Plataforma Better Aid (Craviotto y Schoenstein, 2011b).

TABLA 9

LOS PRINCIPIOS DE PARÍS DESDE LA PERSPECTIVA DE GÉNERO (CONT.)

FORMULACIÓN ORIGINAL	MIRADA DE GÉNERO
GESTIÓN ORIENTADA A RESULTADOS	
Administrar los recursos y mejorar las tomas de decisiones orientadas a resultados.	Que los marcos de evaluación incluyan indicadores de resultados cuantificables en relación a la igualdad de género y el empoderamiento de la mujer. Recopilación, análisis, utilización y difusión de datos desagregados por sexo. Apoyo a los países y a su ciudadanía a la hora de reforzar su capacidad para incrementar la demanda de resultados con perspectiva de género.
MUTUA RESPONSABILIDAD	
Donantes y socios son responsables de los resultados del desarrollo.	Apoyar a las organizaciones de mujeres a fortalecer sus capacidades para exigir responsabilidades a sus Gobiernos acerca de los compromisos contraídos en materia de igualdad de género. Fortalecer las capacidades de los países receptores en responder sobre cuestiones de género ante la ciudadanía, en disponer de información para conocer el coste de la desigualdad de género y para buscar incentivos que contribuyan a su responsabilidad en torno a los resultados en materia de igualdad de género. Supervisar el porcentaje de AOD que se destina a la igualdad de género y el empoderamiento de las mujeres. Trabajar con las organizaciones multilaterales para supervisar su responsabilidad en relación a las actuaciones para la igualdad de género y el empoderamiento.

Fuente: Elaboración propia a partir de OCDE (2005, 2008a y 2008b).

De manera paralela y en el marco de las NNUU, en 2008 también se llevó a cabo la Conferencia internacional de seguimiento sobre financiación para el desarrollo (Doha, Catar), encargada de examinar la aplicación del Consenso de Monterrey, en la que apenas se aportaron novedades sobre los compromisos de financiación ni sobre los instrumentos para avanzar en los ODM (Martínez y Zabala, 2014; Zabala y Martínez, 2017). Cabe destacar que en 2008 la financiación de la igualdad de género fue también el tema central de la CSW, cuyas conclusiones[35] se sometieron a la aten-

35. Entre las conclusiones se solicita una financiación efectiva y a largo plazo, la financiación a iniciativas transversales y también orientadas específicamente a los derechos de las mujeres, la financiación a las organizaciones de mujeres, la incorporación de la perspectiva de género en los planes de desarrollo nacionales, la mayor participación de las organizaciones de mujeres, la incorporación de la perspectiva de género en iniciativas de apoyo presupuestario general y específico, el seguimiento de los avances en alineación con los acuerdos internacionales como la CEDAW o la Plataforma de Acción de Beijing (NNUU, 2008b).

ción de la Asamblea General como aportación a los preparativos de la Conferencia de Doha (NNUU, 2008a).

La Declaración de Doha (NNUU, 2008b) reafirmó el Consenso de Monterrey en su totalidad, así como "la importancia de la libertad, la paz y la seguridad, el respeto de todos los derechos humanos, incluido el derecho al desarrollo, el estado de derecho, la igualdad entre los géneros" (párr. 2). Así mismo, insiste en que

> la igualdad entre los géneros es un derecho humano básico, un valor fundamental y una cuestión de justicia social; es esencial para el crecimiento económico, la reducción de la pobreza, la sostenibilidad ambiental y la eficacia del desarrollo. Reiteramos la necesidad de incorporar las cuestiones de género en la elaboración y ejecución de las políticas de desarrollo, como las políticas de financiación para el desarrollo, y de contar con recursos para estos fines. Nos comprometemos a redoblar nuestro empeño por cumplir los compromisos contraídos acerca de la igualdad entre los géneros y el empoderamiento de la mujer (párr. 4).

La Declaración de Doha avanzó incluso en aspectos más concretos vinculados con la dimensión económica del desarrollo:

> Reafirmamos nuestro compromiso de eliminar la discriminación basada en género en todas sus formas, incluso en los mercados laborales y financiero, así como, entre otras cosas, la propiedad de los bienes y los derechos de propiedad. Promovemos los derechos de la mujer, sobre todo su empoderamiento económico; incorporamos, de manera efectiva, las cuestiones de género en las reformas jurídicas, los servicios de apoyo a las empresas y los programas económicos, y otorgaremos a la mujer acceso pleno y en igualdad de condiciones a los recursos económicos. Seguiremos promoviendo y reforzando la capacidad de los agentes estatales y otros interesados directos de llevar a cabo una gestión pública en la que se tengan en cuenta las cuestiones de género, gestión que incluirá, como un ejemplo entre otros, la elaboración de presupuestos con una perspectiva de género (párr. 19).

La Declaración consolidó la importancia del papel de la AOD en la financiación del desarrollo y propuso un aumento de la cooperación financiera y técnica internacional para promover la igualdad de género (párr. 41). Estos avances declarativos en relación al Consenso de Monterrey fueron también posibles por el trabajo coordinado de incidencia por parte del movimiento feminista internacional[36] (Zabala y Martínez, 2017), aunque, sin embargo, tuvieron escaso alcance operativo y práctico (CONGDE, 2009).

Por su parte, en el Cuarto Foro de Alto Nivel sobre la Eficacia de la Ayuda celebrado en Busan (Corea del Sur) en 2011, las organizaciones de la sociedad civil participaron como actores de pleno derecho. En Busan las asociaciones de mujeres estuvieron altamente organizadas en plataformas como el Foro Global de las Mujeres y fueron decisivas para el logro de los avances en la incorporación de visiones alternativas del desarrollo centradas en la justicia social, ambiental y de género, participando en espacios comunes de incidencia con las OSC, pero, también, diseñando una hoja de ruta propia claramente definida[37]. Organizaciones como la Asociación para los Derechos de las Mujeres y el Desarrollo (AWID por sus siglas en inglés) resultaron agentes clave en la articulación del discurso y en la difusión de información sobre el proceso.

El documento final de Busan, *Alianza de Busan para la Cooperación Eficaz al Desarrollo* (OCDE, 2011), expresó la necesidad de mantener una coherencia con los "compromisos internacionales

36. Este trabajo coordinado quedó recogido en la Declaración "Los Derechos de las Mujeres y la Igualdad de género en la financiación del desarrollo".

37. Cabe destacar la Declaración Política del Foro Global de Mujeres de Busan (Better Aid, 2011), en la que se llama a tener en cuenta las siguientes demandas: i) cualquier nuevo marco de cooperación para el desarrollo a acordarse en Busan debe basarse en los derechos humanos, incluyendo los derechos de las mujeres; ii) un nuevo sistema equitativo de cooperación para el desarrollo para la igualdad de género y los derechos de las mujeres debe estar bajo las NNUU; iii) la eficacia del desarrollo requiere la apropiación democrática por parte de las mujeres y la participación significativa y sistemática de la sociedad civil, especialmente de las organizaciones de mujeres y feministas; iv) promover sistemas múltiples de rendición de cuentas para los derechos de las mujeres y la igualdad de género, mejorando los sistemas de monitoreo ya existentes; v) un financiamiento para igualdad de género y los derechos de las mujeres que vaya más allá de la transversalización de género; vi) la cooperación para el desarrollo hacia los países en situación de fragilidad y conflicto debe reconocer el impacto diferencial y desproporcionado sobre la vida y los derechos de las mujeres y niñas.

en materia de derechos humanos, trabajo decente, igualdad de género, sostenibilidad ambiental y discapacidad" (párr. 11). Así mismo, el documento incluye un párrafo específico —el párrafo 20— destinado a la igualdad de género:

> Debemos acelerar nuestros esfuerzos por alcanzar la igualdad de género y el empoderamiento de las mujeres mediante programas de desarrollo asentados en las prioridades nacionales, reconociendo que ambos son esenciales para alcanzar resultados de desarrollo. La reducción en la desigualdad de género es, a la vez, un fin en sí mismo y una condición previa para el crecimiento y desarrollo sostenible e incluyente. Además de redoblar nuestros esfuerzos para poner en práctica los compromisos ya existentes, nosotros:
>
> a) agilizaremos y profundizaremos la labor de acopio, armonización y difusión de datos desglosados por sexo y los aprovecharemos plenamente para alimentar las decisiones políticas y orientar las inversiones, asegurando a su vez que el gasto público beneficie adecuadamente tanto a mujeres como a hombres;
>
> b) incorporaremos metas de igualdad de género y el empoderamiento de las mujeres, basadas en los compromisos regionales e internacionales, como parte de los sistemas de rendición de cuentas;
>
> c) consideraremos la igualdad de género y al empoderamiento de las mujeres en todos los aspectos de nuestros esfuerzos de desarrollo, incluyendo la consolidación de paz y el fortalecimiento del Estado.

La Declaración expresó de manera más contundente la vinculación entre la igualdad de género y el empoderamiento de las mujeres con el logro de resultados de desarrollo. Con todo, la visión de la igualdad que recogió el texto final siguió estando muy ligada a la eficiencia de las iniciativas de desarrollo desde un punto de vista económico; tampoco se integró de manera sistemática la perspectiva de género ni el enfoque de derechos y se dejaron fuera aspectos más sistémicos y estructurales propuestos por las organizaciones de mujeres (Domínguez-Serrano y Espinosa, 2015; Zabala y Martínez, 2012).

El movimiento de mujeres apostaba por un cambio más profundo en el sistema de cooperación, en el paradigma de la eficacia de la ayuda y en el discurso del desarrollo hacia un paradigma más sostenible, inclusivo y justo, capaz de reconocer el trabajo reproductivo y de cuidados, de promover la realización de los derechos humanos y la mayor participación de las mujeres en los procesos de toma de decisiones a nivel local, nacional, regional y global. Las organizaciones de mujeres proponían además una visión más holística y desde la perspectiva de género de las políticas macroeconómicas y de las dinámicas financieras, así como un mayor avance en la democratización de los espacios de gobernanza global (Schoenstein y Craviotto, 2012).

TABLA 10

PROPUESTA DE COMPONENTES PARA UN NUEVO MARCO DE COOPERACIÓN DESDE LA PERSPECTIVA DE LOS DERECHOS DE LAS MUJERES

Los derechos humanos, incluyendo los derechos económicos, sociales y culturales y los derechos ambientales, junto con un enfoque integrado de la igualdad de género.
Un enfoque democrático e inclusivo que asegure la participación de las organizaciones que trabajan por los derechos de las mujeres y la apropiación democrática y local.
La coherencia sistemática entre las políticas globales, incluyendo el cumplimiento de los marcos de derechos de las mujeres y la gobernanza global justa.
La erradicación de las causas primarias de la pobreza y las desigualdades estructurales como las desigualdades de género o las desigualdades entre y al interior de los países.
La alineación de las prioridades y los planes de desarrollo de los países en desarrollo con los acuerdos internacionales y regionales de derechos humanos e igualdad de género, sin condicionalidades sobre las políticas y sin ayuda ligada.
El fortalecimiento de la construcción política, de los movimientos sociales y del empoderamiento de las mujeres como claves del desarrollo.
El financiamiento predecible, de largo plazo y diversificado para las OSC, en particular para las organizaciones de mujeres que promueven la igualdad de género y los derechos de las mujeres.
Los indicadores sensibles al género y específicos de género para medir el progreso en la eficacia de los resultados de desarrollo.

Fuente: Schoenstein y Craviotto (2012: 35).

Por todo ello, el Plan de Acción Conjunto sobre Igualdad de Género y Desarrollo propuesto en Busan y liderado por Estados Unidos y Corea del Sur, y que tenía un marcado carácter economicista y poco alineado con la CEDAW o la Plataforma de Acción de Beijing, contó con el posicionamiento en contra de las organizaciones de mujeres (Domínguez-Serrano y Espinosa, 2015; Zabala y Martínez, 2012).

En Busan se propuso un marco nuevo de gobernanza mundial más amplio y participativo, a través de la Global Partnership for Effective Development Co-operation o Alianza Global, en la que además de los países del CAD se incluyeron nuevos agentes como las NNUU, los actores de la cooperación Sur-Sur, la clase política nacional y local, la sociedad civil y el sector privado. Sin embargo, los esfuerzos hacia una agenda más inclusiva y transparente no alcanzaron las expectativas de democratización de la gobernanza del sistema de la AOD (Martínez y Zabala, 2014).

No obstante, la Alianza Global, conformada por 161 países y representantes de instituciones multilaterales y bilaterales, sociedad civil y sector privado, y con el apoyo del PNUD y la OCDE, se ha mantenido activa con programas de trabajo bienales y realizando un seguimiento de los progresos en los principios de la eficacia, a través de un proceso de monitoreo voluntario liderado por diferentes países. La Alianza Global mantuvo su primer encuentro de alto nivel en México en 2014 y el segundo encuentro en Nairobi (Kenia), en 2016. El documento final de Nairobi (*Global Partnership for Effective Development Co-operation*, 2016) se alinea con los compromisos internacionales en materia de igualdad de género y lucha contra la discriminación y la violencia contra las mujeres, reconoce que la igualdad y el empoderamiento son tanto un tema transversal como un objetivo específico, y emplaza a agilizar las gestiones para alcanzar el objetivo de igualdad profundizando en las alianzas multiactor, en el seguimiento de la asignación de recursos, fortaleciendo la capacidad de planificación y presupuestación desde la perspectiva de género e incrementando la participación de las organizaciones de mujeres. El documento incorpora novedades como la promoción de la rendición de cuentas a empresas e instituciones financieras, la eliminación de los sesgos de género en los sistemas tributarios o el combate a los flujos financieros ilícitos (párr. 40); así como la priorización en inversiones que redistribuyan el trabajo doméstico y de cuidados no remunerado (párr. 88a). No obstante, y a pesar del mayor protagonismo que adquiere la igualdad, el documento "no establece acuerdos vinculantes que permitan abordar la igualdad desde un enfoque de derechos" ni clarifica cómo obtener los recursos para el logro de los compromisos (Zabala y Martínez, 2017: 127).

Finalmente, en el marco de las NNUU, la Tercera Conferencia Internacional para el Desarrollo se celebró en Adís Abeba (Etiopía) en julio de 2015, antes de la aprobación en septiembre de la Agenda 2030 para el Desarrollo Sostenible. La Conferencia de Adís Abeba integra el debate sobre los flujos y los instrumentos de financiación como parte del proceso pos-2015, incluyendo los acuerdos alcanzados en la Agenda de Acción de Adís Abeba (AAAA) (NNUU, 2015a) como parte de los medios de implementación de la nueva agenda de desarrollo (Martínez, 2019). La AAAA descansa en cinco pilares (Alonso *et al.*, 2019): i) la importancia de los recursos públicos de cada país (reforma tributaria, lucha contra la corrupción, etc.); ii) la importancia de las contribuciones nacionales e internacionales, públicas o privadas, que trascienden la cooperación; iii) el mayor peso y la transformación de la cooperación internacional con un mayor protagonismo de mecanismos innovadores como impuestos globales e instrumentos de cooperación financiera, las alianzas público-privadas o instrumentos tipo *blending*[38] destinados a combinar recursos públicos y privados y a atraer a la financiación privada; iv) la importancia del comercio internacional como motor de un desarrollo inclusivo y sostenible, orientado a la lucha contra la pobreza; y v) la generación de un marco de control y de regulación en torno a sistemas de seguimiento de endeudamiento, de marcos legales para un tratamiento justo de las crisis de deuda soberana o de mecanismos de estabilidad financiera.

En la AAAA se confirma el mayor peso que se espera que adquieran los actores privados en la contribución al desarrollo y la apuesta por nuevas fórmulas e instrumentos que favorezcan su participación. Las organizaciones feministas consideran que el

38. La financiación *blended* es una fórmula de financiación mixta, pública y privada, concesional y no concesional. Cabe señalar que "no existe una definición única y convenida de la financiación *blended*, lo que da lugar a interpretaciones diversas entre las instituciones internacionales que después se traducen en discrepancias serias en sus respectivas estimaciones" (Alonso *et al.*, 2019: 122).

concurso de los fondos privados es necesario, si bien insisten en la prudencia sobre su potencial contribución y en la necesidad de evaluar desde la perspectiva de género las diversas formas de financiación (De la Cruz, 2016).

Así mismo, el Grupo de Trabajo de Mujeres sobre Financiación para el Desarrollo[39] (2015), que abogaba por la realización de cambios estructurales significativos, expresó su decepción ante el acuerdo final de Adís Abeba, porque no elimina los obstáculos globales para el desarrollo ni cambia el equilibrio de poder en la arquitectura financiera internacional para abordar problemas sistémicos y crear las condiciones para respetar, proteger y contribuir a la realización de los derechos humanos, en particular, los derechos de las mujeres. Tampoco reconoce la dimensión macroeconómica central del trabajo doméstico y de cuidados no remunerado y su redistribución corresponsable entre el Estado, el sector privado, las comunidades, las familias, los hombres y las mujeres.

El Grupo de Trabajo de Mujeres (2015) considera que, aunque la AAAA incluye numerosas referencias a la igualdad de género y el empoderamiento de las mujeres, carece de un enfoque integrado y coherente de derechos humanos, que mantiene visiones instrumentalistas de la igualdad (por ejemplo, en el párr. 6 o el párr. 21 al vincularla con la productividad y el crecimiento) y que confiere un papel protagonista al sector privado (párr. 40). Con todo, el documento avanza en la incorporación de la perspectiva de género en todas las políticas financieras, económicas, ambientales y sociales, en la adopción de políticas transformativas y en la lucha contra la discriminación y la violencia (párr. 6); también en el apoyo a los presupuestos públicos con perspectiva de género (párr. 30 y 115), la solicitud de una mayor información sobre asignación de AOD a la igualdad de género y el empoderamiento de las mujeres (párr. 53) o en la búsqueda del equilibrio de género en la selección de las personas responsables de BM y del FMI (párr. 106).

39. El Grupo de Trabajo de Mujeres sobre Financiación para el Desarrollo se formó en 2007 como una alianza de organizaciones y redes de mujeres para incidir en el avance de la igualdad de género, el empoderamiento de las mujeres y los derechos humanos en los Foros de NNUU sobre Financiación para el Desarrollo.

ONU Mujeres participó activamente en Adís Abeba y en la puesta en marcha de un Plan sobre un Financiamiento Transformador para la Igualdad de Género cuya finalidad era traducir en acciones concretas los compromisos con la igualdad que incluye la AAAA. El Plan sobre un Financiamiento Transformador para la Igualdad de Género incluye cinco áreas de compromiso: i) políticas y recursos públicos nacionales para la igualdad de género y los derechos de las mujeres (políticas fiscales justas desde la perspectiva de género, financiación adecuada a las políticas y estrategias de igualdad, priorizar la inversión en servicios que reduzcan y redistribuyan el trabajo doméstico y de cuidados); ii) políticas y recursos internacionales para la igualdad de género (priorización de la AOD destinada a la igualdad de género, específicamente en construcción de paz, tener en cuenta el impacto de género del comercio, la financiación y la inversión global); iii) promover un entorno propicio para el empoderamiento económico de las mujeres (reformas legislativas para el acceso y control igualitario de recursos productivos, emprendimiento y liderazgo femenino, trabajo decente); iv) alianzas multiactor y multinivel (fortalecimiento del compromiso político y financiación a instituciones de igualdad y organizaciones de mujeres); v) datos, monitoreo y seguimiento (seguimiento del gasto público destinado a la igualdad de género, mejora de las capacidades estadísticas desde la perspectiva de género).

En definitiva, la Agenda de la Eficacia no tuvo en cuenta los compromisos en igualdad de género alcanzados en las últimas décadas, lo que en gran medida revela su débil implantación. El movimiento feminista internacional reaccionó ante este vacío y retroceso, visibilizando la falsa neutralidad de género de la nueva agenda e incidiendo en la incorporación de referencias a la igualdad y a la transversalidad de género en los nuevos principios e instrumentos.

Este trabajo de revisión e incidencia entronca con el debate sobre la eficacia del desarrollo —y no solo sobre la eficacia de la ayuda— que llevaron a cabo las OSC en este contexto. El impulso y alcance de este proceso de revisión, el renovado acento en el análisis de las causas estructurales de la pobreza y la desigualdad, la incidencia de la OSC en la conformación de agenda y la búsqueda de fórmulas de gobernanza internacional más inclusivas, representativas, legítimas y eficaces, que enmarcaron el proceso de definición de la agenda pos-2015, confluyen como factores de oportunidad para el posicionamiento de la igualdad de género en la nueva agenda de desarrollo [Agenda 2030 para el Desarrollo Sostenible] (Pajarín, 2015: 75).

TABLA 11

MIRADA DE GÉNERO A LA AGENDA DE LA EFICACIA Y DE FINANCIACIÓN AL DESARROLLO

AÑO	LUGAR	CONFERENCIA/ INSTRUMENTO DECLARATIVO	MIRADA DE GÉNERO
2002	Monterrey (México)	Primera Conferencia sobre Financiación al Desarrollo / Consenso de Monterrey (NNUU)	Incluye formalmente la importancia del principio de igualdad y de la perspectiva de género tanto para el sector público como para el privado y en la generación de un sistema económico mundial al desarrollo más eficaz. Sin embargo, en la práctica no implicó un incremento decisivo a los recursos destinados al desarrollo de las mujeres, ni una revisión de las causas estructurales de las desigualdades.
2003	Roma (Italia)	Foro de Alto Nivel sobre la Eficacia de la Ayuda / Declaración de Roma sobre armonización (OCDE)	No incluye ninguna mención a la igualdad de género ni al desarrollo de las mujeres.
2005	París (Francia)	Segundo Foro de Alto Nivel sobre la Eficacia de la Ayuda / Declaración de París (OCDE)	A pesar de los avances y mejoras que supuso en la concepción y gestión de la ayuda, presentó un marco estrecho de cambio, con un perfil altamente técnico e instrumental y totalmente ciego al género.
2008	Acra (Ghana)	Tercer Foro de Alto Nivel sobre la Eficacia de la Ayuda / Programa de Acción de Acra (OCDE)	Reconoce la importancia de abordar la igualdad de género de manera sistemática y coherente, alineando las políticas de desarrollo con los compromisos internacionales y fortaleciendo la obtención de datos desagregados por sexo. Sin embargo, no incluye de manera transversal la perspectiva de género ni define compromisos explícitos, ni el apoyo a las organizaciones de mujeres para el logro de los objetivos planteados.
2008	Doha (Catar)	Segunda Conferencia sobre Financiación al Desarrollo / Declaración de Doha (NNUU)	Incluye de manera más precisa la igualdad de género y la necesidad de incorporar la perspectiva de género en las políticas de desarrollo y financieras, y de contar con recursos específicos. Se propone un aumento de la cooperación internacional para promover la igualdad de género.

TABLA 11

MIRADA DE GÉNERO A LA AGENDA DE LA EFICACIA Y DE FINANCIACIÓN AL DESARROLLO (CONT.)

AÑO	LUGAR	CONFERENCIA/ INSTRUMENTO DECLARATIVO	MIRADA DE GÉNERO
2011	Busan (Corea del Sur)	Cuarto Foro de Alto Nivel sobre la Eficacia de la Ayuda / Alianza de Busan para la Cooperación Eficaz al Desarrollo (OCDE)	Las organizaciones de mujeres participan como miembros de pleno derecho de la Alianza. Expresó de manera más contundente la vinculación entre la igualdad de género con el logro de resultados de desarrollo. Sin embargo, mantiene una visión de la igualdad muy ligada a la eficiencia desde un punto de vista económico; tampoco se integró de manera sistemática la perspectiva de género ni el enfoque de derechos y se dejaron fuera aspectos más sistémicos y estructurales propuestos por las organizaciones de mujeres.
2015	Adís Abeba (Etiopía)	Tercera Conferencia sobre Financiación al Desarrollo / Agenda de Acción de Adís Abeba (NNUU)	Incluye numerosas referencias a la igualdad de género y al empoderamiento de las mujeres, avanza en la incorporación de la perspectiva de género en las políticas financieras, económicas, ambientales y sociales, en la adopción de políticas transformativas, en el apoyo a los presupuestos públicos con perspectiva de género o en solicitar una mayor información sobre asignación de AOD a la igualdad de género. Sin embargo, carece de un enfoque integrado y coherente de derechos humanos, mantiene visiones instrumentalistas de la igualdad, confiere un papel protagónico al sector privado y no reconoce la dimensión macroeconómica central del trabajo doméstico y de cuidado no remunerado y la corresponsabilidad social en su provisión.

Fuente: Elaboración propia.

Las organizaciones de mujeres también trataron de potenciar el papel de NNUU como el espacio multilateral con mayor legitimidad para el debate, el acuerdo y la formalización de la hoja de ruta sobre financiación del desarrollo y, en definitiva, sobre la generación de procesos de desarrollo centrados en la justicia social, ambiental y de género. En este sentido, la agenda de la financiación al desarrollo también fue ampliando y precisando las referencias a la igualdad de género en las sucesivas conferencias, gracias a la labor de incidencia del movimiento feminista internacional. A pesar de estos avances, no se ha logrado incorporar de manera decisiva marcos más integrales y sistémicos desde el enfoque de género, ya que se mantiene una visión instrumental de la igualdad ligada al crecimiento económico, se invisibiliza el papel nuclear del trabajo de reproducción y de cuidado desde una perspectiva macroeconómica, o no se atiende a la necesidad de evaluar los impactos de género de las nuevas fuentes e instrumentos de financiación. La AAAA mantiene "un perfil basado en el crecimiento económico y en la mercantilización de la naturaleza y de las personas" (Zabala y Martínez, 2017: 124), por lo que desde una perspectiva feminista se apuesta por intensificar la labor de seguimiento e incidencia para promover el despliegue de los componentes más transformadores que incluye la nueva agenda de desarrollo.

LA AGENDA 2030 PARA EL DESARROLLO SOSTENIBLE

Con la mirada en el horizonte temporal de culminación de los ODM, a partir de 2010[40] y con más intensidad a partir de 2012, en el marco de las NNUU se produjo una amplia "conversación global" para formular unas nuevas metas de desarrollo en el escenario pos-2015 (Sanahuja, 2015: 62). En este proceso se tuvieron en cuenta los aprendizajes derivados de los ODM, por lo que se introdujeron importantes cambios en la dinámica, generando un proceso mucho más horizontal, amplio e inclusivo que superara las críticas de legitimidad precedentes (Sotillo, 2015).

El proceso de conformación de la nueva agenda conllevó varios procesos confluyentes (De la Cruz, 2015; Domínguez-Serrano y Espinosa, 2015; Sanahuja 2015; Sotillo, 2015):

a) La creación en 2012 por parte del secretario general de NNUU de un *Task Force* (Equipo de Tareas de NNUU sobre la Agenda de Desarrollo Pos-2015) como unidad interagencial en el seno de las NNUU coordinada por el PNUD y el Departamento de Asuntos Económicos y Sociales (DESA) del Secretariado. El *Task Force* contó con la participación de más de cincuenta entidades internacionales y

40. A través del mandato realizado al secretario general, derivado de la Resolución de la Asamblea General adoptada en sesión plenaria de alto nivel sobre el cumplimiento de los ODM (Sanahuja, 2015).

del sistema de NNUU, y en diálogo con la Academia y la sociedad civil presentó un informe de recomendaciones, *El Futuro que Queremos para Todos* (NNUU, 2012a), que proponía una visión holística del desarrollo "centrada en los principios de derechos humanos, la igualdad y la sostenibilidad" (p. 3) y articulada en torno a cuatro dimensiones: "(1) desarrollo social incluyente: (2) desarrollo económico incluyente; (3) sostenibilidad del medio ambiente; y (4) paz y seguridad" (p. 4). El informe insiste en la necesidad de establecer una agenda global con "responsabilidades compartidas", de alcanzar "un alto grado de consistencia en las políticas públicas a nivel global, regional, nacional y sub-nacional" y de generar un proceso participativo e inclusivo para generar una visión compartida (p. 4). El Informe incluye numerosas menciones a la igualdad de género, así como un párrafo específico (párr. 61) en el que se insiste en la transformación de los "factores estructurales que sustentan la presencia generalizada de las desigualdades y la violencia basada en género al igual que la discriminación y el desarrollo desigual entre las mujeres y hombres y entre las niñas y niños", y donde se afirma que el empoderamiento de mujeres y niñas y la protección de sus derechos han de ser "piezas centrales en la agenda pos-2015".

b) La conformación en 2010 del Grupo de Alto Nivel de Personas Eminentes sobre la Agenda 2030, integrado por 27 personalidades, que elaboró también su informe de recomendaciones para la nueva agenda —*Una nueva Alianza Mundial: erradicar la pobreza y transformar las economías a través del desarrollo sostenible* (NNUU, 2013a)—, donde la igualdad de género comienza a perfilarse como un objetivo independiente y un elemento transversal al resto de objetivos preliminares que se proponen. El informe articuló cinco principios generales inspiradores que posteriormente retomaría y reformularía la nueva agenda: i) no olvidarse de nadie; ii) colocar el desarrollo sostenible en el centro de la agenda; iii) trasformar las economías para crear empleo y crecimiento inclusivo; iv) construir paz e instituciones eficaces, abiertas y responsables para todos; v) forjar una nueva alianza mundial.

c) La celebración en 2012 de la Cumbre de NNUU sobre Desarrollo Sostenible Río +20 y, en seguimiento a los resultados de la misma, la conformación de un *Open Working Group* encargado de catalizar un proceso participativo e inclusivo. El documento final de la cumbre, *El futuro que queremos* (NNUU, 2012b), consolidó el ineludible diálogo entre la agenda de desarrollo y la agenda ambiental y presentó elementos necesarios para la nueva agenda como su carácter universal, la centralidad de la lucha contra la pobreza, el reconocimiento de la diversidad de enfoques, el principio de "responsabilidades comunes pero diferenciadas" o la expresa orientación hacia la acción de los nuevos objetivos (Sanahuja, 2015). En materia de igualdad, la Declaración recoge los compromisos asumidos en la CEDAW (párr. 236), en Beijing y en la CIPD (párr.16, 145 y 236); y presenta a "la igualdad entre los géneros y el empoderamiento de las mujeres" como un objetivo central de la nueva agenda, dedicándole nueve párrafos específicos (párr. 236-244) con llamados a la aplicación de acciones positivas (párr. 237) y de enfoques innovadores para hacer frente a las prácticas informales que apuntalan la desigualdad (párr. 238), así como a la transversalización efectiva de la perspectiva de género por parte de todos los agentes de desarrollo (párr. 244). Por este gran alcance de género, el enfoque y los acuerdos de Río +20 fueron reivindicados por el movimiento feminista durante todo el proceso.

d) Las consultas regionales impulsadas por las cinco comisiones económicas regionales del ECOSOC; así como las consultas sectoriales realizadas entre 2012 y 2013 con 88 consultas nacionales, 11 temáticas y la encuesta de opinión *MY World* realizada a escala global (Sotillo, 2015). ONU Mujeres se involucró activamente en las consultas temáticas sobre desigualdades, planteando una crítica a los ODM e insistiendo en la necesidad de adoptar un enfoque de derechos y de formular la igualdad de género como un "objetivo transformativo e independiente", así como una prioridad transversal de la nueva agenda (ONU Mujeres, 2013). De la ronda de consultas se obtuvieron valiosas aportaciones y recomendaciones tanto por parte de los Gobiernos como por actores del sector privado (en torno al *Global Compact*) y de la sociedad civil, ampliándose en 2014 con una nueva ronda de consultas y debates temáticos que nutrieron los informes de seguimiento del secretario general (De la Cruz, 2015).

La sociedad civil se articuló en torno a plataformas como *Beyond2015*, el Llamado Mundial a la Acción contra la Pobreza o el Foro Internacional de las Plataformas Nacionales de ONG (Sotillo, 2015). Por su parte, el movimiento feminista internacional realizó un intenso trabajo de incidencia durante el proceso para la articulación de posiciones conjuntas que contribuyeran al posicionamiento de la igualdad de género en la nueva agenda. Cabe mencionar, en este sentido, la labor del Grupo Principal de Mujeres (Women's Major Group), encargado de asegurar la participación efectiva de los movimientos de mujeres en los procesos impulsados por NNUU; el trabajo de la plataforma Post-2015 Women's Coalition[41] (De la Cruz, 2015); o la difusión en 2014 del Comunicado feminista para el Post-2015: Justicia de género, económica, social y ecológica para el desarrollo sustentable, que firmaron más de 340 organizaciones feministas nacionales, regionales e internacionales de 143 países. El Comunicado solicitaba un cambio estructural por el que los derechos humanos, la igualdad de género y la sostenibilidad ambiental se convirtieran en los ejes del modelo económico y del enfoque de desarrollo; se exigía también un objetivo específico

41. Posteriormente se ha conformado en la Feminist Alliance for Rights.

referido a la igualdad, el empoderamiento y la plena realización de los derechos de las mujeres, incluidos los derechos sexuales y reproductivos; una coherencia de las políticas macroeconómicas, financieras y comerciales con los derechos de las mujeres o la priorización de la financiación pública del desarrollo y la participación de las mujeres en la definición, seguimiento y evaluación de la nueva agenda. El movimiento feminista internacional, en línea con el planteamiento de ONU Mujeres, propuso la necesidad de incorporar una estrategia dual en la nueva agenda de desarrollo (Zabala y Martínez, 2017).

e) El informe del secretario general, *Una vida digna para todos* (NNUU, 2013b), donde se trató de sintetizar las recomendaciones presentadas durante el proceso, articulando los pilares económico, social y ambiental del desarrollo y confiriendo máxima prioridad a la lucha contra la pobreza y la reducción de la desigualdad (Sanahuja, 2015). El informe incluyó una propuesta de medidas transformadoras (14) que inspiraran la conformación de los futuros Objetivos de Desarrollo Sostenible (ODS), y entre estas medidas se incluyó el "empoderar a las mujeres y a las niñas" (párr. 85). No obstante, el informe mantuvo una visión poco transformadora de las desigualdades de género con cierto cariz instrumental y desarrollista, indicando que "las mujeres y las niñas son importantes impulsoras del crecimiento económico" (párr. 26).

En continuación de este proceso de consultas, el Open Working Group presentó en 2014 una propuesta con 17 objetivos y 169 metas que la Asamblea General asumió como punto de partida para de las negociaciones finales, que contaron también con el informe del secretario general *El camino a la dignidad para 2030: acabar con la pobreza y transformar vidas protegiendo el planeta* (NNUU, 2014). Las diferentes etapas del proceso concluyeron con una última ronda de negociaciones intergubernamentales, la celebración del Foro Político de Alto Nivel de la NNUU sobre

Desarrollo Sostenible[42] y, finalmente, con la aprobación, por parte de la Asamblea General, de la Resolución "Transformar nuestro mundo: la Agenda 2030 para el Desarrollo Sostenibl (NNUU, 2015b) (en adelante, Agenda 2030).

La Agenda 2030 fue validada en septiembre de 2015 por la Cumbre de las NNUU celebrada en Nueva York. Conforma un ambicioso programa político de alcance universal —rompiendo la dicotomía Norte-Sur— y con un enfoque amplio y comprehensivo que trasciende la lucha contra la pobreza extrema y el ámbito de la AOD, integrando los principales desafíos económicos, sociales y ambientales actuales (Millán y Gil, 2018). Así, en su Preámbulo indica que

> los 17 Objetivos de Desarrollo Sostenible y las 169 metas que anunciamos hoy demuestran la magnitud de esta ambiciosa nueva Agenda universal. Con ellos se pretende retomar los Objetivos de Desarrollo del Milenio y conseguir lo que estos no lograron. También se pretende hacer realidad los derechos humanos de todas las personas y alcanzar la igualdad entre los géneros y el empoderamiento de todas las mujeres y las niñas. Los Objetivos y las metas son de carácter integrado e indivisible y conjugan las tres dimensiones del desarrollo sostenible: económica, social y ambiental (NNUU, 2015b).

La Agenda 2030 parte de un análisis crítico con lo logrado a través de los ODM (Martínez, 2019) e incluye un profundo diagnóstico de los retos de desarrollo pendientes:

> Miles de millones de nuestros ciudadanos siguen viviendo en la pobreza y privados de una vida digna. Van en aumento las desigualdades, tanto

42. El Foro se conformó como un órgano crucial para el seguimiento y control de la implementación de la nueva agenda. El proceso de seguimiento se realizaría a nivel nacional, regional y global, se indicó que sería universal, voluntario, dirigido por los Estados y enfocado al intercambio de experiencias. Así mismo, se insistió en la importancia de tener datos desagregados y de fortalecer las capacidades estadísticas de los países (Sotillo, 2015).

dentro de los países como entre ellos. Existen enormes disparidades en cuanto a las oportunidades, la riqueza y el poder. Las desigualdades entre los géneros siguen siendo un reto fundamental. Es sumamente preocupante el desempleo, en particular entre los jóvenes. Los riesgos mundiales para la salud, el aumento de la frecuencia y la intensidad de los desastres naturales, la escalada de los conflictos, el extremismo violento, el terrorismo y las consiguientes crisis humanitarias y desplazamientos forzados de la población amenazan con anular muchos de los avances en materia de desarrollo logrados durante los últimos decenios. El agotamiento de los recursos naturales y los efectos negativos de la degradación del medio ambiente, incluidas la desertificación, la sequía, la degradación de las tierras, la escasez de agua dulce y la pérdida de biodiversidad, aumentan y exacerban las dificultades a que se enfrenta la humanidad. El cambio climático es uno de los mayores retos de nuestra época y sus efectos adversos menoscaban la capacidad de todos los países para alcanzar el desarrollo sostenible. La subida de la temperatura global, la elevación del nivel del mar, la acidificación de los océanos y otros efectos del cambio climático están afectando gravemente a las zonas costeras y los países costeros de baja altitud, incluidos numerosos países menos adelantados y pequeños Estados insulares en desarrollo. Peligra la supervivencia de muchas sociedades y de los sistemas de sostén biológico del planeta (NNUU, 2015b: párr. 14).

La amplitud del diagnóstico se alinea con la multidimensionalidad, complejidad y carácter transformador de la nueva agenda, que busca la conformación de un nuevo marco de convivencia en el que "nadie se quede atrás" (párr. 4, 48 y 72), donde se reconocen la diversidad de enfoques, visiones de futuro y de caminos propios para lograr el desarrollo (párr. 59), y en el que todos los países tienen un compromiso global con la promoción del desarrollo aunque bajo el principio de "responsabilidades comunes pero diferenciadas" (párr. 12). La Agenda 2030 plantea también la necesidad de explorar enfoques innovadores de implementación basados en alianzas de colaboraciones multiactor y multinivel que generen un entorno propicio internacional, regional, nacional y local para el desarrollo y la realización de derechos, y que promuevan respuestas cooperativas en la provisión de bienes públicos globales.

Esta visión se concreta en la formulación de 17 ODS, 169 metas y 232 indicadores[43] que se formulan con una lógica de interdependencia e integralidad, es decir, insistiendo en que todos han de ser abordados en su totalidad, ya que mantiene relaciones sinérgicas. La mayor parte de las metas son "de resultado" en relación a los fines (metas numéricas), mientras que se formulan también metas vinculadas a los medios necesarios para el logro de los resultados (metas alfabéticas) (Martínez, 2019).

La Agenda 2030 aborda plenamente el debate sobre los medios de implementación, incluyendo los compromisos sobre financiación asumidos en la AAAA como parte integral de la nueva agenda y apuntando a "la necesidad de abordar elementos sistémicos y de alcance global que, en su forma y funcionamiento actual, impiden el impulso de procesos de desarrollo que sitúen la sostenibilidad de la vida en el centro" (Martínez, 2019: 64). Las metas del ODS 17 (Revitalizar la Alianza Mundial para el Desarrollo Sostenible) incluyen referencias a estos medios de implementación, como la movilización de recursos nacionales e internacionales, el incremento de la AOD, el tratamiento justo de la deuda, el impulso de la innovación, la ciencia y la tecnología, la creación de capacidad, el comercio internacional, el trabajo en alianza, la disposición de datos e indicadores para el seguimiento y la rendición de cuentas, así como cuestiones sistémicas vinculadas con la coherencia de políticas para el desarrollo y la consistencia normativa e institucional (Martínez, 2019).

Con todo, la Agenda 2030 y los ODS presentan importantes debilidades que comprometen los elementos más transformadores que incorpora, entre los que se incluye la conceptualización de la igualdad de género y el empoderamiento de mujeres y niñas. En este sentido, y a pesar del "importante esfuerzo de consenso

43. El marco global de indicadores fue aprobado por la Asamblea General en 2017 (NNUU, 2017). El número total de indicadores es de 244; sin embargo, dado que nueve indicadores se repiten en varios ODS, el número real de indicadores es de 232. Este marco ha ido ajustándose anualmente por la Comisión de Estadística.

realizado", cabe señalar que los ODS responden a una "lógica de agregación propia de una negociación intergubernamental" (Sanahuja, 2015: 79), integrando perspectivas y prioridades de actores muy diversos e, incluso, con intereses contradictorios. Así mismo, vinculado con esta lógica de agregación, los ODS incluyen un amplio abanico de demandas sin establecer una priorización definida —lo que compromete su operatividad— y cuentan con algunas metas formuladas de manera muy genérica, vaga y declarativa (De la Cruz, 2016; Martínez, 2019; Sanahuja, 2015).

TABLA 12

OBJETIVOS DE DESARROLLO SOSTENIBLE

ODS 1	Poner fin a la pobreza en todas sus formas en todo el mundo
ODS 2	Poner fin al hambre, lograr la seguridad alimentaria y la mejora de la nutrición y promover la agricultura sostenible
ODS 3	Garantizar una vida sana y promover el bienestar para todos en todas las edades
ODS 4	Garantizar una educación inclusiva, equitativa y de calidad y promover oportunidades de aprendizaje durante toda la vida para todos
ODS 5	Lograr la igualdad entre los géneros y empoderar a todas las mujeres y las niñas
ODS 6	Garantizar la disponibilidad de agua y su gestión sostenible y el saneamiento para todos
ODS 7	Garantizar el acceso a una energía asequible, segura, sostenible y moderna para todos
ODS 8	Promover el crecimiento económico sostenido, inclusivo y sostenible, el empleo pleno y productivo y el trabajo decente para todos
ODS 9	Construir infraestructuras resilientes, promover la industrialización inclusiva y sostenible y fomentar la innovación
ODS 10	Reducir la desigualdad en y entre los países
ODS 11	Lograr que las ciudades y los asentamientos humanos sean inclusivos, seguros, resilientes y sostenibles
ODS 12	Garantizar modalidades de consumo y producción sostenibles
ODS 13	Adoptar medidas urgentes para combatir el cambio climático y sus efectos
ODS 14	Conservar y utilizar en forma sostenible los océanos, los mares y los recursos marinos para el desarrollo sostenible
ODS 15	Gestionar sosteniblemente los bosques, luchar contra la desertificación, detener e invertir la degradación de las tierras y detener la pérdida de biodiversidad
ODS 16	Promover sociedades justas, pacíficas e inclusivas
ODS 17	Revitalizar la Alianza Mundial para el Desarrollo Sostenible

Fuente: NNUU (2020a).

Por otro lado, aunque la Agenda avanza en la atención a las causas estructurales de la pobreza, las desigualdades, la vulneración de derechos o la degradación ambiental, falta un análisis más profundo y sistemático que contribuya a identificar las responsabilidades de los diferentes actores en las dinámicas de exclusión e insostenibilidad que genera el modelo actual (De la Cruz, 2016; Millán y Gil, 2018; Zabala y Martínez, 2018). Otra debilidad se encuentra en el modelo de gobernanza global que propone y, en concreto, en la imprecisión con la que se define la configuración de la Alianza Global (Martínez, 2019; Millán y Gil, 2018). Finalmente, la Agenda 2030 no articula su marco en torno a un Enfoque Basado en Derechos Humanos, debilitando su enfoque político e integral y la centralidad de la responsabilidad pública en el respeto, la garantía y la realización de los derechos humanos (Elson, 2016; Millán y Gil, 2018).

Se trata por tanto de una agenda abierta, y uno de los principales desafíos para el despliegue de su potencialidad transformadora es la interpretación que se realice de la misma (Martínez, 2019). Es por ello que el trabajo de incidencia de la sociedad civil en los ámbitos internacional, nacional y local para la generación de políticas e iniciativas verdaderamente transformadoras cobra especial importancia en el proceso de implementación y localización de la agenda. Así mismo, su interpretación como un acuerdo político cosmopolita capaz de conformar normas universales —que trasciendan la visión occidental en torno al pilar desarrollista y que acojan visiones diversas y alternativas— resulta un importante espejo ante el auge de propuestas centradas en el nacionalismo (Sanahuja, 2018), el autoritarismo, los fundamentalismos religiosos o el negacionismo climático.

En materia de igualdad de género, la nueva agenda la reafirma como objetivo de desarrollo, con un pleno reconocimiento en la agenda política y concretándose en numerosos compromisos, así como "en una persistente retórica" (De la Cruz, 2016: 21). La Agenda 2030 para el Desarrollo Sostenible (NNUU, 2015b) reconoce que la desigualdad de género "sigue siendo un reto fundamental" (párr. 14), por lo que se propone "promover la igualdad entre los géneros y el empoderamiento de las mujeres y las niñas" (párr. 3), aspirando a alcanzar "un mundo en el que todas las mujeres y las niñas gocen de plena igualdad entre los géneros y donde se hayan eliminado todos los obstáculos jurídicos, sociales y económicos que impiden su empoderamiento" (párr. 8). La Declaración incluye un párrafo específico referido a la igualdad de género:

> La consecución de la igualdad entre los géneros y el empoderamiento de las mujeres y las niñas contribuirá decisivamente al progreso respecto de todos los Objetivos y metas. No es posible realzar todo el potencial humano y alcanzar el desarrollo sostenible si se sigue negando a la mitad de la humanidad el pleno disfrute de sus derechos humanos y sus oportunidades. Las mujeres y las niñas deben tener igual acceso a una educación de calidad, a los recursos económicos y a la participación política, así como las mismas oportunidades que los hombres y los niños en el empleo, el liderazgo y la adopción de decisiones a todos los niveles. Trabajaremos para lograr un aumento significativo de las inversiones destinadas a paliar la disparidad entre los géneros y fortalecer el apoyo a las instituciones en relación con la igualdad y el empoderamiento de las mujeres en el plano mundial, regional y nacional. Se eliminarán todas las formas de discriminación y violencia contra las mujeres y las niñas, incluso mediante la participación de los hombres y los niños. La incorporación sistemática de una perspectiva de género en la implementación de la Agenda es crucial (párr. 20).

Para Elson (2016), "los ODS constituyen sin lugar a dudas una mejora de los ODM, al transcender la igualdad formal (es decir, legal) y abarcar la igualdad sustantiva (es decir, de oportunidades y de resultados" (p. 18); considera también que la vinculación del concepto de empoderamiento con los derechos de las mujeres contribuye a su definición. No obstante, Elson (2016) también alerta ante la falta de claridad respecto a la puesta en marcha de medidas de equidad en alineación con la CEDAW y respecto a las obligaciones de los Estados en el respeto, garantía y realización de los derechos humanos y los derechos de las mujeres; así mismo, alerta ante las debilidades del sistema de seguimiento y supervisión del cumplimiento de dichas obligaciones.

Entre los 17 ODS hay uno específico, el ODS 5 (Lograr la igualdad entre los géneros y empoderar a todas las mujeres y las niñas), cuyas metas incluyen gran parte de las temáticas y demandas planteadas por el movimiento feminista internacional (Zabala y Martínez, 2017). El ODS 5 incluye seis metas de resultado, así como tres metas más relacionadas con los medios de implementación necesarios. Las metas se articulan en torno a temáticas que no quedaron recogidas en los ODM, como la violencia de género o los derechos sexuales y reproductivos, altamente polémicos durante el proceso de negociación (De la Cruz, 2015). Cabe destacar también las referencias al ámbito privado y a las prácticas culturales, que suscitaron también una importante resistencia por parte de algunos países por motivos "culturales" (Elson, 2016). Mención especial merecen el reconocimiento del trabajo doméstico y de cuidados no remunerado por su alcance transformador; o la clara exigencia respecto a la igualdad de derechos en relación a los recursos económicos, ligando el empoderamiento económico a la realización efectiva de derechos.

TABLA 13

METAS E INDICADORES DEL ODS 5

METAS	INDICADORES
5.1 Poner fin a todas las formas de discriminación contra todas las mujeres y las niñas en todo el mundo	5.1.1 Determinar si existen o no marcos jurídicos para promover, hacer cumplir y supervisar la igualdad y la no discriminación por motivos de sexo
5.2 Eliminar todas las formas de violencia contra todas las mujeres y las niñas en los ámbitos público y privado, incluidas la trata y la explotación sexual y otros tipos de explotación	5.2.1 Proporción de mujeres y niñas a partir de 15 años de edad que han sufrido violencia física, sexual o psicológica a manos de su actual o anterior pareja en los últimos 12 meses, desglosada por la forma de violencia y por edad 5.2.2 Proporción de mujeres y niñas a partir de 15 años de edad que han sufrido violencia sexual a manos de personas que no eran su pareja en los últimos 12 meses, desglosada por edad y lugar del hecho
5.3 Eliminar todas las prácticas nocivas, como el matrimonio infantil, precoz y forzado y la mutilación genital femenina	5.3.1 Proporción de mujeres de entre 20 y 24 años que estaban casadas o mantenían una unión estable antes de cumplir los 15 años y antes de cumplir los 18 años 5.3.2 Proporción de niñas y mujeres de entre 15 y 49 años que han sufrido mutilación o ablación genital, desglosada por edad

TABLA 13

METAS E INDICADORES DEL ODS 5 (CONT.)

METAS	INDICADORES
5.4 Reconocer y valorar los cuidados y el trabajo doméstico no remunerados mediante servicios públicos, infraestructuras y políticas de protección social, y promoviendo la responsabilidad compartida en el hogar y la familia, según proceda en cada país	5.4.1 Proporción de tiempo dedicado al trabajo domésticos y asistencial no remunerado, desglosada por sexo, edad y ubicación
5.5 Asegurar la participación plena y efectiva de las mujeres y la igualdad de oportunidades de liderazgo a todos los niveles decisorios en la vida política, económica y pública	5.5.1 Proporción de escaños ocupados por mujeres en a) los parlamentos nacionales y b) los gobiernos locales 5.5.2 Proporción de mujeres en cargos directivos
5.6 Asegurar el acceso universal a la salud sexual y reproductiva y los derechos reproductivos según lo acordado de conformidad con el Programa de Acción de la Conferencia Internacional sobre la Población y el Desarrollo, la Plataforma de Acción de Beijing y los documentos finales de sus conferencias de examen	5.6.1 Proporción de mujeres de 15 a 49 años de edad que toman sus propias decisiones informadas sobre las relaciones sexuales, el uso de anticonceptivos y la atención de la salud reproductiva 5.6.2 Número de países con leyes y reglamentos que garantizan a los hombres y las mujeres a partir de los 15 años de edad un acceso pleno e igualitario a los servicios de salud sexual y reproductiva y a la información y educación al respecto
5.a Emprender reformas que otorguen a las mujeres igualdad de derechos a los recursos económicos, así como acceso a la propiedad y al control de la tierra y otros tipos de bienes, los servicios financieros, la herencia y los recursos naturales, de conformidad con las leyes nacionales	5.a.1 a) Proporción del total de la población agrícola con derechos de propiedad o derechos seguros sobre las tierras agrícolas, desglosada por sexo; y b) proporción de mujeres entre los propietarios de tierras agrícolas, o titulares de derechos sobre tierras agrícolas, desglosada por tipo de tenencia 5.a.2 Proporción de países cuyo ordenamiento jurídico (incluido el derecho consuetudinario) garantiza la igualdad de derechos de la mujer a la propiedad y al control de la tierra
5.b Mejorar el uso de la tecnología instrumental, en particular la tecnología de la información y las comunicaciones, para promover el empoderamiento de las mujeres	5.b.1 Proporción de personas que poseen un teléfono móvil, desglosada por sexo
5.c Aprobar y fortalecer políticas acertadas y leyes aplicables para promover la igualdad de género y el empoderamiento de todas las mujeres y las niñas a todos los niveles	5.c.1 Proporción de países que cuentan con sistemas para dar seguimiento a la igualdad de género y el empoderamiento de la mujer y asignar fondos públicos para ese fin

Fuente: Elaboración propia a partir NNUU (2017, 2019).

Además de la formulación del ODS 5, y fruto del trabajo de incidencia realizado por el movimiento feminista internacional y por ONU Mujeres durante todo el proceso pos-2015, se adopta una estrategia dual, planteando también la igualdad de género de manera transversal, con metas e indicadores de género en gran parte del resto de ODS. Sin embargo, a pesar de este avance en relación a los ODM, cabe señalar que una de las principales debilidades de los ODS es su solidez y consistencia en materia de indicadores de género, lo que compromete la capacidad de seguimiento y evaluación en relación a los logros en igualdad derivados de su implementación.

En este sentido y aunque el marco de indicadores contiene 54 específicos de género de los 232 totales, se aprecia un alcance desigual en el conjunto de los ODS. Por un lado, existen indicadores sensibles al género en seis de los 17 ODS (ODS 1, 3, 4, 5, 8 y 16); pero, por otro lado, se encuentran indicadores formulados de manera poco clara en relación a la igualdad de género en áreas cruciales (ODS 2, 10, 11, 13 y 17), así como indicadores insensibles al género en el resto (ODS 6, 7, 9, 12, 14 y 15). El proceso de seguimiento y evaluación desde la perspectiva de género se encuentra además comprometido por la falta de datos suficientes, ya que solo se cuenta con datos periódicos para 10 de los 54 indicadores específicos de género. Es por ello que resulta imprescindible invertir en capacidad estadística nacional y en capacidades en políticas públicas desde la perspectiva de género, en colaboración con personal experto y con las organizaciones de mujeres (ONU Mujeres, 2018).

Así, por ejemplo, en el ODS 1 (Poner fin a la pobreza en todas sus formas en todo el mundo) se incluyen cuatro indicadores que indican expresamente el desglose por sexo, junto a dos indicadores específicos de género: 1.2.2 Pobreza multidimensional entre las mujeres; y 1.b.1 Proporción de gasto público destinado a sectores que beneficien a las mujeres, las personas pobres y los grupos vulnerables. Por su parte, el ODS 2 (Poner fin al hambre, lograr la seguridad alimentaria y la mejora de la nutrición y promover la agricultura sostenible) solo incluye una mención a desagregar por sexo los ingresos medios de las y los pequeños productores de alimentos. Sin embargo, el ODS 3 (Garantizar una vida sana y promover el bienestar para todos en todas las edades), además de incluir alguna mención a desglose por sexo, sí incluye indicadores relevantes desde la perspectiva de género: 3.1.1 Tasa de mortalidad materna; 3.1.2 Partos atendidos por personal cualificado; 3.7.1 Planificación familiar satisfactoria con métodos modernos; 3.7.2 Tasa de fecundidad entre las adolescentes; y 3.8.1 Cobertura de los servicios de salud esenciales, incluida la salud reproductiva y materna.

El ODS 4 (Garantizar una educación inclusiva, equitativa y de calidad y promover oportunidades de aprendizaje durante toda la vida para todos) incluye cinco indicadores en los que se solicita el desglose por sexo, pero, además, tres indicadores específicos de género: 4.5.1 Índices de paridad para todos los indicadores educativos; 4.7.1 Generalización de la educación para la ciudadanía, de la igualdad de género y de los derechos humanos a nivel mundial; y 4.a.1 Mejora de los centros educativos mediante lavabos y sanitarios separados por sexo.

Ni el ODS 6 (Garantizar la disponibilidad de agua y su gestión sostenible y el saneamiento para todos) ni el ODS 7 (Garantizar el acceso a una energía asequible, segura, sostenible y moderna para todos) incorporan ni tan siquiera alguna mención a desagregar los datos por sexo. Por su parte, el ODS 8 (Promover el crecimiento económico sostenido, inclusivo y sostenible, el empleo pleno y productivo y el trabajo decente para todos), además de incluir referencias a desglosar por sexo en seis indicadores, incluye uno específico referido al ingreso medio por hora de las trabajadoras.

Tampoco el ODS 9 (Construir infraestructuras resilientes, promover la industrialización inclusiva y sostenible y fomentar la innovación) incluye ninguna mención a desglosar por sexo ni algún indicador específico de género. Y por su parte, el ODS 10 (Reducir la desigualdad en y entre los países) solo pide desglosar por sexo en uno de sus indicadores. En esta línea de mínimos, el ODS 11 (Lograr que las ciudades y los asentamientos humanos sean inclusivos, seguros, resilientes y sostenibles) solo incluye menciones a desagregar por sexo en tres de sus indicadores.

Ni el ODS 12 (Garantizar modalidades de consumo y producción sostenibles), ni el ODS 14 (Conservar y utilizar en forma sostenible los océanos, los mares y los recursos marinos para el desarrollo sostenible) ni el ODS 15 (Gestionar sosteniblemente los bosques, luchar contra la desertificación, detener e invertir la degradación de las tierras y detener la pérdida de biodiversidad) incluyen algún indicador de género o desagregado por sexo. Por su parte el ODS 13 (Adoptar medidas urgentes para combatir el cambio climático y sus efectos) recoge un indicador referido a los medios de implementación con cierta perspectiva de género, el 13.b.1 Países menos adelantados y pequeños insulares que reciben apoyo para planificación y gestión sobre cambio climático, incluidos los centrados en las mujeres.

El ODS 16 (Promover sociedades, justas, pacíficas e inclusivas) incorpora la mención a desagregar por sexo en tres de sus indicadores, así como dos específicos con componentes de género: 16.2.3 violencia sexual contra las niñas; y 16.7.1 Mujeres en instituciones públicas. Finalmente, el ODS 17 (Revitalizar la Alianza Mundial para el Desarrollo Sostenible) solo incluye el indicador 17.16.1, referido a la proporción de indicadores a nivel nacional con pleno desglose, si bien indicando que cuando sea pertinente para la meta.

Esta mirada, más focalizada al marco de indicadores formulados en un proceso más técnico, parece revelar una reducción notable del alcance de la transversalidad efectiva de la perspectiva de género en el resto de ODS. Esta debilidad limita enormemente el proceso de seguimiento y evaluación de los avances en igualdad desde una mirada integral y comprehensiva de los diferentes objetivos y metas. Es por ello que, a pesar de que la Agenda 2030 suponga un importante avance en la puesta en marcha de un sistema de seguimiento y revisión para los marcos nacionales, regionales e internacional, donde los países tienen la principal responsabilidad (NNUU, 2020a), "no cumple con los estándares de rendición de cuentas que muchas organizaciones de la sociedad civil esperaban" (De la Cruz, 2016: 24). Así mismo, "a pesar de las referencias que realiza sobre la rendición de cuentas Estado-ciudadanía, participación y respeto a los derechos humanos [...] el documento tampoco incluye ninguna modalidad específica para permitir la participación significativa de la sociedad civil" (De la Cruz, 2016: 24). No obstante, su presencia en iniciativas como la *Sustainable*

Development Solutions Network[44] y, especialmente, su labor de incidencia en la definición y desarrollo de los planes de implementación, resultan decisivas para el despliegue de los componentes más transformadores.

Otra importante debilidad de la Agenda 2030 desde la perspectiva de género es la ausencia de una vinculación clara entre las políticas y los programas de implementación de los ODS con los principios y normas de derechos humanos y, específicamente, en materia de derechos de las mujeres, con la CEDAW. Esta ausencia en el texto de la Declaración traslada el interés hacia las estrategias de implementación y en su capacidad para adoptar un enfoque de derechos, establecer responsabilidades claras para todos los actores, promover enfoques innovadores multiactor, así como de integrar la evaluación y la rendición de cuentas con perspectiva de género con una sólida participación ciudadana (De la Cruz, 2016; ONU Mujeres, 2018).

Una ausencia destacada en la Agenda 2030, y que le resta potencialidad transformadora desde la perspectiva de género, es el silencio sobre medidas orientadas a la protección y garantía de otros derechos sexuales y reproductivos, como los referidos a la orientación sexual, los temas relativos a la identidad de género o el derecho al aborto, que resultan altamente polémicos en las negociaciones intergubernamentales. Por otro lado, y como se ha venido mencionando, la Agenda 2030 carece de una falta de contundencia a la hora de cuestionar el modelo de globalización neoliberal y de realizar propuestas transformadoras en el ámbito de las finanzas, el comercio o la fiscalidad, lo que "puede vaciar de contenido y alcance buena parte del discurso que contiene" (Zabala y Martínez, 2017: 118).

La Agenda 2030 incorpora importantes avances en la visibilización y reconocimiento del trabajo doméstico y de cuidados

44. La Red de Soluciones de Desarrollo Sostenible de las NNUU (SDSN), creada en 2012 bajo los auspicios del secretario general, busca la colaboración entre organismos de las NNUU, las instituciones financieras multilaterales, el sector privado y la sociedad civil en la promoción de soluciones prácticas para el desarrollo sostenible, incluida la implementación de los ODS y el Acuerdo Climático de París.

no remunerado; sin embargo, desde una perspectiva feminista, el tema no queda bien definido (Elson, 2016) y, como indica De la Cruz (2016), la Agenda 2030 "ha perdido una oportunidad histórica de realizar un giro hacia un nuevo enfoque macroeconómico" (p. 22). La conexión clara y contundente entre las esferas productiva y reproductiva, la articulación de las políticas sociales y las políticas económicas, así como la coherencia de políticas (Coello, 2017), son esenciales para el logro de la igualdad de género y, en definitiva, para la sostenibilidad de la vida. La plena realización de derechos y el logro de la igualdad sustantiva requieren de una transformación más estructural de las economías, reconociendo, reduciendo y redistribuyendo el trabajo de cuidados no remunerado, creando más y mejores empleos para las mujeres, fortaleciendo la seguridad de sus ingresos a lo largo de todo su ciclo vital, invirtiendo en servicios sociales con perspectiva de género, maximizando los recursos destinados a la igualdad, fortaleciendo la participación de las organizaciones de mujeres, creando un entorno mundial favorable a los derechos de las mujeres (en materia de finanzas, comercio, fiscalidad y con sistema de gobernanza eficaces y legítimos), diseñando las políticas públicas en base a los estándares de derechos humanos, y favoreciendo la evidencia empírica para el seguimiento y la evaluación en los avances (ONU Mujeres, 2015a).

Junto con estos desafíos estructurales, la Agenda 2030 enfrenta importantes retos específicos relacionados con la financiación de los compromisos con la igualdad, tal y como se ha mencionado en el análisis de la AAAA. Así, las organizaciones feministas insisten en la necesidad de incrementar los recursos destinados a la igualdad de género, planteando no obstante prudencia respecto al importante peso que se atribuye al sector privado, y abogando por la necesidad de evaluar los impactos de género de las nuevas fórmulas de financiación, así como de marcar las prioridades fiscales y presupuestarias desde la perspectiva de género (De la Cruz, 2015).

El 2020 se esperaba que fuera un año importante para el avance de la institucionalización internacional de género, al coincidir la celebración de Beijing +25 con el 20 aniversario de la Resolución 1.325 del Consejo de Seguridad de las NNUU sobre mujeres, paz y seguridad, el 10 aniversario de la creación de ONU Mujeres y el 5 aniversario de la Agenda 2030 para el Desarrollo Sostenible. La hoja de ruta para la celebración de Beijing +25 se inició en marzo de 2019 en el sexagésimo tercer periodo de sesiones de la CSW (CSW63), e incluyó los siguientes momentos clave durante ese año: la Conferencia de la Coalición Internacional para la Igualdad Salarial (Reikiavik) y el Foro de Túnez sobre Igualdad de Género, celebrados ambos en abril; las evaluaciones nacionales realizadas en mayo sobre la implementación de la Plataforma de Acción de Beijing; la Conferencia "Women Deliver" (Vancouver, Canadá) celebrada en junio; y las reuniones y evaluaciones regionales sobre la implementación de la Plataforma de Acción realizadas durante noviembre y diciembre (ONU Mujeres, 2020e).

El proceso tendría que haber continuado en 2020 con la celebración del sexagésimo cuarto periodo de sesiones de la CSW (CSW64) en marzo de 2020, centrado en el examen y evaluación de la aplicación de la Declaración y de la Plataforma de Acción de Beijing y de los resultados de Beijing +5[45]; y la celebración en mayo y en junio del Foro Generación Igualdad (en Ciudad de México y en París), culminando el 25 de septiembre de 2020 en la Reunión de Alto Nivel de la Asamblea General de NNUU. Sin embargo, debido a la pandemia de COVID-19, la CSW64 fue suspendida y se ciñó a la adopción del proyecto de Declaración política trabajado en el periodo preparatorio. La Declaración (NNUU, 2020b) asume el compromiso con la aplicación "plena, efectiva y acelerada" de la Declaración y de la Plataforma de Acción de Beijing, y el cumplimiento de la CEDAW (párr. 2), y solicita mayores esfuerzos en la incorporación de la perspectiva de género en las dimensiones económica, social y ambiental del desarrollo sostenible, así como una mayor movilización de recursos y un seguimiento más sistemático de los logros en igualdad.

45. En el año 2000 la Asamblea General celebra su vigésimo tercer periodo extraordinario de sesiones con el objetivo de evaluar los progresos realizados en la aplicación de las Estrategias de Nairobi y la Plataforma de Acción de Beijing, denominado "La mujer en el año 2000: igualdad entre los géneros, desarrollo y paz para el siglo XXI".

El movimiento feminista internacional concebía esta confluencia de celebraciones como una oportunidad decisiva para seguir avanzando en la realización y concreción de los componentes más transformadores de la Agenda 2030, y en la implementación de sus compromisos en materia de igualdad de género a nivel global, regional, nacional y local. Ya que, tal y como indica De la Cruz (2016), "la Agenda 2030 es un medio, no un fin" (p. 23), de ahí que la clave se encuentre en las estrategias de implementación que pongan en marcha los países y las estructuras de gobernanza global y en las posibilidades del movimiento feminista para participar en dichos procesos, especialmente, en el seguimiento y evaluación de los avances en igualdad.

La crisis provocada por la pandemia modificó este calendario, pero, finalmente, en marzo de 2021, ONU Mujeres convocó el Foro "Generación Igualdad" en Ciudad de México, donde se presentó el Plan de Aceleración Global para la Igualdad de Género, fruto de los planes de trabajo de las Coaliciones de Acción. No obstante, a pesar de lo ambicioso del Plan y de iniciativas posteriores derivadas, como la Alianza Global por los Cuidados, se mantienen las dificultades para articular la justicia de género con cambios transformadores a todos los niveles (Oxfam Intermón, 2022). En marzo de 2021 también se celebró la CSW65 con la participación de las mujeres y la adopción de decisiones tomadas por ellas de forma plena y efectiva en la vida pública, así como la eliminación de la violencia, como tema prioritario.

Cabe destacar que la pandemia también orientó los esfuerzos del feminismo por visibilizar los impactos de género de la crisis por COVID-19, por incorporar la perspectiva de género en la respuesta a la crisis sanitaria, económica y social derivada de la pandemia, y por fortalecer la participación y el liderazgo de las mujeres en los planes de respuesta. El objetivo compartido fue tratar de evitar que la pandemia desplazara los compromisos con la igualdad entre las nuevas prioridades y, por tanto, que causara un debilitamiento generalizado de la agenda de género (Solanas, 2020).

La Agenda 2030 no estaba diseñada para hacer frente a las situaciones derivadas de este tipo de emergencias y crisis sistémicas

(Alonso, 2020). Esta falta de previsión es una importante debilidad de la Agenda 2030; sin embargo, la crisis ofrece importantes lecturas que alertan sobre la urgencia de promover un modelo de convivencia global alternativo. La degradación de los ecosistemas y la pérdida de biodiversidad, la vulnerabilidad de los seres humanos y la centralidad de los cuidados, la fragilidad de la cohesión social, la necesidad de una mayor solidaridad global y de respuestas coordinadas para la generación de bienes globales (como la vacuna para la COVID-19) son, entre otros, aprendizajes que remiten a una interpretación y a una materialización de la Agenda 2030 amplia y transformadora, que ponga en el centro la sostenibilidad de la vida y del planeta.

CAPÍTULO 4

LA PERSPECTIVA DE GÉNERO EN LA POLÍTICA DE COOPERACIÓN ESPAÑOLA

La dimensión internacional de los debates sobre mujer, género y desarrollo y los compromisos internacionales asumidos por España[46] contribuyeron al diálogo entre las agendas de igualdad y de cooperación al desarrollo. Las características del desarrollo de las políticas de igualdad en España han influido en la transversalización de género en la Cooperación Española (CE). En este proceso destaca la rápida traslación de los compromisos internacionales a los Planes de Igualdad, la experiencia española en políticas de lucha contra la violencia machista con base en la Ley 1/2004, de 28 de diciembre, de Medidas de Protección Integral contra la Violencia de Género, y la aprobación de la Ley Orgánica 3/2007, de 22 de marzo, para la igualdad efectiva de mujeres y hombres. No obstante, también han impactado las debilidades institucionales en la implementación del *mainstreaming* de género, las políticas de ajuste y austeridad, que implicaron una pérdida de interés y fondos hacia las políticas de igualdad, así como la introducción de un marco interpretativo regresivo por parte de los Gobiernos conservadores.

La incorporación de un eje sobre cooperación internacional en los sucesivos Planes de Igualdad de Oportunidades convirtió al

46. Especialmente con la firma de la CEDAW en 1980 y su ratificación en diciembre de 1983.

Instituto de la Mujer en un actor decisivo en los primeros pasos del principio de igualdad en la política española de cooperación. Mientras que las políticas de igualdad respondían con rapidez a los compromisos internacionales en materia de igualdad derivados de NNUU, UE y OCDE, la política española de cooperación lo hizo, sin embargo, más lentamente. Así, por ejemplo, la Ley 23/1998 de Cooperación Internacional realizó una formulación muy vaga sobre la igualdad de género, con un enfoque MED integracionista; o el I Plan Director (2001-2004), que no terminó de concretar el enfoque GED. Este retraso contrasta con los avances en transversalización de género que experimentaron algunas ONGD, y con las iniciativas aisladas que comenzaron a impulsarse desde algunas Oficinas Técnicas de Cooperación (OTC) con voluntad política y con pasantes del Programa "Mujeres y Desarrollo".

Con el II Plan Director (2005-2008) desaparece la brecha existente entre las políticas de igualdad y la política de cooperación en cuanto al reconocimiento e incorporación del enfoque GED. El II Plan Director supone un giro cualitativo en la priorización que la CE concede a la igualdad de género, con un incremento de AOD destinada al sector género, así como una ampliación y diversificación de los instrumentos de canalización de la ayuda. Desde entonces, la igualdad de género se ha considerado una "seña de identidad" de la CE; sin embargo, factores como la volatilidad de la dotación de recursos económicos y técnicos en función de la coyuntura económica y de las prioridades políticas, la falta de concreción del mandato de transversalización y de coordinación entre actores o las debilidades en el seguimiento y rendición de cuentas respecto a los compromisos con la igualdad de género marcan las características de una trayectoria inconsistente, que no se ajusta a esta afirmación.

PRIMEROS PASOS DEL PRINCIPIO DE IGUALDAD EN LA POLÍTICA ESPAÑOLA DE COOPERACIÓN

Los primeros documentos estratégicos de la CE fueron ciegos al principio de igualdad, ya que ni el primer Plan Anual de Cooperación

Internacional (PACI) ni el Documento de Líneas Directrices de la Política de Cooperación al Desarrollo (SECIPI, 1987) incluyeron alguna referencia a la igualdad entre mujeres y hombres, o al principio de no discriminación por razón de sexo. No obstante, en la década de los ochenta "se comienza a mostrar un cierto interés en la actuación en el sector específico mujeres y desarrollo" (Strzelecka *et al.*, 2009: 291). Este interés está motivado por el impulso de la agenda de igualdad en el marco de las NNUU, y por los compromisos asumidos por España a nivel internacional y europeo (MAEC, 2007a).

Con la creación del Instituto de la Mujer[47] y, en concreto, con la aprobación del Primer Plan para la Igualdad de Oportunidades 1988-1990 —que incluía el objetivo de desarrollar programas de cooperación internacional dirigidos a mujeres[48]—, se potencia el papel del Instituto en la promoción del principio de igualdad en la incipiente política española de cooperación. Así mismo, desde la creación de la Agencia Española de Cooperación Internacional (AECI) en 1988[49], la CE "hace constantes referencias al tema de Mujer y Desarrollo como un componente de sus actuaciones" (MAEC, 2007a: 19).

La colaboración entre ambas instituciones[50] se formalizó a través de la firma de un Convenio en 1988, que será el marco de colaboración para la puesta en marcha del Programa de Cooperación Internacional "Mujeres y Desarrollo" (Cirujano, 2005; MAEC, 2007a; SGCID, 2017; Strzelecka *et al.*, 2009; Villa, 2007). Este Programa, que ha permanecido hasta 2011, se articulaba en torno a dos componentes diferenciados: un componente de financiación de proyectos a través de convocatorias anuales dirigidas a

47. El Instituto de la Mujer fue creado en octubre de 1983.
48. En el Primer Plan se contemplaba la "potenciación de programas dedicados específicamente a las mujeres en los proyectos de cooperación, especialmente con los países iberoamericanos" (Villa, 2007: 15).
49. La AECI fue creada en 1988 a través del Real Decreto 1527/1988. En 2007 se aprueba su Estatuto mediante el Real Decreto 1403/2007, de 26 de octubre, que modifica su denominación a Agencia Española de Cooperación Internacional para el Desarrollo (AECID).
50. La firma se realiza entre el Instituto de la Mujer y el Instituto de Cooperación Iberoamericana, uno de los centros directivos de la AECI.

organizaciones de mujeres, principalmente latinoamericanas; y un componente de formación de personal experto[51], cofinanciado por el Fondo Social Europeo[52]. Este Programa fue clave para la generación de profesionales que han tenido un notable impacto en la transversalización de género en la CE, así como en el fortalecimiento del movimiento feminista latinoamericano y en la creación de lazos con el movimiento feminista español.

La década de los noventa fue decisiva para la entrada de los asuntos de mujer y desarrollo en los debates y en la narrativa de la cooperación al desarrollo española, así como para su progresiva evolución desde un enfoque MED hacia un enfoque GED. Este proceso estuvo impulsado por dos factores: por un lado, por la incorporación de España al CAD en 1991 y la partición en su grupo de expertas sobre Mujer en el Desarrollo (creado dese 1981); y por otro, por la proliferación de estudios y espacios específicos que se crearon en otros actores de la CE, como ONGD, sindicatos o universidades (Cirujano, 2005; MAEC, 2007a). En este sentido, se destaca la creación del grupo de Género y Desarrollo de la CONGDE en 1989, por iniciativa de un grupo de voluntarias y activistas de diferentes organizaciones socias de la Coordinadora, que se mantiene en la actualidad (MAEC, 2007a; CONGDE, 2019).

A nivel institucional, uno de los documentos relevantes del periodo (el Informe del Congreso de los Diputados sobre los Objetivos y Líneas Generales de la Política Española de Cooperación y Ayuda al Desarrollo, de 1992) incluyó por primera vez referencias al principio de igualdad y a la promoción de las mujeres en los

51. El componente de formación fue pionero en España y también constituyó uno de los primeros cursos de estas características en Europa, por lo que fue una referencia a nivel nacional e internacional (SGCID, 2017). Desde 1998 el programa formativo adquiere reconocimiento universitario y es gestionado como un Título Propio de la Universidad Complutense de Madrid. De 1998 a 2011 adopta la denominación de Magíster en Género y Desarrollo, y desde 2013 se le denomina Máster Propio en Género y Desarrollo.

52. El programa formativo, entendido como acción positiva con el apoyo financiero del Fondo Social Europeo, se mantuvo hasta la IX edición (curso 2010-2011). A partir de 2012 la AECID pasa a financiar la fase práctica del Programa; y, en los últimos años, el IMIO ha contribuido a través de la convocatoria destinada a la subvención a la realización de posgrados de estudios feministas y de género, y actividades en el ámbito universitario relacionadas con la igualdad.

procesos de desarrollo. El Informe señalaba como enfoque de acción para los sectores considerados prioritarios "la prioridad en el diseño de todo proyecto a los aspectos que favorezcan la condición de la mujer en materia de empleo, educación y salud" (Congreso de los Diputados, 1992: 20). Así mismo, identificaba a las mujeres como uno de los "sectores marginados (colectivos desplazados, grupos étnicos, mujeres y niños)" (p. 25) de atención preferente; y en materia formativa y educativa, expresaba su interés por contribuir "a fomentar acciones de cooperación cultural de contenido progresista: participación de la mujer, ecología y medioambiente, derechos humanos y democracia" (p. 26).

Por su parte, el Senado presentó en 1994 el informe "Ponencia de estudio de la política de cooperación al desarrollo", en el que se enfatizaba la influencia de la entrada de España en el CAD en la incorporación del tema "Mujer y Desarrollo" en la política de cooperación (Strzelecka *et al.*, 2009). Así mismo, en este periodo se destacan iniciativas institucionales como la creación en 1993 del programa "Mujer y Desarrollo" de la AECI[53] y del Grupo de Trabajo "Mujer y Desarrollo", con representación de AECI y el Instituto de la Mujer, "que tendrá una influencia y vigencia limitada" (MAEC, 2007a: 20). La destacada participación de España en la Cuarta Conferencia Mundial sobre la Mujer (Beijing, 1995)[54] y su importante papel en las negociaciones de la Plataforma de Acción, al ocupar en aquel momento la Presidencia Europea (Cirujano, 2005; MAEC, 2007a), resultaron un importante impulso para las políticas de igualdad en España, si bien tuvo un alcance limitado en la política española de cooperación[55].

53. El programa se inscribió orgánicamente en el Gabinete Técnico de la presidencia de AECI, con funciones de coordinación, representación internacional y apoyo institucional a las OTC. Sin embargo, la Unidad de Género contó solo con una persona y sin la dotación económica necesaria para su dinamización, por lo que no pudo consolidarse y desapareció en 2001 (Cirujano, 2005; MAEC, 2007a; Strzelecka *et al.*, 2009).

54. La preparación de la participación española estuvo a cargo de una Comisión Interministerial específica, dirigida por la directora del Instituto de la Mujer (Cirujano, 2005).

55. No obstante, se aprecia una mayor referencia al enfoque GED en documentos políticos y programáticos, como por ejemplo en las Comisiones Mixtas, pero todavía sin un reflejo en la práctica, donde se mantiene el enfoque MED. Una excepción

En 1996 se produce un replanteamiento del marco de colaboración entre la AECI y el Instituto de la Mujer por una falta de sintonía relacionada con el tipo de proyectos a financiar y sobre el instrumento de canalización de las ayudas a las organizaciones de mujeres, así como por el incumplimiento de los acuerdos por parte de la AECI. En 1996, a solicitud del Instituto de la Mujer, la AECI deja de contribuir con fondos al Programa de Cooperación Internacional "Mujeres y Desarrollo", y se acuerda que, sin embargo, canalice los proyectos dirigidos a los mecanismos nacionales de igualdad y los proyectos regionales. Desde entonces, la colaboración entre el Instituto de la Mujer y la AECI se desvincula del programa; sin embargo, paradójicamente, las OTC comienzan a recibir pasantes del componente de formación y, además, fueron asumiendo un papel cada vez más relevante en la convocatoria de proyectos de dicho programa desde 1997. Tanto el componente de formación como el componente de financiación a organizaciones de mujeres pasaron a ser gestionados en exclusiva por el Instituto de la Mujer, lo que favoreció su alineación con la política de igualdad, más avanzada en transversalización de género[56] que la política de cooperación (SGCID, 2017).

Un hito de la década de los noventa fue la aprobación de la Ley 23/1998 de Cooperación Internacional para el Desarrollo, que introduce elementos novedosos a nivel estratégico, como la definición de un marco doctrinal asentado sobre la noción de desarrollo humano, con objetivos centrados en la lucha contra la pobreza, la igualdad de género o la defensa de los derechos humanos (Alonso, 2004). En este sentido, la Ley 23/1998 incluye entre sus principios rectores "la participación ciudadana en condiciones de igualdad para mujeres y hombres" o la "necesidad de promover un

pionera en el marco de la CE fue el diseño de la Estrategia de Género en la OTC de Guatemala (1997-2000), que incluye un eje transversal de actuación, junto con acciones específicas de empoderamiento. Por otro lado, las ONGD españolas también comienzan a incorporar el enfoque GED en el discurso, a poner en marcha actividades de formación interna y debate, y a crear grupos de género (MAEC, 2007a).

56. El Tercer Plan para la Igualdad de Oportunidades de las Mujeres 1997-2000 integra los compromisos asumidos en Beijing e incorpora un eje destinado a desarrollar el principio de transversalidad en todas las políticas del Gobierno, y se articula en torno a las áreas definidas en la Plataforma de Acción (Instituto de la Mujer, 1997).

desarrollo humano global, interdependiente, participativo, sostenible y con equidad de género en todas las naciones" (art. 2). Así mismo, entre los objetivos destinados a lograr "la promoción del desarrollo sostenible humano, social y económico para contribuir a la erradicación de la pobreza en el mundo", se encuentra la promoción de "mayores garantías de estabilidad y participación democrática en el marco del respeto a los derechos humanos y las libertades fundamentales de mujeres y hombres" (art. 3).

La Ley vuelve a referirse a las mujeres como parte de una de sus prioridades sectoriales (art. 7, c):

> Protección y respeto de los derechos humanos, igualdad de oportunidades, no discriminación y accesibilidad universal de las personas con discapacidad, participación e integración social de la mujer y defensa de los grupos de población más vulnerables (menores, con especial atención a la erradicación de la explotación laboral infantil, refugiados, desplazados, retornados, indígenas, minorías).

Le Ley 23/1998 introduce por tanto la igualdad de género como un principio, un objetivo y una prioridad de la CE; sin embargo, su formulación es vaga, con un enfoque MED integracionista que, incluso, agrupa a las mujeres entre los colectivos en situación de mayor vulnerabilidad. La ley tampoco hace mención a las estrategias definidas para el logro de la igualdad (*mainstreaming* de género y empoderamiento) que ya se habían acordado en la Cuarta Conferencia Mundial sobre la Mujer, celebrada en Pekín tres años antes.

Esta falta de concreción en materia de igualdad de género contrasta con las recomendaciones y directrices que se impulsaron desde la Unión Europea, como la Resolución del Consejo del 20 de diciembre de 1995 sobre la integración de la perspectiva de género en la cooperación al desarrollo, o el Reglamento del Consejo del 22 de diciembre de 1998 sobre la integración de la igualdad de género en la cooperación al desarrollo[57] (Villa, 2007).

57. La Resolución solicita la integración plena de la perspectiva de género, para lo que establece unos principios y directrices en tono a las estrategias de *mainstreaming* y empoderamiento. Por su parte, el Reglamento se propone mejorar las capacidades

También en 1998 el CAD publicó una guía de directrices y conceptos sobre la igualdad entre mujeres y hombres para orientar la incorporación de la perspectiva de género en la planificación y gestión de los proyectos de cooperación al desarrollo y de acción humanitaria entre los países miembros (OCDE, 1998). Cabe señalar que la Secretaría de Estado de Cooperación Internacional y para Iberoamérica (SECIPI) se encargó de su traducción y difusión en España (Alcalde y López, 2004).

El I Plan Director de la CE (2001-2004) pierde alineación con las recomendaciones del CAD y con los elementos más transformadores desde un enfoque de desarrollo humano y de derechos humanos; por el contrario, vuelve a vincular la política de cooperación con los intereses comerciales y culturales de la política exterior (Alonso, 2008). El documento finalmente aprobado considera la "igualdad entre mujeres y hombres" como parte de la política exterior, como uno de los principios de la política de cooperación y como una de sus prioridades horizontales, junto con la lucha contra la pobreza y el medio ambiente. Con base en la Ley de Cooperación, el Plan dedica un apartado específico a la promoción de la igualdad:

> En tanto que principio informador de la cooperación española en su conjunto, la igualdad entre mujeres y hombres y hombres demanda el establecimiento de vínculos pertinentes entre esta prioridad y las demás estrategias de la cooperación española, por lo que los aspectos relativos al enfoque de género deben ser integrados en la formulación, programación, ejecución y evaluación de todos los programas y proyectos, en los programas sectoriales y geográficos y en los de las ONGD.
>
> La instrumentación de la integración de la perspectiva de género en las actuaciones de la cooperación española se efectuará a través de la realización de análisis e investigaciones sobre los efectos de las política de desarrollo en las mujeres, la incorporación de indicadores de impacto y la obtención de datos desagregados por sexo, así como en la formulación y

institucionales en *mainstreaming* de género, tanto en las intervenciones comunitarias como en los países miembros, comprometiéndose a destinar fondos a este fin (Villa, 2007).

ejecución de proyectos específicos para la eliminación de la discriminación y para la integración de la participación de la mujer en los procesos de desarrollo.

La igualdad de mujeres y hombres es parte integral de la prioridad sectorial específica asociada a la participación social, desarrollo institucional y buen gobierno (Ministerio de Asuntos Exteriores, 2000: 19).

El I Plan Director incorpora los conceptos de "enfoque de género" y "perspectiva de género", con referencia a instrumentos de transversalización en todo el ciclo del proyecto —análisis, indicadores, datos desagregados—, pero desde un enfoque integracionista, sin hacer referencia a la agencia de las mujeres o a la estrategia de empoderamiento. El documento indica además que "la igualdad de mujeres y hombres" —todavía no se denomina igualdad de género—, además de ser una prioridad horizontal, forma parte de la prioridad sectorial específica vinculada con la participación social, el desarrollo institucional y el buen gobierno. Esta aproximación, ligada todavía a una visión MED, se refleja en la referencia a "la integración de la mujer" como parte de esta prioridad sectorial (Ministerio de Asuntos Exteriores, 2000: 26).

El informe de pares del CAD 1999-2001 reconoce los avances que introduce el I Plan Director en materia de igualdad, así como la labor de la Unidad de Género de la AECI; sin embargo, insta a profundizar en la transversalidad ampliando el análisis de género en sus documentos de planificación estratégica por países y a través de la mejora de las capacidades de su personal y el apoyo especializado, tanto en la AECI como en otros actores. El informe de evaluación también insiste en la importancia de transversalizar género en otros instrumentos de la CE, especialmente, en los créditos FAD o Fondos de Ayuda al Desarrollo (Ministerio de Asuntos Exteriores, 2003).

A partir de 2000, la CE fue incorporando progresivamente personal especializado en género, incluidas pasantes y egresadas del componente de formación del programa "Mujeres y Desarrollo"[58], y fue avanzando en el reconocimiento transversal del en-

58. No obstante, la absorción por parte de la AECID de las expertas formadas en el marco del programa ha sido limitado. El análisis desde 2007 hasta 2015 revela que solo siete egresadas han formado parte de su personal como responsables de

foque GED[59]. La voluntad política de las coordinadoras y coordinadores de OTC resultó decisiva en este proceso de avance en la institucionalización de género (MAEC, 2007a; SGCID, 2017). No obstante, como señala Cirujano (2005), las iniciativas en género se pusieron en marcha gracias al "interés y esfuerzo individual de personas concienciadas y activistas por la igualdad de género"; iniciativas "que luego se presentan por las instituciones y sus responsables como integradoras de una estrategia o enfoque de género institucionalizado inexistente" (p. 146).

Desde el cambio de siglo, también se comienza a promover la elaboración de una Estrategia de la Cooperación Española para la promoción de la igualdad de oportunidades entre mujeres y hombres (Alcalde y López, 2004), que finaliza en 2004, aunque no llega a ser aplicada (MAEC, 2007a). El Plan Estratégico incluía un diagnóstico sobre el estado de la cuestión de género en la CE, que reflejó el escaso interés político y el débil conocimiento técnico de su personal en la materia, así como la falta de recursos humanos y financieros específicos, y la dependencia de los avances en género a la voluntad del personal más comprometido con la igualdad (Cirujano, 2005).

En 2004, el equipo encargado del diseño del Plan también elaboró una Guía práctica para la integración de la igualdad entre mujeres y hombres en los proyectos de la Cooperación Española, destinada al personal técnico de la CE (Ministerio de Asuntos Exteriores, 2004), que fue uno de los primeros instrumentos orientados a favorecer la transversalización de género. En el marco de estas líneas de trabajo, en 2003 se realiza el primer encuentro

programa o de proyecto. Así mismo, ninguna egresada ha sido parte del personal con funciones en materia de género en la sede de AECID. A pesar de este bajo impacto cuantitativo, sí se considera decisiva la actuación de las egresadas en momentos clave del proceso de institucionalización de género en la CE (SGCID, 2017). Por otro lado, la labor realizada por las pasantes durante la fase práctica del proceso de formación contribuyó a poner en marcha iniciativas de transversalización que, si bien, como señala Cirujano (2005), no pueden entenderse en el marco de un proceso de institucionalización, pues se trató de recursos eventuales y no estructurales que el sistema no ha sabido integrar.

59. La primera área de género se crea en la OTC de Guatemala en 1997 y se convierte en una experiencia piloto que será replicada "en República Dominicana, Nicaragua, Honduras, Perú y, posteriormente, El Salvador, Marruecos y Territorios Palestinos" (MAEC, 2007a: 23).

sobre género de la AECI en Centroamérica y el Caribe, impulsado por las expertas de género en las OTC de la región. El encuentro celebrado en Managua (Nicaragua) constituyó un hito en el proceso de institucionalización de género en la CE porque congregó a un importante número de expertas que confluyeron en ese momento, y porque se conformó en un espacio de intercambio de experiencias, de debate y de reflexión conjunta[60] (Cirujano, 2005; MAEC, 2007a) que contribuiría a potenciar las actuaciones en género[61].

En 2003 el Instituto de la Mujer lleva a cabo una evaluación intermedia del programa "Mujer y Desarrollo" (Instituto de la Mujer, 2004), que revela importantes debilidades en la incorporación del enfoque GED en los proyectos de la CE. Con base en estas recomendaciones, el Instituto introduce herramientas metodológicas que contribuyeron a estandarizar la valoración por parte de las OTC en su convocatoria de proyectos, y a fortalecer las capacidades del personal técnico en transversalización de género. Este impacto, sin embargo, "quedó restringido a las responsables de género, que eran quienes en la práctica concentraban el total de las actividades en relación a la Convocatoria" (SGCID, 2017: 129).

EL TRÁNSITO AL ENFOQUE GED EN LA COOPERACIÓN ESPAÑOLA

Con el II Plan Director de la CE 2005-2008 desaparece la brecha existente entre las políticas de igualdad y la política de cooperación

60. Los resultados del debate se plasmaron en tres puntos: "la necesidad de sistematizar experiencias e intercambiar información dentro de la Cooperación Española", "la necesidad de integrar el enfoque de género en el proceso de planificación" y "la necesidad de asignar recursos específicos" (Cirujano, 2005: 146).

61. En 2006 se llevó a cabo un tercer encuentro en el que se realizó junto con el Sistema de Integración Centroamericano (SICA) una identificación del primer Programa Regional de Género en Centroamérica, con el objetivo de "mejorar la inclusión de la agenda de género en el proceso de integración regional y en las políticas públicas para la equidad de género en la región" (MAEC, 2007a: 23). La línea de género impulsó la integración del Consejo de Ministras de la Mujer de Centroamérica (COMMCA), la creación de una Secretaría Técnica específica, la alianza con entidades como UNIFEM, INSTRAW o PNUD, y la formación para el personal del SICA y para instituciones de los países centroamericanos (AECID, 2014a).

en cuanto al reconocimiento e incorporación del enfoque GED[62]. El nuevo Plan Director, que refuerza el compromiso con la lucha contra la pobreza y enfatiza la importancia de los enfoques transversales, "plantea un antes y un después" en la incorporación del enfoque GED (MAEC, 2007a: 24). El II Plan Director considera la igualdad de género tanto una prioridad horizontal como una prioridad sectorial; además, incluye el empoderamiento como un objetivo estratégico, así como a la salud sexual y reproductiva, como una línea estratégica en el sector salud (MAEC, 2005, 2007a).

El II Plan Director recoge el marco normativo internacional sobre la igualdad de género como una referencia y adopta explícitamente el enfoque GED como "la aproximación más adecuada para alcanzar la igualdad real en toda su amplitud y complejidad" (MAEC, 2005: 31). El Plan realiza un ejercicio de aclaración conceptual y define y explica las estrategias de *mainstreaming* de género y empoderamiento para el logro de la igualdad. Así mismo, identifica y estructura una serie de mecanismos destinados a fortalecer la integración de la perspectiva de género en la política de CE:

- Institucionalización e integración de la perspectiva de género con medidas destinadas a: i) la dotación de capacidades institucionales y técnicas; ii) la formación, sensibilización y difusión continua y evaluable a todos los actores de la CE; iii) la investigación e información contextualizada sobre las relaciones de género; iv) la incorporación de la perspectiva de género en los procesos de licitación pública, contratación y subvenciones; y en los documentos de planificación y comisiones mixtas; v) mejoras técnicas en el ciclo del proyecto, específicamente a través de indicadores de género y datos desagregados por sexo; y vi) gestión y difusión del conocimiento y coordinación, mediante la sistematización, revisión y actualización de recursos y

62. Este fortalecimiento del compromiso por la igualdad también lo impulsó el liderazgo de España de la posición europea en los encuentros de Beijing +5 y ODM +5, y la aprobación del primer plan de acción de la UE para la igualdad de género (Carballo, López y Pajarín, 2019).

experiencias en coordinación con el Instituto de la Mujer, las Comunidades Autónomas (CCAA) y las OSC.
- Promoción del diálogo político sobre temas de género, con los países socios, con las OSC y grupos de mujeres y mediante la participación de España en los foros internacionales en materia de igualdad de género.
- Coordinación y cooperación entre los distintos actores de la CE, tanto entre la AECI y las OTC como entre el Instituto de la Mujer y las OSC.

El II Plan Director introduce referencias a la igualdad de género en los diferentes sectores prioritarios de intervención, entre los que se incluye, además, el sector género. El sector género recoge las siguientes líneas estratégicas: a) Promoción de una mayor representación de las mujeres y participación paritaria en todos los espacios sociales y políticos; b) fortalecimiento de las políticas y mecanismos nacionales de igualdad de género; c) mejora de las oportunidades de las mujeres en el ámbito económico; y d) formación en valores ciudadanos (MAEC, 2005: 68).

Las actuaciones prioritarias en que se concretan estas líneas estratégicas eran de amplio alcance, incluyendo el apoyo a las organizaciones de mujeres, la realización de mejoras legislativas e institucionales —generales en materia de igualdad y específicas en violencia de género—, la defensa de los derechos laborales de las mujeres o la sensibilización y formación en igualdad a mujeres y hombres. Por otro lado, se incluyen acciones estratégicas de género en otros sectores, como, por ejemplo, la equidad educativa, la salud sexual y reproductiva, el acceso de las mujeres a la titularidad de la tierra y, en prevención de los conflictos y construcción de la paz, se apuesta por "promover la prevención y acabar con la violencia de género en los conflictos armados" (p. 70).

También se hace referencia de una manera muy general a la incorporación de la perspectiva de género en la acción humanitaria española, y en educación para el desarrollo se incluye la revisión de contenidos y metodologías en los textos escolares en relación "con el desarrollo y la equidad de género" (p. 101). Así mismo, en el marco presupuestario se recoge el "incremento en la asignación de los programas que aborden la equidad de género y el análisis de género con datos desagregados por sexo de las acciones emprendidas" (p. 122).

En 2005 se produce por tanto un cambio cualitativo en la prioridad que la CE otorga a la igualdad de género, alineándose con los compromisos internacionales en la materia. Este impulso se tradujo en un incremento de la AOD destinada al sector género y, también, en la ampliación y diversificación de los instrumentos de canalización de la ayuda: desde entonces, se incrementaron los programas bilaterales a instituciones públicas y, también, la ayuda canalizada a través de ONGD; así mismo, se produjo un aumento en la ayuda multibilateral y multilateral a organismos y fondos específicos de género, ampliándose la interlocución y colaboración con entidades especializadas en género y desarrollo. En 2005 también se crea el Grupo de Trabajo de Género del Consejo de Cooperación[63], orientado a facilitar la transversalización de género en la CE, como mecanismos de coordinación de actores en la materia y con vocación de posicionar el género al interior del Consejo (SGCID, 2017; Tomás, 2010).

El II Plan Director impulsa un proceso de planificación estratégica —sectorial, geográfica y anual— sin precedentes en la CE, en el que se trata de ir incorporando la perspectiva de género[64]. La consolidación de la igualdad de género en el II Plan Director conllevó importantes avances en el plano declarativo y estratégico,

63. Los Grupos de Trabajo del Consejo son parte de su estructura y "se establecen con un objetivo concreto y por un periodo determinado (normalmente el periodo de vigencia de un Plan Director" (Consejo de Cooperación al Desarrollo, 2020). La constitución del grupo estuvo ligada a la aprobación del II Plan Director, con el objetivo de "hacer recomendaciones en el proceso de elaboración de la Estrategia de Género en Desarrollo y realizar aportes para la transversalidad de género en el resto de estrategias sectoriales" (Consejo de Cooperación al Desarrollo, 2013: 2).

64. En materia de salud, uno de los sectores con una trayectoria destacada en la CE (Alonso, 2008), se destaca la herramienta de transversalización de género diseñada en el marco del programa VITA (Programa de Cooperación al Desarrollo en Salud en África), nacido en 2004 para fomentar la coordinación y complementariedad de la CE en el sector salud en África. Se trata de la Guía para programas y proyectos de salud sexual y reproductiva en África (Espinosa, 2005), que supone una buena práctica al articular una propuesta en torno a las estrategias de *mainstreaming* de género, de atención primaria de salud y de educación para la salud.

si bien el proceso de institucionalización se pone en marcha con importantes debilidades a nivel técnico y operativo: competencias del personal técnico en transversalización todavía insuficientes; falta de actualización de documentos internos (como formularios o formatos de términos de referencia) y falta de procedimientos de planificación, seguimiento y evaluación con enfoque de género; creciente número de puestos con funciones en materia de género en las OTC, aunque con dedicación compartida y con una presencia poco institucionalizada y planificada; ausencia de una Unidad de Género en la entonces AECI[65] que contribuyera a la coordinación y a la gestión y difusión del conocimiento en la materia; o falta de motivación y comprensión entre el personal sobre la transversalización de género, con la permanencia de un enfoque MED (Angulo y De Mendoza, 2006; MAEC, 2007a).

Un hito clave en el desarrollo de las políticas de igualdad en España fue la aprobación de la Ley Orgánica 3/2007, de 22 de marzo, para la igualdad efectiva de mujeres y hombres. La Ley de Igualdad incluía un interés específico por promover la transversalización de género en la política española de cooperación, y al interior de la propia administración competente. En este sentido, el art. 32 de la Ley 3/2007 mencionaba lo siguiente:

1. Todas las políticas, planes, documentos de planificación estratégica, tanto sectorial como geográfica, y herramientas de programación operativa de la cooperación española para el desarrollo, incluirán el principio de igualdad entre mujeres y hombres como un elemento sustancial en su agenda de prioridades, y recibirán un tratamiento de prioridad transversal y específica en sus contenidos, contemplando medidas concretas para el seguimiento y la evaluación de logros para la igualdad efectiva en la cooperación española al desarrollo.

65. Desde la desaparición de la Unidad de Género en 2001 del Gabinete Técnico, en este periodo la AECI cuenta con una funcionaria ubicada en la Subdirección General de Financiación Multilateral y Horizontal, con dedicación a tiempo parcial (Angulo y De Mendoza, 2006).

2. Además, se elaborará una Estrategia Sectorial de Igualdad entre mujeres y hombres para la cooperación española, que se actualizará periódicamente a partir de los logros y lecciones aprendidas en los procesos anteriores.
3. La Administración española planteará un proceso progresivo, a medio plazo, de integración efectiva del principio de igualdad y del enfoque de género en desarrollo (GED), en todos los niveles de su gestión, que haga posible y efectiva la aplicación de la Estrategia Sectorial de Igualdad entre mujeres y hombres, que contemple actuaciones específicas para alcanzar la transversalidad en las actuaciones de la cooperación española, y la promoción de medidas de acción positiva que favorezcan cambios significativos en la implantación del principio de igualdad, tanto dentro de la Administración como en el mandato de desarrollo de la propia cooperación española.

Siguiendo el mandato de la Ley de Igualdad y del II Plan Director, en 2007 se publica la *Estrategia de "Género en el Desarrollo" de la Cooperación Española* (MAEC, 2007a) (en adelante, Estrategia de Género), que se convierte en el instrumento clave de referencia para la transversalización de género en la CE. La elaboración de la Estrategia de Género sigue un proceso participativo en torno a diferentes grupos de trabajo, y a través de un sistema de consultas con diferentes actores de la CE: responsables de género de las OTC, Grupo de Género del Consejo de Cooperación, Grupo de Género y Desarrollo de la CONGDE, y personal experto en entidades académicas y ONGD (MAEC, 2007a).

La Estrategia adopta un enfoque de derechos y toma como referencia el marco normativo internacional y nacional en materia de derechos de las mujeres y la igualdad de género. Su marco de intervención se articula en torno a la promoción de: i) la igualdad formal, con cambios en las leyes discriminatorias y en función de los estándares internacionales de igualdad; ii) la igualdad real, a través de la puesta en marcha de políticas públicas con perspectiva de género; y iii) la participación y el empoderamiento de las mujeres. Estas tres líneas estratégicas se orientan al reconocimiento, la garantía y la protección de los derechos de las mujeres reconocidos como los objetivos específicos de la Estrategia.

El marco metodológico adopta un enfoque dual, con pautas de intervención para el *mainstreaming* de género en las políticas, las prácticas y la cultura organizacional; junto con medidas específicas de empoderamiento, que se configuran en un sector específico, denominado "sector género" (MAEC, 2007a). La Estrategia se alinea estrechamente con la Plataforma de Acción de Beijing, reconoce ampliamente el papel de las organizaciones de mujeres y feministas, y adopta los principios de la Agenda de la Eficacia (AECID, 2020).

La Estrategia de Género detalla "pautas para intervención en la aplicación efectiva del enfoque GED" (MAEC, 2007a: 85): 1) en la etapa declarativa, señala la importancia de la voluntad política para concretar la igualdad como una prioridad formal y real; 2) en la etapa de reafirmación de los compromisos y adecuación a los estándares internacionales; 3) en la etapa de redefinición teórico-conceptual, consolidando el enfoque GED; 4) en la etapa de planificación estratégica por cualquier instancia de gestión; 5) en la etapa de gestión, seguimiento y evaluación a través de acciones de fortalecimiento de competencias y sensibilización, avanzando en la institucionalización de género y en una cultura institucional igualitaria; y 6) en la coordinación, coherencia de políticas y armonización de actores a nivel nacional e internacional.

La Estrategia ofrece también orientaciones que contribuyen a cruzar la igualdad de género como prioridad horizontal, con otras prioridades horizontales de la CE —pobreza y derechos humanos, sostenibilidad ambiental y diversidad cultural—; así como con el resto de prioridades sectoriales, identificando interesantes líneas de trabajo intersectoriales. De manera complementaria, también ofrece líneas estratégicas y actuaciones prioritarias específicas por ámbito geográfico, diferenciando entre América Latina; Magreb, Oriente Medio y Próximo; África subsahariana; Asia y Pacífico; y países de Europa central y oriental. Finalmente, incluye recomendaciones muy generales para transversalizar la perspectiva de género en los instrumentos de gestión de la CE, tanto en al ámbito bilateral como multibilateral y multilateral; así como una recomendación sobre la necesidad de investigar sobre cómo transversalizar género en los nuevos instrumentos y modalidades de cooperación (enfoques sectoriales, apoyo presupuestario, fondos fiduciarios, fondos globales multidonante, programas globales, etc.) (MAEC, 2007a).

La Estrategia de Género introduce, por tanto, una base conceptual y normativa sólida para la transversalización de género en la CE, constituyéndose en un adecuado marco de referencia para el tránsito al enfoque GED. El documento presenta, sin embargo, debilidades estratégicas que pueden comprometer la efectividad del objetivo de transversalización. Angulo (2016) identifica las siguientes: i) debilidad en los diagnósticos sobre la situación de desigualdad y sobre la incorporación de la perspectiva de género en la CE, ya "que no ofrecen un juicio preciso de las dificultades y limitaciones encontradas que oriente las acciones para avanzar" (p. 48); ii) la cadena causal de resultados resulta débil e imprecisa, con unos objetivos excesivamente amplios y unas líneas estratégicas que no se vinculan con resultados de cambio concretos a nivel intermedio; iii) la falta de concreción y claridad en cuanto a la manera en que la estrategia de transversalidad contribuye a los objetivos; iv) la atención insuficiente a los factores de resistencia relacionados con los patrones culturales y simbólicos, o con el entorno político; y vi) la ausencia de un sistema de seguimiento y evaluación con indicadores y metas concretas, y con fuentes de verificación específicas y fiables.

El examen de pares del CAD de 2007 (MAEC y OCDE, 2008) aplaude el cambio de enfoque que introduce la Estrategia de Género, y reconoce el liderazgo de la CE en América Latina en materia de gobernanza y género. Por otro lado, a nivel operativo y estratégico, insiste en la necesidad de articular los esfuerzos individuales en estrategias regionales o nacionales más amplias que contribuyan a establecer vínculos sistemáticos entre las actuaciones en igualdad con otros procesos políticos. En este sentido, también enfatiza la importancia de fortalecer el seguimiento, la evaluación y el esfuerzo analítico sobre el trabajo desarrollado en terreno.

Por otro lado, en 2007 España es uno de los primeros países en aprobar un Plan Nacional de Acción de Mujeres, Paz y Seguridad, con el objetivo de implementar la Resolución 1.325 del Consejo de Seguridad de NNUU (2000a). En este proceso, la CE asume el compromiso de elaborar un plan específico en la materia para orientar la política de cooperación al desarrollo. En 2009 se publica el Plan de Acción "Mujeres y Construcción de Paz" de la Cooperación Española (MAEC, 2009b), que asume las bases conceptuales y metodológicas de la Estrategia de Género, adoptando una estrategia dual, con cuatro líneas de actuación destinadas a promover la igualdad de género e impulsar el empoderamiento de las mujeres en las actuaciones de construcción de paz de la CE:

1. El aumento de la participación de las mujeres en todos los niveles institucionales y procesos que conducen a la CP (prevención de conflictos violentos, gestión de crisis, operaciones humanitarias, negociación y toma de decisiones sobre la paz y reconstrucción posconflicto).
2. La integración transversal del enfoque de género en la corriente principal en la recogida de datos y sistemas de información de los organismos multilaterales, así como en la puesta en práctica de sus programas.
3. La formación para la construcción y el mantenimiento de la paz desde la perspectiva de género.
4. La protección de las mujeres ante situaciones de violencia, especialmente en los conflictos armados y en las situaciones posconflicto (MAEC, 2009b: 29).

El marco de referencia y de intervención propuesto por la Estrategia de Género es adoptado por el III Plan Director de la Cooperación Española 2009-2012, que también se alinea con los principios de la Agenda de la Eficacia (MAEC, 2009a). El III Plan Director incluye el "Enfoque de Género en Desarrollo. Igualdad de género y empoderamiento de las mujeres" como uno de sus diez enfoques y principios de la política de cooperación. El Plan mantiene una estrategia dual para el logro de igualdad, considerando "género en desarrollo" como una prioridad horizontal y transversal, y de manera paralela, proponiendo medidas de empoderamiento articuladas en torno al sector género. El documento identifica también puntos de confluencia entre "género en desarrollo" y el resto de prioridades horizontales, e introduce elementos de transversalización de género en los demás sectores prioritarios.

Sin embargo, a pesar de estos indudables avances, llama la atención que sea el ámbito de género el único que adopte los objetivos específicos, las líneas estratégicas y las actuaciones prioritarias de la Estrategia de Género. Esta asimilación del sector género con la Estrategia diluye su voluntad y capacidad de transversalidad al resto de sectores prioritarios y al conjunto de las actuaciones de la CE, acotando las iniciativas en materia de igualdad de género a un único sector específico. Así mismo, el documento omite términos como "patriarcado" o "machismo", que la Estrategia introdujo en la narrativa de la CE a la hora de hablar de las causas estructurales de las desigualdades, aunque sí incluye el concepto de "relaciones de poder".

Por otro lado, el Plan Director enfatiza la necesidad de trabajar procesos de institucionalización de género y formula líneas de intervención y actuaciones prioritarias orientadas específicamente a este fin. Entre estas actuaciones se destacan las siguientes: la creación de unidades específicas GED al más alto nivel, la dotación y especialización de los recursos humanos, la formación y sensibilización al personal, la sistematización y difusión de buenas prácticas, el desarrollo de investigaciones que favorezcan la transversalidad, la elaboración de una guía metodológica o la incorporación de la perspectiva de género en todos los procesos de planificación estratégica, y en todos los instrumentos y modalidades de ayuda[66].

66. Tanto la Estrategia de Género como el III Plan Director conceden un papel nuclear a la Agenda de la Eficacia. En este sentido, la Estrategia propone la creación a cago de la DGPOLDE de la Red GEDEA (Género en el Desarrollo y la Efectividad de la Ayuda) como un instrumento de coordinación y de gestión y transferencia del conocimiento en género y desarrollo. El III Plan Director incluye una línea específica destinada a la construcción progresiva de la Red. La Red GEDEA se conformó ubicada en la Oficina de Acción Solidaria y Cooperación de la Universidad

Vinculado al III Plan Director, y con el objetivo de avanzar en la coherencia entre el plano estratégico y operativo, en 2011 se aprueba el Plan de Actuación Sectorial (PAS) de Género y Desarrollo para el periodo 2011-2013. El proceso de elaboración del PAS contó con el levantamiento de un diagnóstico sectorial del periodo 2004-2008, y con talleres participativos con personal de todas las Unidades de la AECID, expertas de terreno, DGPOLDES y personal experto (AECID, 2011).

Con base en el marco conceptual de la Estrategia, el PAS traza siete líneas de trabajo estratégicas y dos de atención especial:

1. La participación política de las mujeres, con énfasis en el apoyo a los mecanismos nacionales de Igualdad, la mejora del acceso de las mujeres al sistema de justicia, el apoyo a las políticas de género a nivel local, con atención especial al fortalecimiento de las organizaciones de mujeres y colectivos feministas.
2. La lucha contra la Violencia de Género[67], fomentando la sensibilización y prevención, desarrollando redes de atención a las víctimas de violencia de género, desarrollando e implementando marcos legislativos que garanticen sus derechos y apoyando a las organizaciones de mujeres y colectivos feministas que trabajan en esta materia.
3. Los derechos sexuales y reproductivos, concentrándose en la protección y garantía de estos derechos, la salud sexual y reproductiva y el apoyo a las organizaciones de mujeres y colectivos feministas que trabajen en materia de identidad sexual y por la defensa de los derechos sexuales y reproductivos.
4. Mujer y Construcción de Paz, destacando el trabajo en el desarrollo de sistemas de alerta temprana, la protección y

Autónoma de Madrid, y preveía el desarrollo de instrumentos como debates, conversatorios, foros de discusión o grupos de trabajo. La Red puso en marcha iniciativas de gran interés, si bien no llegó a consolidarse y perdió actividad desde 2013.

67. La apuesta por la lucha contra la violencia de género es una novedad que incluye el III Plan Director (Angulo, 2018) y que el PAS recoge como prioridad.

acción humanitaria en conflictos y desastres, y la incorporación del enfoque de género a los procesos de justicia transicional, desarme, movilización y reinserción.
5. Los Derechos Económicos y Laborales de las Mujeres, con atención especial a las iniciativas productivas de las mujeres en el desarrollo rural, el uso, acceso y tenencia de los medios de producción por parte de las mujeres, los presupuestos sensibles al género a nivel nacional y local, el acceso a crédito de las mujeres, incluyendo aquellas que trabajan en la economía informal, y, en general, la garantía de la igualdad en el acceso, permanencia y promoción en el empleo (AECID, 2011: 4).

El PAS de género incluye además dos líneas estratégicas de fortalecimiento institucional:

6. La transversalización del enfoque de género, identificando acciones para garantizar la planificación y programación con enfoque de Género y para la inclusión del enfoque de género en las intervenciones de las diferentes Unidades de la AECID.
7. La institucionalización del enfoque de género, promoviendo la creación y/o fortalecimiento de unidades de género en las OTC, la formación y sensibilización de recursos humanos (sede y terreno) en género y desarrollo, la mejora del sistema de información y estadística del sector género y desarrollo, la promoción y creación de espacios de coordinación para la coherencia de género entre las diferentes unidades de la AECID y la inclusión del enfoque de género en la estrategias de Comunicación y Educación para el Desarrollo de la AECID (AECID, 2011: 5).

Finalmente, el PAS identifica dos líneas de atención especial, vinculadas con el sector educación y con la incorporación de la perspectiva de género en las iniciativas de cooperación cultural, universitaria y científica de la CE.

Por cada una de estas líneas estratégicas y líneas de atención especial se formulan recomendaciones prioritarias que incluyen la elaboración de estudios y líneas de base, la puesta en marcha de actividades específicas, la colaboración con determinados actores o la articulación de enfoques integrales de trabajo, sin una priorización ni secuencia causal definida. El documento tampoco recoge un cronograma o unos indicadores que contribuyan a su seguimiento y evaluación. Las líneas estratégicas de fortalecimiento institucional, por el contrario, sí se desglosan en actividades más concretas, vinculadas con la entidad responsable de su realización; no obstante, tampoco se planifican temporalmente, ni se cuantifican los recursos necesarios para ponerlas en marcha, ni cuentan con indicadores concretos de cumplimiento.

El PAS es ampliamente reconocido como un importante recurso para la transversalización y para la mejora de las capacidades en género del personal técnico, y se considera que "ha contribuido a la sensibilización y formación en la Agencia y [que] representa una herramienta de articulación con las direcciones geográficas y el resto de departamentos de la institución" (AECID, 2014a: 172). Cabe señalar, no obstante, que el PAS introduce de manera atenuada la narrativa feminista que fluye por la Estrategia de Género, ya que solo en dos ocasiones menciona las "desigualdades estructurales entre mujeres y hombres" (pp. 3 y 11); y en una sola ocasión la "división patriarcal entre los ámbitos de lo privado y lo público" (p. 19).

El diagnóstico que precedió a la elaboración del PAS incluía las siguientes recomendaciones para la institucionalización de género: incrementar el trabajo en género en acción humanitaria y en educación para el desarrollo; fortalecer los recursos humanos ante la alta demanda de asesoramiento técnico de las OTC; mejorar el sistema de información empleado para valorar el trabajo en género; mejorar la coordinación interna (entre las distintas Unidades de AECID) y externa (Grupo de Género del Consejo de Cooperación, movimiento feminista, instituciones públicas, etc.); potenciar la visibilidad de género en instrumentos como las Comisiones Mixtas; o mejorar las capacidades en transversalización de género (AECID, 2011).

El diagnóstico destacaba el gran incremento cuantitativo que había experimentado la AOD en materia de género entre 2004 y 2008, pasando de representar el 3,26% de la AOD bruta distribuible sectorialmente, al 8,68% en 2008. Esta importante apuesta por la igualdad había colocado a España en un puesto de liderazgo internacional en el sector género. Este aumento presupuestario se combinaba, además, con una diversificación de socios e instrumentos, muy orientada al ámbito multilateral, tanto en América Latina como en África (AECID, 2011).

La apuesta por un "multilateralismo activo, estratégico y eficaz" que anunciaban el II y el III Plan Director de la CE, así como las orientaciones del Plan Estratégico de Igualdad de Oportunidades 2008-2011 del Instituto de la Mujer —en torno a la consolidación de la imagen internacional de España como país líder en el desarrollo de políticas de igualdad—, confluyen para que la CE canalice este incremento de AOD a través de las organizaciones internacionales dedicadas a la igualdad de género. Así mismo, también se apuesta por una mayor presencia en los foros internacionales[68].

Este impulso a iniciativas multilaterales en el periodo expansivo de la CE tiene ejemplos destacables por su carácter simbólico y por su impacto notable. En este sentido, cabe mencionar el aporte decisivo de España a la creación de ONU Mujeres en 2010, siguiendo la estela de la colaboración previa con UNIFEM e INSTRAW[69]. Así mismo, con base a la colaboración desde 2006 en torno al programa "Ciudades Seguras Libres de Violencia Contra las Mujeres y las Niñas", en 2010 España contribuye en la puesta en marcha por ONU Mujeres y ONU Hábitat de la Iniciativa Global de Ciudades Seguras. España también estuvo presente en la creación

68. En 2010, por ejemplo, se celebra Beijing +15, coincidiendo con el periodo de presidencia española en la UE. España lideró la postura de la UE, también en los ODM +5, impulsando en su mandato la aprobación del primer Plan de Acción de la UE para la igualdad de género en el desarrollo 2010-2015 (Carballo *et al.*, 2019; MAEC, 2009b).

69. Con UNIFEM se "desarrolló un proyecto regional pionero en América Latina sobre presupuestos sensibles al género, e INSTRAW, con el que se apoyó el debate sobre economía de los cuidados y las cuentas satélite del aporte de las mujeres a la economía" (Carballo *et al.*, 2019: 116).

del Fondo Multidonante de Igualdad[70] de ONU Mujeres, dirigido al fortalecimiento sostenible de las organizaciones que promueven la igualdad de género y los derechos de las mujeres, incluyendo mecanismos nacionales de igualdad, grupos de parlamentarias, redes y organizaciones de mujeres[71]. También se destaca la colaboración con ONU Mujeres en el Fondo Fiduciario para la Violencia de Género; así como el apoyo al Fondo para el Logro de los Objetivos de Desarrollo del Milenio gestionado por PNUD[72], con una aportación para cubrir la ventanilla temática de género. España también ha colaborado, a través de diferentes marcos estratégicos de asociación, con el Fondo de Población de las Naciones Unidas (FNUAP)[73] en materia de derechos sexuales y reproductivos.

Otra iniciativa de gran relevancia ha sido el apoyo a la creación del Observatorio de Igualdad de Género en América Latina y el Caribe, en el marco del programa de cooperación técnica entre la AECID y la Comisión Económica para América Latina y el Caribe (CEPAL), iniciado en 2007, y que contaba con un componente destinado al desarrollo de indicadores de género a nivel regional[74]. El Observatorio ha sido ampliamente reconocido (AECID, 2009, 2014a; Carballo *et al.*, 2019; MAEC, 2013a; MAEC, 2015a) por su contribución a la generación y gestión de conocimiento en materia de género a nivel regional y en la potenciación de la gestión pública y de la gobernanza democrática desde la perspectiva de género:

70. Con una dotación de 50 millones de euros (Tomás, 2010).
71. Se estima que el Fondo ha beneficiado de forma directa a más de 10 millones de mujeres, niñas y niños en todo el mundo (Oxfam, 2018).
72. El Fondo ODM España-PNUD, con una financiación de 70 millones de euros, ha permitido que más de 1,6 millones de niños y niñas y 800.000 madres mejoren su nutrición, que más de 540.000 personas tengan acceso a agua potable y que más de 630.000 niñas y mujeres hayan logrado acceso a servicios de protección y prevención de la violencia (Oxfam, 2018).
73. Desde 2013 destaca el apoyo al Programa Global de aseguramiento de insumos de salud sexual y reproductiva; y desde 2015 al Programa de fortalecimiento de políticas de inclusión social, género y prevención de la violencia sexual para poblaciones en situación de vulnerabilidad, con énfasis en el ámbito de la discapacidad (Programa WE DECIDE) (AECID, 2020a).
74. El Observatorio recoge datos oficiales de los países de la región y configura una batería de indicadores de género, articulados en las categorías de anatomía económica, autonomía en la toma de decisiones, autonomía física e interrelación de autonomías.

El Observatorio [...] no solo nutrió el argumentario de los mecanismos para el adelanto de la mujer y visibilizó datos sobre género de manera fiable, sino que además trascendió las audiencias planteadas para nutrir también a los medios de comunicación y a la sociedad civil, lo que ha tenido el potencial de promover un clima de opinión favorable hacia los temas relacionados con la igualdad de género (MAEC, 2015a: 8).

En el marco de la Unión Africana, otra iniciativa multilateral destacada por la importante contribución española[75], ha sido el Fondo España-Nueva Asociación para el Desarrollo de África (NEPAD por sus siglas en inglés)[76] para el empoderamiento de mujeres africanas, especialmente, en la dimensión económica. El Fondo España-NEPAD, a pesar de responder a una decidida apuesta política y estratégica por el impulso de las mujeres en los procesos de desarrollo en África, ha adolecido de importantes debilidades técnicas desde su creación. Así, por ejemplo, se puso en marcha sin contar con suficientes capacidades institucionales para su seguimiento, y en gran parte de sus planteamientos respondía a una visión más cercana al enfoque MED que al enfoque GED.

En el plano bilateral y regional también se impulsaron iniciativas específicas de género como el Programa de Cooperación Regional con Centroamérica[77], el Programa Regional de Género en el Sudeste Asiático[78] o la Red de Mujeres Africanas y Españolas

75. Dotado con 30 millones de euros (Tomás, 2010).
76. El Fondo pretende dar seguimiento a los compromisos de la Declaración de Maputo de 2006 y al Primer Encuentro de Mujeres por un Mundo Mejor. El Fondo financió dos convocatorias de proyectos dirigidas a la sociedad civil, organizaciones sociales africanas e instituciones públicas nacionales y regionales (AECID, 2020b).
77. Un resultado relevante del programa regional de género, surgido, como se ha mencionado, de los encuentros sobre género, fue el impulso de la integración del Consejo de Ministras de la Mujer de Centroamérica (COMMCA), en el marco del SICA, la creación de una Secretaría Técnica específica, la alianza con entidades como UNIFEM, INSTRAW o PNUD, o la formación en género para el personal del SICA y para instituciones de los países centroamericanos (AECID, 2014a).
78. Se trataba de una iniciativa modesta, canalizada vía ONGD, pero interesante por su planteamiento, al contemplar la realización de un diagnóstico de prioridades en materia de género en los países asiáticos socios de la CE, y de un diagnóstico sobe migración y participación política (AECID, 2009).

por un Mundo Mejor. Así mismo, también se pusieron en marcha importantes componentes de género en programas regionales como el Programa Regional Andino y el Programa MERCOSUR[79], y desde 2011, el Programa Masar[80], destinado a apoyar la gobernanza democrática en el norte de África y Oriente Próximo.

Una iniciativa destacada que se vincula con la generación y gestión del conocimiento fue la celebración de los Diálogos Consonantes celebrados entre 2008 y 2013 y promovidos por la Articulación Feminista Marcosur, con la participación del movimiento feminista latinoamericano y español, la CE y otras agencias de cooperación. Los Diálogos Consonantes constituyeron una iniciativa innovadora y conformaron un espacio único para el debate y la reflexión conjunta ente los diversos actores, impulsado por las organizaciones de mujeres, sobre la agenda feminista en la región y el impacto de la cooperación internacional (Carballo *et al.*, 2019). En esta línea de generación y gestión de conocimiento, se destaca la puesta en marcha del programa formativo "Mujer y Desarrollo", impulsado por el IMIO y que, desde 1998, se convierte en el Magíster en Género y Desarrollo como Título Propio de la Universidad Complutense de Madrid. El programa formativo fue una referencia a nivel nacional e internacional (SGCID, 2017) y contribuyó de manera decisiva a la formación de personal experto, catalizador de procesos de transversalización de género en la CE. Cabe mencionar, también, el Diplomado Centroamericano de Estudios de Género, apoyado por la CE desde su creación en 1997 y dirigido por la Fundación Guatemala y la Universidad Autónoma

79. En la línea de trabajo de género con MERCOSUR tienen relevancia los componentes de fortalecimiento institucional y la trata y el tráfico de mujeres con fines de explotación sexual (AECID, 2014a).
80. Carballo *et al.* (2018) realizan una sistematización de las acciones de género de la AECID en los países integrados en el Programa Masar, identificando líneas de actuación destinadas a la modificación de los marcos legislativos discriminatorios, la lucha contra la violencia de género, la participación política, el empoderamiento económico, los derechos sexuales y reproductivos, la migración, la educación o la agenda de mujeres, paz y seguridad. Cabe destacar la celebración en 2015 de las jornadas *El camino hacia la igualdad de género en el Norte de África y Oriente Próximo*, en las que se contó con la participación de 64 representantes de instituciones públicas y de la sociedad civil de Marruecos, Argelia, Túnez, Egipto, Mauritania, Líbano, Palestina y Siria.

Metropolitana de México (AECID, 2009, 2014a; Carballo *et al.*, 2018, 2019; Tomás, 2010).

Los programas bilaterales directos y en colaboración con las ONGD también se incrementaron en este periodo, orientándose principalmente al fortalecimiento de los mecanismos nacionales de igualdad, la defensa de los derechos sexuales y reproductivos, la promoción de la participación social y política de las mujeres, los derechos económicos y laborales, o la lucha contra la violencia de género (AECID, 2009, 2014a; Carballo *et al.*, 2019). En sintonía con la tendencia de la CE, y siguiendo la estela del programa "Mujer y Desarrollo"[81], en materia de género se produce también una concentración geográfica en América Latina, donde se considera que España ha ejercido un liderazgo en la promoción de la igualdad de género. También se destaca el volumen de iniciativas implementadas en África, así como la evolución creciente en Asia (AECID, 2011).

El avance político y estratégico que supuso la Estrategia de Género inspiró la puesta en marcha de ejercicios de planificaciones estratégicas de género en las OTC[82], así como de sistematización y evaluaciones de las acciones en género, como las realizadas en Nicaragua (González y Sánchez, 2007) o Colombia (Del Barrio, 2010). Esas primeras evaluaciones, además de enfatizar los avances realizados, ya referían debilidades clave como la falta de una

81. La trayectoria de línea de financiación de proyectos del programa "Mujer y Desarrollo" permitió percibir a la AECID como una aliada en la agenda de género de la región y contribuyó al establecimiento de alianzas entre el movimiento feminista latinoamericano y las ONGD españolas. El programa fue pionero al focalizarse en el fortalecimiento de las organizaciones de mujeres y en promover estrategias de empoderamiento. No obstante, la línea finalizó en 2010, y los instrumentos bilaterales de AECID, a pesar de contar con las organizaciones de mujeres como contraparte, no incluyeron estas dos características de manera sistemática. Así mismo, tampoco se produjeron sinergias entre el programa y otras intervenciones bilaterales de la CE (SGCID, 2017).

82. Se destaca la elaboración de estrategias de género por parte de las OTC (Carballo *et al.*, 2019). Como ejemplos paradigmáticos, puede distinguirse la elaboración de las primeras estrategias y planes de acción en 2003 en los programas de la OTC de El Salvador; la formulación en 2008 en la OTC de Colombia de su Estrategia de Igualdad de Género 2008-2011; el Plan de Acción de Género 2009-2012 en la OTC de Nicaragua; el Plan de Acción de Género en Desarrollo de la Cooperación Española en Ecuador (2011-2014); la creación de la Mesa Sectorial de Género o el Plan de Acción en Género y Desarrollo (2012-2015) en la OTC de Bolivia.

estructura dotada y consolidada en las OTC, la ausencia de una dinámica de sistematización, seguimiento y evaluación, o la débil transversalización de género en otros proyectos no acotados al sector género.

Por otro lado, en materia de la arquitectura institucional, se crea en 2008 y en el marco de la reforma de la AECID la Dirección de Cooperación Sectorial y Multilateral, de la que dependía el Departamento de Cooperación Sectorial y de Género y la Unidad de Género[83] (AECID, 2014a; Tomás, 2010).

Un instrumento clave para la transversalización de género fue la creación en 2011 de una red de expertas y expertos de género en las OTC, como parte de las Redes de Expertos Sectoriales, impulsadas por el Departamento de Cooperación Sectorial con el objetivo de mejorar la calidad de las intervenciones desde la perspectiva de género (Jiménez, 2016; SGCID, 2017). Desde 2011 se promueve por tanto un trabajo de coordinación interna más sistemática en AECID, pero también a nivel de coordinación externa con SGCID, el Instituto de la Mujer y otros actores de la CE —que se concreta en la definición de un posicionamiento común en los foros internaciones—; sin olvidar el grupo de expertas de género de la Dirección General de Cooperación Internacional y Desarrollo de la Comisión Europea (DG DEVCO por sus siglas en inglés) (SGCID, 2017). Por otro lado, en materia de gestión de recursos humanos, desde 2008, la AECID ha implantado un programa de teletrabajo en sede para favorecer la conciliación, que cuenta con un cupo especial por embarazo y lactancia de concesión automática[84].

A nivel de herramientas técnicas, en este periodo se inicia un proceso de revisión de los procedimientos e instrumentos de planificación y de gestión interna, y de diseño de herramientas específicas para la transversalización de género. Así, por ejemplo, en 2011 se diseñan las directrices para la integración del enfoque

83. La Unidad de Género se reactiva en 2007 y se fortalece en este periodo, llegando a estar conformada por dos personas dedicadas a tiempo completo, que contaban con apoyos a través de asistencias técnicas.

84. En 2019 trabajaron en la modalidad de teletrabajo un total de 63 personas. Un cuestionario de satisfacción y un informe reciente revelan una alta valoración del programa por parte del personal.

de género en el desarrollo de los MAP, cuyos lineamientos siguen las directrices de la Estrategia de Género (Angulo, 2016; Jiménez, 2016). La metodología de elaboración de los MAP se revisa en 2013 y las nuevas orientaciones tratan de incorporar la perspectiva de género en todas las fases del proceso de elaboración. Con esta intención, se indica la necesidad de desagregar datos por sexo y de contar con análisis de género, de incluir a expertas en género en la composición del Grupo Estable de Coordinación sobre el terreno, de tener en cuenta la legislación sobre derechos de las mujeres en el país, así como la participación de organizaciones gubernamentales o no gubernamentales especializadas en género, o de formular indicadores que tengan en cuenta el impacto de género. En el proceso de planificación estratégica se enfatiza la importancia de atender a los asuntos de género, indicando que "será necesario tener en cuenta la importante ventaja comparativa de España en la promoción de la igualdad de género en ámbitos internacionales y regionales, considerándose un valor añadido fundamental para la CE" (MAEC, 2015b: 35).

En este periodo también se incluyen recomendaciones para la transversalización de género en el Manual de instrucciones para valorar proyectos y en el Manual de instrucciones para cumplimentar los proyectos *online*; así mismo, se diseñan *check list* de género para las evaluaciones *ex ante*; se adaptan los formularios de formulación y seguimiento de las convocatorias; y se publican materiales pedagógicos relacionados con la incorporación de la perspectiva de género[85] (Jiménez, 2016).

El examen de pares del CAD de 2011 (MAEC y OCDE, 2011) reconocía el rápido crecimiento de la cuantía de la ayuda que había convertido a España en el séptimo mayor donante del CAD en este periodo. Así mismo, consideraba que España se había constituido en una referencia en materia de igualdad de género y elogiaba las significativas contribuciones al sector, así como los avances técnicos y estratégicos realizados. También reconocía la considerable

85. Junto con la Guía de 2004 (Alcalde y López, 2004) y la Guía Vita (Espinosa, 2005), ya mencionadas, puede destacarse *Mainstreaming gender into cycle management in the fisheries sector* (Arenas y Lentisco, 2011).

capacidad en género de la AECID, DGPOLDE y OTC. Con todo, el informe también realizaba un llamamiento para mantener el compromiso y las aportaciones, e instaba a promover la transversalización de género efectiva en el resto de sectores, con voluntad y liderazgo político, y con los recursos económicos y capacidades humanas adecuadas. También llama la atención sobre la canalización de la ayuda destinada a género, señalando que las contribuciones bilaterales permanecían por debajo de la media del CAD.

El impacto de estos avances sobre la transversalización de la perspectiva de género en la cooperación bilateral canalizada a través de ONGD no resulta decisivo. Un estudio realizado sobre los proyectos financiados por AECID desde 2009 a 2010 en América Latina y África subsahariana (Jiménez, 2016) revela que la mayoría de los proyectos fueron ciegos al género y que solo un porcentaje muy pequeño (el 2,32%) presentaban una sensibilidad alta al respecto. Un importante resultado de la investigación es la falta de seguimiento y evaluación de los objetivos y resultados de género; es decir, mientras que en las fases de diseño y formulación la perspectiva de género estaba presente (al menos en la retórica), su presencia en las fases de seguimiento y evaluación era muy escasa. Esta falta de coherencia podría estar favorecida por una falta de exigencia por parte de AECID en relación a los resultados de género de las intervenciones.

En ese periodo se articuló por tanto un amplio consenso en torno al diagnóstico y a las líneas de mejora sobre las debilidades de la institucionalización de la perspectiva de género en la CE, así como sobre el carácter de las recomendaciones para seguir avanzando en el proceso (AECID, 2005, 2011; Angulo y De Mendoza, 2006; MAEC, 2007a, 2009a; MAEC y OCDE, 2008, 2011; San Miguel, 2009; Tomás, 2010). Así, por ejemplo, se reconocía la necesidad de seguir fortaleciendo y consolidando las capacidades institucionales y técnicas con personal experto en sede y en terreno y con formación en género de todo el personal; se detectaban debilidades en la concreción del mandato y de las directrices de género; se insistía en la importancia de la coordinación interna y externa con otras entidades de la CE; así como de fortalecer el seguimiento, la evaluación y el esfuerzo analítico sobre el trabajo desarrollado en terreno. También se reconocía la importancia de la difusión del conocimiento y el intercambio de aprendizajes y buenas prácticas; o la necesidad de potenciar la transversalización de género en el resto de sectores prioritarios para la CE, en la cooperación bilateral y, específicamente, en acción humanitaria y en la educación para el desarrollo.

El periodo expansivo de la CE, que coincide con las legislaturas socialistas, implicó sin duda un decisivo avance político y estratégico en la incorporación de la perspectiva de género, que también se tradujo en un incremento muy notable de recursos. Este impulso en el plano declarativo y en la cuantía de la ayuda "dejó pendiente una verdadera reforma de las estructuras, así como de los mecanismos de gestión y coordinación que permitieran la incorporación efectiva de un enfoque transformador de género en la cooperación española" (Espinosa y Gallardo, 2013: 44).

El inicio de la crisis económica afectó de manera contundente al proceso de institucionalización de género en la CE, ya que los ajustes económicos comenzaron justo en el momento de su expansión y antes de terminar de consolidarse en términos presupuestarios, de personal y de programas que podrían haber sido punteros. La ausencia de una estrategia sistemática y adecuada de institucionalización de la perspectiva de género, en un momento en el que confluyeron el impulso internacional, la voluntad política y los recursos económicos crecientes, fue una oportunidad perdida para la consolidación del trabajo en género como seña de identidad de la CE.

GÉNERO EN CRISIS EN LA POLÍTICA ESPAÑOLA DE COOPERACIÓN

La crisis económica de 2008 tuvo un impacto decisivo en la política española de cooperación internacional y, en concreto, los recortes afectaron de forma especial a las políticas de género. Así mismo, desde el cambio de Gobierno, también se produjeron modificaciones en los marcos interpretativos sobre la igualdad en la política de cooperación, con una regresión a visiones MED, que afectaron tanto al discurso como a la orientación práctica de las intervenciones.

En cuanto a la cuantía de la ayuda, cabe señalar que España sigue la metodología de clasificación de la AOD del CAD de la OCDE, en función de los Códigos de Reporte de la Ayuda (CRS por sus siglas en inglés), que clasifican las contribuciones por los sectores o los propósitos a los que se orienta. Según el sistema de códigos y subcódigos CRS, los códigos referidos a la igualdad de género serían el CRS 15170 (Organizaciones e instituciones de la igualdad de las mujeres[86]) y, desde 2016, también el CRS 15180 (Lucha contra la violencia hacia las mujeres y las niñas[87]), ambos CRS dentro del sector CAD 151 referido a gobierno y sociedad civil (Gobierno de España, 2019; AECID, 2015). Así mismo, la CE también ha venido computando como AOD destinada a la igualdad de género el sector CAD 130, referido a programas y políticas sobre población y salud reproductiva (AECID, 2015).

86. Referida a la "ayuda para las instituciones y las organizaciones (gubernamentales y no gubernamentales) que trabajan para la igualdad del género y el empoderamiento de las mujeres", según la descripción del código que indica el Gobierno de España.

87. Según la descripción del código es la referida al "apoyo a programas diseñados para prevenir y eliminar todas las formas de violencia contra las mujeres y niñas / violencia de género". La descripción del sector incluye diversas formas de violencia física, sexual y psicológica, no solo en el ámbito doméstico, sino, también, la violencia sexual, la ablación/mutilación genital femenina, el matrimonio infantil, los asesinatos de honor o la trata de mujeres y niñas, entre otras. Según la descripción, "las actividades de prevención pueden incluir esfuerzos para empoderar a las mujeres y las niñas; cambio de actitudes, normas y comportamientos; adoptar y promulgar reformas legales; y fortalecer la aplicación de leyes y políticas para poner fin a la violencia contra las mujeres y las niñas, mediante, entre otros, el fortalecimiento de la capacidad institucional".

GRÁFICO 1

AOD DESEMBOLSADA BRUTA* SECTORES GÉNERO (MILL. DE EUROS) (2002-2017)

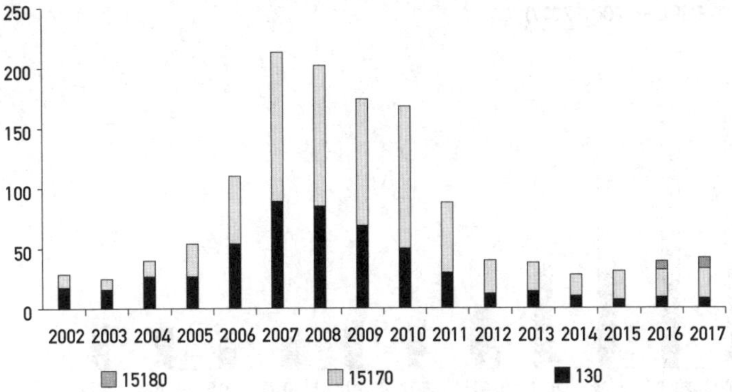

*La fuente de los datos de 2002 a 2006 no aclara si se trata de AOD bruta o neta.
Fuente: Elaboración propia a partir de MAEC (2007) para los datos de 2002 a 2006, e Info@od para los datos desde 2007.

Las contribuciones de AOD destinada a los sectores género sufren una importante caída a partir de 2010 y, de manera más contundente, desde 2011. Esta reducción se produce tanto en términos absolutos como en términos relativos, es decir, en relación al porcentaje de AOD destinada a los sectores género respecto al total de la ayuda.

GRÁFICO 2

PORCENTAJE DE AOD DESEMBOLSADA BRUTA* DESTINADA A SECTORES GÉNERO (2002-2017)

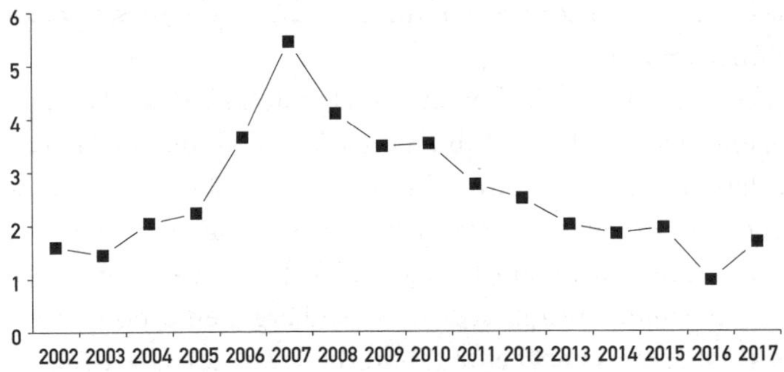

*La fuente de los datos de 2002 a 2006 no aclara si se trata de AOD bruta o neta.
Fuente: Elaboración propia a partir de MAEC (2007) para los datos de 2002 a 2006, e Info@od para los datos desde 2007.

GRÁFICO 3

AOD BILATERAL *VS.* MULTILATERAL Y MULTIBILATERAL DESEMBOLSADA BRUTA SECTORES GÉNERO (MILL. DE EUROS) (2007-2017)

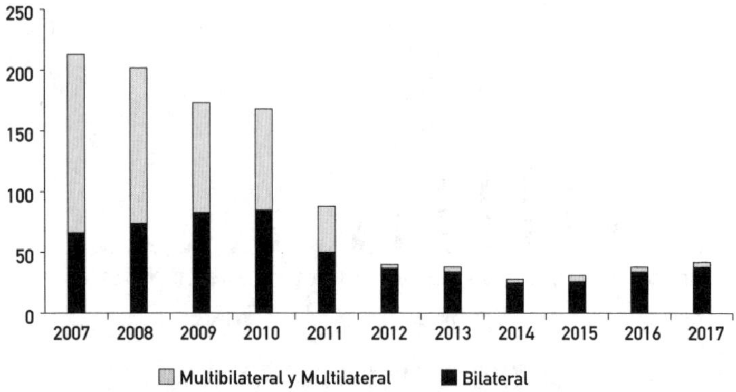

Fuente: Elaboración propia a partir de Info@od.

Como se ha mencionado, el crecimiento de los desembolsos a la igualdad de género durante el periodo expansivo de la CE se canalizó de manera muy considerable a través de contribuciones multilaterales y multibilaterales. Esa característica fue cuestionada por los exámenes de pares del CAD (MAEC y OCDE, 2008, 2011) como una vía adecuada para la consolidación de la perspectiva de género en el conjunto de la CE. Desde 2011, la cuantía de los fondos destinados a igualdad de género en la modalidad multilateral sufrió una caída drástica, pasando del pico de 147 millones de euros en 2007 a 38 millones en 2011 y menos de cuatro millones en 2012.

Esta reducción en la AOD multilateral y multibilateral a la igualdad de género se produce también en relación al total de la ayuda multilateral y multibilateral. Tal y como se ha mencionado, las contribuciones obligatorias a la UE y a los organismos financieros constituyeron prácticamente la totalidad de la CE en esta época de recortes (Intermón Oxfam, 2019); sin embargo, en estas contribuciones obligatorias el sector género no era prioritario. Así, si en 2007 el 6,58% del total de la AOD multilateral y multibilateral estuvo destinada a la igualdad de género, en 2012 se reduce al

0,42%, manteniendo, e incluso reduciendo, este bajo porcentaje en los años siguientes[88].

GRÁFICO 4

AOD MULTILATERAL Y MULTIBILATERAL DESEMBOLSADA BRUTA SECTORES GÉNERO (MILL. DE EUROS) (2007-2017)

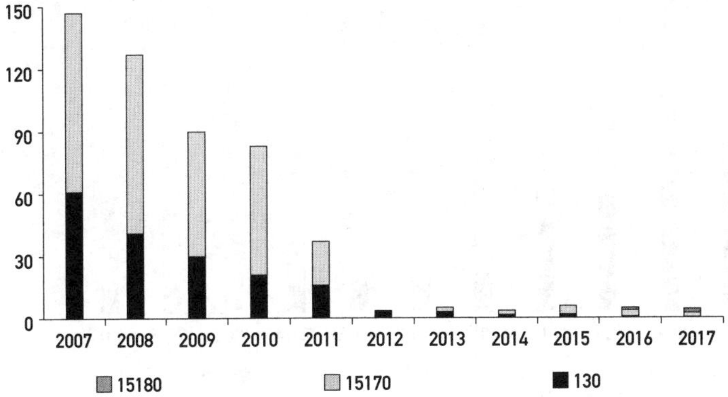

Fuente: Elaboración propia a partir de Info@od.

La ayuda bilateral sufre también una importante caída, si bien su reducción no resulta tan drástica en comparación con la canalizada a través de organismos internacionales. Se aprecia, incluso, cómo el porcentaje de intervenciones dirigidas a la igualdad de género, en relación al total de la AOD bilateral, experimenta un ligero incremento desde 2014.

En este contexto de crisis se vivió una paradoja en la CE, pues mientras seguía siendo reconocida como puntera en género a nivel internacional —un discurso reforzado en los discursos oficiales—, en la práctica se reducían los recursos económicos, técnicos y estructurales. Resulta también simbólico que en la reforma del Estatuto de AECID en 2012[89] se introduzca un cambio en la denominación del Departamento de Cooperación Sectorial y de Género,

88. Según cálculos propios realizados con los datos de Info@od, en 2013 es del 0,44%, en 2014 del 0,31%, en 2015 del 0,53%, en 2016 del 0,30% y en 2017 del 0,25%.
89. La última modificación del texto consolidado del Real Decreto 1403/2007 tiene fecha del 16 de octubre de 2012, accesible en https://www.boe.es/buscar/pdf/2007/BOE-A-2007-20275-consolidado.pdf.

que pasa a llamarse Departamento de Cooperación Sectorial, eliminando la mención al género.

GRÁFICO 5

AOD BILATERAL DESEMBOLSADA BRUTA SECTORES GÉNERO (MILL. DE EUROS) (2007-2017)

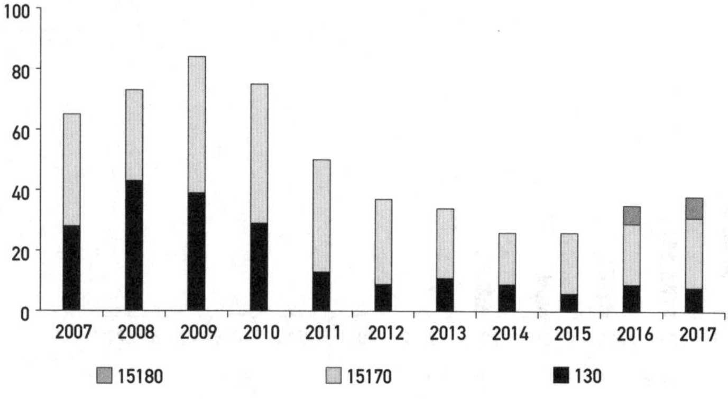

Fuente: Elaboración propia a partir de Info@od.

GRÁFICO 6

PORCENTAJE DEL TOTAL DE AOD BILATERAL DESEMBOLSADA BRUTA DESTINADA A SECTORES GÉNERO (2007-2017)

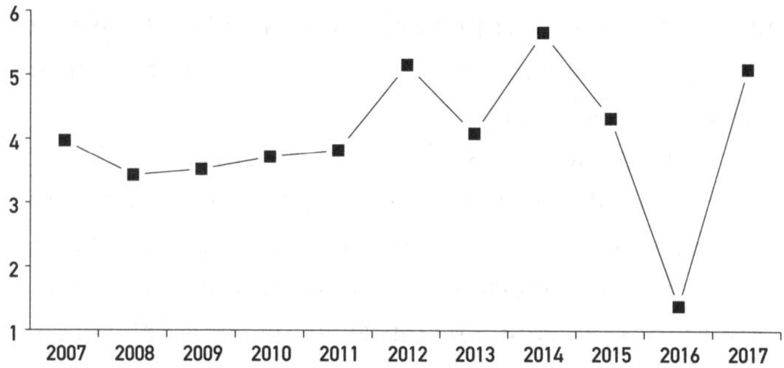

*El dato de 2016 es atípico porque incluye la condonación de deuda a Cuba, que representó el 74% del total (Larrú, 2019).
Fuente: Elaboración propia a partir de Info@od.

Con la crisis económica se produce, por tanto, una desatención a los compromisos en materia de género, que comienzan en legislatura socialista y que, como apunta Espinosa (2014), se acentúan en la práctica con el cambio de Gobierno:

[...] desde 2011, diferentes actuaciones del Gobierno popular reflejan un ataque directo al compromiso oficial con la equidad de género en el campo de la Cooperación. Así, por ejemplo, queda de manifiesto en el cierre de la oficina de ONU Mujeres en el Estado español a finales de 2012 y la no financiación de la Red de Mujeres Africanas y Españolas —donde participaban unas 1.500 personas y organizaciones de España y más de 50 países africanos—. Todo esto contradice el compromiso con la igualdad entre hombres y mujeres expresado por el presidente Mariano Rajoy en la 68º Asamblea General de Naciones Unidas en 2013 (p. 275).

El IV Plan Director de la Cooperación Española (2013-2016) mantiene la línea discursiva de los precedentes, identificando el "Enfoque de Género en Desarrollo. Igualdad de género y empoderamiento de las mujeres" como uno de los enfoques de la política de cooperación; así como la promoción de los derechos de las mujeres y la igualdad de género como una de sus ocho orientaciones (MAEC, 2013b). El documento reafirma los compromisos asumidos por la Estrategia de Género, el PAS de género y el Plan de Acción de Mujeres y Construcción de Paz, "con la finalidad de garantizar la continuidad y la consolidación del enfoque de género como seña de identidad de la Cooperación Española" (p. 48). Así mismo, anuncia que las líneas de acción promoverán el cumplimiento de los derechos de las mujeres y la transversalización del enfoque de género en todo el sistema de CE, "tanto en la consolidación de capacidades, el impulso de la coherencia de políticas y la armonización de actores; como en todo el ciclo de las intervenciones y ámbitos, incluyendo la planificación, ejecución, seguimiento y evaluación" (MAEC, 2013b: 48).

No obstante, a nivel estratégico, el IV Plan Director orienta las líneas específicas de actuación en materia de igualdad al cumplimiento de los derechos económicos, laborales, sociales y culturales (DESC) de las mujeres. Así, en materia de igualdad formal se decanta por la adecuación de los marcos normativos de los países socios a los estándares internacionales en materia de DESC y, en menor medida, a los "derechos sexuales y reproductivos y políticos, teniendo en cuenta las circunstancias de cada país" (p. 49).

En materia de igualdad real, se refiere a la promoción de políticas públicas de género y de cohesión social para el apoyo de la gobernabilidad, y también propone una línea de empoderamiento con medidas destinadas al fortalecimiento de las organizaciones "feministas y de mujeres de la sociedad civil", con un énfasis en la lucha contra todas las formas de violencia y discriminación contra la mujer. Referidas a este último punto, se incluyen casuísticas muy diversas, como la mutilación genital femenina, la trata y explotación sexual, pero también la discriminación y vulnerabilidad en la "economía de los cuidados, la situación de las trabajadoras del hogar, la economía informal y las mujeres en áreas rurales" (p. 49).

Llama la atención que, en relación con el Plan Director anterior, la línea de violencia de género salga del marco de la igualdad real y sea incluida en la línea de empoderamiento, lo que, en cierta medida, debilita el énfasis en el apoyo a las organizaciones de mujeres. También es relevante la incorporación del concepto de "economía de los cuidados", aunque se realiza de una manera descontextualizada conceptualmente y sin ninguna referencia práctica. En relación a la terminología empleada, cabe señalar que desaparecen del documento todas las referencias al marco conceptual de la teoría de género que introdujo la Estrategia. En este sentido, el Plan no realiza ninguna referencia al patriarcado, al machismo, a las relaciones de poder o a las causas estructurales de la desigualdad; sí se utiliza el concepto de feminismo una vez, al mencionar a las organizaciones de la sociedad civil que defienden los derechos de las mujeres.

En el resto de orientaciones estratégicas del IV Plan Director se hace alguna referencia a perspectiva de género, pero de una manera muy vaga y poco concreta, y también, con una orientación más vinculada al enfoque MED, buscando una mayor integración de las mujeres en las actividades económicas, como generadoras de crecimiento[90] (Espinosa, 2014). De manera complementaria, el

90. El IV Plan Director concede un mayor protagonismo a las empresas, pero no establece, sin embargo, un marco de actuación vinculado con los derechos humanos y la igualdad de género. Por otro lado, se aprecia una falta de compromiso con la igualdad en otras iniciativas de internacionalización de la empresa impulsadas en

IV Plan Director incluye un sistema de seguimiento en torno a un marco de resultados, donde la perspectiva de género solo es mencionada en relación a su incorporación en la revisión de la metodología de los MAP prevista, y en el documento de directrices sobre enfoque de resiliencia que se espera generar.

El *gap* percibido entre la retórica y la práctica se recoge en los informes anuales de evaluación de 2013 y 2014, en los que se indica que "sigue resultando difícil pasar de la teoría a la práctica" (MAEC, 2015c: 47). Esta brecha también se acentúa con el desmantelamiento de la estructura de género en la sede de AECID y en las OTC[91] (SGCID, 2017). Las debilidades en la transversalización efectiva del enfoque de género son puestas sobre la mesa con el documento sectorial "Perspectivas y recomendaciones del sector género en desarrollo" (AECID, 2014b). El documento, elaborado con el objetivo de actualizar el PAS de género y de reposicionar a nivel operativo la igualdad, alerta sobre el proceso de evaporización de género en la CE, indicando que

> el proceso de concentración geográfica y sectorial marcado en el IV Plan Director [...] está suponiendo una disminución importante de la prioridad de género como sector en los MAP sin que se haya visto reforzado por una estrategia de transversalización real en las intervenciones de AECID (AECID, 2014b: 3).

El documento sectorial retoma un lenguaje más transformador, enfatizando, por ejemplo, la importancia de atender a las

este periodo, como la Marca España (Espinosa y Gallardo, 2013).

91. El informe de evaluación del programa "Mujeres y Desarrollo" (SGCID, 2017) indica que, en el momento de realización del informe, la estructura de género en AECID estaba conformada por dos expertas con dedicación exclusiva a temas de género en Ecuador y Colombia; y con dos personas expertas en la Unidad de género (una de ellas laboral y en Bruselas con DG-DEVCO). También había una responsable de género (laboral) en la Oficina de Acción Humanitaria y dos expertas (funcionarias) en la Dirección de África y Asia, aunque solo una de ellas dedicada parcialmente a temas de género. Esta situación contrasta enormemente con el periodo 2005-2010, cuando se contaba con personal experto, no continuo, en las direcciones geográficas y en la Unidad de género, y el 64% de las OTC de América Latina y el Caribe contaban con una experta de género. Actualmente, los conocimientos y experiencia en materia de género son un elemento valorable en los procesos selectivos de personal.

causas estructurales de las desigualdades de género, o reconociendo todo el trabajo de fortalecimiento de las organizaciones de mujeres y feministas "como actores clave para el posicionamiento de la Igualdad de Género en los espacios, foros y agendas internacionales, promoviéndose la armonización y coherencia de políticas con los mecanismos de igualdad" (p. 16). El documento se apoya en un enfoque de derechos y se alinea con los avances que el proceso pos-2015 estaba implicando en materia de igualdad.

Así mismo, el documento sectorial se inspira en el II Plan de Acción en materia de género 2016-2020 en todas las acciones exteriores de la UE (GAP II por sus siglas en inglés)[92], que enfatiza la importancia de profundizar en medidas de institucionalización de género. En el momento de redacción del documento sectorial, el GAP II estaba en elaboración, pero ya contaba con un importante eje destinado al cambio de la cultura institucional en las relaciones exteriores de la UE. El objetivo de este eje era traducir en resultados reales los compromisos institucionales, fortalecer la información y el análisis desde la perspectiva en la programación, contar con recursos financieros y humanos adecuados, y mejorar la coordinación, coherencia y liderazgo.

El documento hace un análisis de la posición de la igualdad de género en la formulación de los nuevos MAP, y concluye que se ha producido una "invisibilización progresiva de género como sector prioritario y su sustitución por una mera transversalización formal del enfoque de género en la gran mayoría de los MAP (un 73% no ha incorporado de manera correcta la transversalización de género" (AECID, 2014b: 11). El documento indica que, de los 21 países prioritarios con MAP, solo seis han incluido la igualdad de género como una orientación estratégica (Guatemala, Colombia, Perú, Mali, Etiopía y Palestina), y con un alcance desigual[93].

92. El primer Plan de Acción en materia de género de la UE cubría el periodo 2010-2015.

93. El documento indica que, por ejemplo, en Guatemala, la línea de acción de violencia de género se ha incluido en el ámbito de la gobernabilidad; mientras que, en El Salvador, a pesar de no priorizar género como sector, sí incluye medidas transversales dirigidas a la igualdad de género (AECID, 2014b).

El documento sectorial trata de visibilizar las iniciativas más emblemáticas de la CE en materia de género, recogiendo las lecciones aprendidas, señalando "alertas" y recomendaciones específicas en materia de participación social y política, derechos económicos y laborales, derechos sexuales y reproductivos, lucha contra la violencia de género, y la transversalización del enfoque de género. Vinculado con este último punto, el documento incluye un apartado de recomendaciones concretas para el fortalecimiento institucional de la AECID en torno a los siguientes puntos: i) el fortalecimiento de la Red Sectorial de Género y la relación con la sede, con medidas dirigidas a visibilizar y legitimar institucionalmente su papel, a establecer un mandato de transversalización en los puestos de trabajo, o a diseñar un sistema de evaluación y rendición de cuentas; ii) la vinculación a los foros y redes regionales e internacionales; y iii) la gestión del conocimiento con la puesta en marcha de una Comunidad Temática de Género en el marco del Plan de transferencia CE en América Latina y el Caribe, *Intercoonecta*; o la consolidación de la Red de Conocimiento de Género.

En definitiva, el documento sectorial hace un llamamiento a no descuidar los avances conseguidos, a fortalecer la transversalización e institucionalización de género, y a "consolidar la igualdad de género como una seña de identidad de la CE", ampliamente reconocida (MAEC, 2014b: 3). Como muestra de este reconocimiento, cabe destacar la evaluación que la Comisión Europea realiza en 2015 sobre la ejecución del primer Plan de Acción en materia de género (2010-2015), y que contempla además la evaluación de Países Bajos y España como Estados miembros. La evaluación (European Commission, 2015) reconoce el liderazgo de España en la agenda de género, así como la efectividad de las herramientas técnicas de transversalización en programación y evaluación, que han trasladado el compromiso por la igualdad en "parte de su cultura organizacional" (p. 57).

Por otro lado, el examen de pares del CAD de 2016 (MAEC y OCDE, 2016) reconoce el liderazgo de España en materia de género y, en concreto, en la financiación a organizaciones de la sociedad civil y a programas y fondos multilaterales que priorizan la igualdad. No obstante, el informe también se hace eco de los recortes que se han producido a nivel de recursos humanos y financieros, y considera necesario mejorar los mecanismos de transversalización de género en terreno, fortaleciendo la sensibilización y capacidades de todo su personal, y asegurando el compromiso de su personal directivo.

Con el objetivo de contribuir a la transversalización, en 2015 se publica la *Guía AECID para la Transversalización del Enfoque de Género* (AECID, 2015), que resulta un instrumento de gran relevancia, reconocido por el personal como una herramienta útil y de fácil manejo. Una de las fortalezas de esta guía es su adaptación a las necesidades competenciales del personal técnico de la AECID, así como su vocación pedagógica, al utilizar un lenguaje accesible y claro, que no renuncia sin embargo a incorporar de manera profunda el marco conceptual clave de la teoría feminista. La guía ofrece pautas para incorporar la perspectiva de género en los procesos de planificación, pautas generales para las intervenciones de la AECID, pautas específicas por instrumentos de cooperación y procedimientos administrativos —incluidas, por ejemplo, las operaciones del Fondo del Agua o del Fondo para la Promoción del Desarrollo (FONPRODE)—, así como pautas específicas para acción humanitaria y educación para el desarrollo. Resulta también destacable el propio proceso de elaboración, ya que además de resultar ampliamente participativo a nivel interno, partió de un ejercicio de diagnóstico sobre iniciativas previas de transversalización que "puso de manifiesto la cantidad y calidad de los ejercicios desarrollados tanto en sede como en los países en ejecución" (AECID, 2015: 4).

En este periodo se mantiene la generación de manuales, documentos pedagógicos e investigaciones, entre los que pueden destacarse: *Caja de Herramientas para la Equidad de Género en Desarrollo de la Cooperación Española en Colombia* (AECID, 2013), *Diferentes aproximaciones para hacer una evaluación sensible al género y al enfoque basado en derechos humanos para el desarrollo* (Ligero et al., 2014), *Avanzando en la equidad de género en la gestión comunitaria del agua. Una práctica de planificación conjunta de las ONGD*

(Murguialday, 2014), *El uso transversal de la perspectiva de género en los proyectos de cooperación internacional para el desarrollo: una cuestión aún pendiente* (Jiménez, 2016) o *Acciones estratégicas en igualdad de género en el Norte de África y Oriente Medio: Avances legislativos en violencia contra las mujeres y derecho de familia* (Carballo *et al.*, 2018). La AECID cuenta además con un plan de formación en el que se incluyen cursos en materia de igualdad de género generales y específicos; también se realizan actividades de sensibilización y divulgación en días conmemorativos de los derechos de las mujeres (como el 8 de marzo o el 25 de noviembre); y desde 2012 cuenta con un protocolo de actuación en caso de acoso sexual y por razón de sexo.

También se destaca el impulso del enfoque de género en la política de evaluación de la SGCID y en el marco de gestión por resultados, generando un plan de trabajo y un programa de evaluaciones específicas de género (AECID 2014. 178). En esta línea de trabajo se enmarca la evaluación del programa "Mujer y Desarrollo" (SGCID, 2017), imprescindible para poder entender en perspectiva la trayectoria de la CE en materia de género. Otra iniciativa destacada, que contribuyó a la reflexión conjunta sobre los avances y desafíos de la CE en materia de género, fue la celebración en marzo de 2014 del Encuentro sobre Igualdad de Género en el marco de los 25 años de CE con América Latina y el Caribe (2014a). Las conclusiones del Encuentro insisten, entre otras, en la necesidad de seguir fortaleciendo las políticas públicas de igualdad en la región, así como el diálogo con el movimiento feminista para el posicionamiento de género en las agendas políticas; de potenciar el trabajo en nuevas masculinidades; avanzar en el abordaje integral de la violencia de género o la agenda de cuidados; enfatiza la importancia de la transversalización efectiva de la perspectiva de género con un mandato claro y un fortalecimiento de recursos y capacidades; y promueve el impulso de nuevos instrumentos como los "Fondos de mujeres" (AECID, 2014a: 183).

Como se ha mencionado, el proceso pos-2015, y finalmente, la Agenda 2030 y la formulación de los ODS supusieron una oportunidad para reposicionar la igualdad de género en el centro de la agenda de desarrollo[94]. En este marco, la participación española resultó activa en materia de género y el documento de posición española (MAEC, 2015d) manifiesta el "interés especial" de España en la promoción de la igualdad de género (p. 15). El documento identifica cuatro metas en el objetivo de igualdad vinculadas con: i) las políticas de igualdad (para la igualdad formal en relación al cumplimiento de los compromisos internacionales; para la igualdad real con el desarrollo de programas específicos; de fortalecimiento y acceso a la justicia; de empoderamiento de las mujeres con apoyo a las organizaciones feministas y de mujeres); ii) los derechos económicos de las mujeres (fortaleciendo el enfoque de género en las políticas económicas y fiscales, promoviendo la corresponsabilidad social de los cuidados; garantizando el acceso a recursos naturales y económicos); iii) la lucha contra la violencia (incluyendo la mutilación genital femenina, la trata y explotación sexual y feminicidio); y iv) la transparencia y la evaluación (con la construcción de mecanismos de gestión del conocimiento y evaluación desde la perspectiva de género). Así mismo formula indicadores concretos para cada una de estas metas[95].

A partir de 2015 las contribuciones de AOD comenzaron a incrementarse ligeramente y, también, las destinadas a los sectores género. En el periodo 2013-2018 se destaca el alto nivel de concentración de iniciativas, tanto bilaterales como multilaterales, en el ámbito de la lucha contra la violencia de género. En esta línea se encuentran las iniciativas en el acompañamiento a políticas de reformas legislativas nacionales y regionales (especialmente en el marco del Programa Masar y en África subsahariana), así como "en el ámbito global de los estándares impulsados por Naciones

94. Una iniciativa destacada fue la celebración en noviembre de 2015 en AECID del Seminario Internacional sobre "Economía, género y desarrollo: enfoques e iniciativas hacia la igualdad", que contó con la participación de personal académico y experto internacional, representantes del BM y de sociedad civil, con el objetivo de promover la reflexión en materia de economía y desarrollo en el marco de la Agenda 2030 (Pajarín y Leyra, 2016).

95. En 2018 se aprueba el Plan de Acción para la implementación de la Agenda 2030 (SECIPIC, 2018), que considera que la "igualdad de oportunidades" es una de sus nueve políticas palanca, es decir, "con capacidad de acelerar el cumplimiento de los ODS" (p. 130).

Unidas o en el ámbito de los servicios de atención a colectivos en situación de especial vulnerabilidad" (Gobierno de España, 2019: 57). Otra tendencia en el periodo es el incremento de recursos europeos gestionados por la AECID en la modalidad de cooperación delegada en materia de violencia de género. Por otro lado, iniciativas como el Fondo de Agua y el FONPRODE han iniciado el proceso de incorporar la perspectiva de género (Gobierno de España, 2019).

El V Plan Director de la CE 2018/2021 se alinea con la Agenda 2030 para el Desarrollo Sostenible, y como se ha mencionado, adopta los ODS como sus objetivos estratégicos, seleccionando algunas metas relativas a estos. En materia de igualdad de género, el V Plan la reconoce como un principio de actuación de la política de cooperación, y a la vez, como un elemento decisivo para la consecución del resto de ODS. El V Plan asume como reto "avanzar en la transversalización de las dimensiones de género, derechos humanos, sostenibilidad ambiental y diversidad cultural" (MAUC, 2018: 15). Junto con este enfoque transversal, el Plan adopta el ODS 5 como uno de sus Objetivos Estratégicos, y solo dos de sus metas como Objetivos Específicos, con las siguientes Líneas de Acción (LA) asociadas:

- Meta 5.2. Eliminar todas las formas de violencia contra las mujeres y niñas.
  - LA 5.2.A. Trabajar para garantizar que las mujeres víctimas de violencia de género estén amparadas por marcos integrales que protegen eficazmente sus derechos.
- Meta 5.5. Velar por la plena y efectiva participación de las mujeres y la igualdad de oportunidades.
  - LA 5.5.A. Apoyar un marco jurídico e institucional propicio para la incorporación de la igualdad de género en las políticas públicas y en la sociedad.
  - LA 5.5.B. Fomentar actuaciones dirigidas a que las mujeres refuercen su liderazgo y participación en los espacios de toma de decisiones en la vida pública.
  - LA 5.5.C. Potenciar el acceso de las mujeres a recursos económicos.

Cabe destacar que el Objetivo Estratégico 5 no incluye la Meta 5.6. del ODS 5 (Asegurar el acceso universal a la salud sexual y reproductiva y los derechos reproductivos), según lo acordado de conformidad con el Programa de Acción de la CIPD, la Plataforma de Acción de Beijing y los documentos finales de sus conferencias de examen. La mención a los temas de salud sexual y reproductiva se realiza, por el contrario, en el Objetivo Estratégico 3, vinculado al ODS3, y en concreto, en la LA 3.8.B (Reforzar el acceso a la salud sexual y reproductiva). Se trabajará para garantizar a la población, especialmente a mujeres y niñas, la atención a las necesidades específicas en la defensa y promoción de sus derechos y salud sexuales y reproductivos. En esta nueva formulación, se eliminan las referencias a los compromisos internacionales en materia de derechos sexuales y reproductivos. Por otro lado, cabe señalar que, de manera transversal, se incluyen menciones a la igualdad de género en otras LA.

El V Plan incluye una referencia a las causas estructurales de la desigualdad, pero no recoge ningún otro término de la narrativa feminista; por el contrario, sí adopta una mirada interseccional diversa, adoptando el principio de "no discriminación por razón de género, de orientación sexual y de identidad de género, así como por otras razones como la discapacidad" (p. 17). Así mismo, se indica que se fortalecerán las instituciones y organizaciones que promueven la igualdad y el empoderamiento de mujeres y niñas, pero en la descripción de las LA no se hace ninguna mención a las mismas.

Como se ha mencionado, el V Plan Director no contó con el apoyo de gran parte de los actores del sistema de cooperación español, por su falta de voluntad para recuperar el compromiso con la política de cooperación, su falta de ambición estratégica, la vaga articulación del enfoque de derechos humanos, la escasa atención al avance en la coherencia de políticas o el escaso peso del papel de la sociedad civil (Oxfam Intermón, 2018), y también el escaso alcance de la perspectiva de género (CONGDE, 2018), con una aproximación compartimentada que no da cuenta de la interdependencia de derechos ni de las causas estructurales de la desigualdad.

Esta evaporación del enfoque de género se traslada a los documentos de planificación. En este sentido, cabe señalar que en 2018 se vuelve a revisar la metodología de elaboración del MAP y, aunque se mantiene la mención a los enfoques transversales y se comparten recomendaciones de la versión de 2013, la estrategia de transversalización de género es más difusa y menos estructural. Un ejemplo de este cambio se aprecia en la importancia concedida a un instrumento clave para la transversalización como es el análisis de género. En la versión de 2013 se menciona en 13 ocasiones y se indica claramente que "se contará con datos desagregados por sexo y análisis de género, y en lo posible con datos que reflejen las diversidades sobre todo de raza-etnia y formas de discriminación" (MAEC, 2015b: 60). Sin embargo, en la versión de 2018 solo se menciona una vez el análisis de género, indicando que "es recomendable que los indicadores incorporen [...] datos desagregados con análisis de género y de diversidades en la medida de lo posible" (MAEC, 2018: 52). Formulaciones muy diferentes, por tanto, que muestran la posición estratégica y el alcance técnico en relación al enfoque de género.

Los MAP de nueva generación —Cuba (2019-2022), Ecuador (2019-2023), Perú (2019-2022), República Dominicana (2019-2022) y Senegal (2019-2023)— incluyen de manera desigual la perspectiva de género, con un gran peso de la lucha contra la violencia de género. Destaca la aproximación de la República Dominicana, con la formulación de un resultado de desarrollo específico integral que aterriza en cuatro resultados intermedios concretos que articulan una apuesta interesante en torno al trabajo con distintas titularidades[96]. Esta visión integral está fundamentada en la experiencia y capacidades en género con las que cuenta la OTC, lo que resulta un factor decisivo en la formulación de aproximaciones transformadoras desde la perspectiva de género.

La presencia de personal experto en la Oficina de Acción Humanitaria de la AECID, y la voluntad directiva, también han

96. Cabe señalar que la OTC de la República Dominicana apuesta por acciones bilaterales directas en materia de prevención de todas las formas de violencia contra las mujeres y niñas, y la trata interna con fines de explotación sexual y laboral.

resultado clave para el avance en la incorporación de la perspectiva de género en la acción humanitaria española. Esta apuesta ha quedado recogida en la nueva Estrategia de Acción Humanitaria de la CE 2019-2026 (EAH), que transversaliza el enfoque de género, edad y diversidad en sus Líneas Estratégicas; y que, además, formula un resultado específico de género en la Línea Estratégica 1, destinada a la promoción de los principios humanitarios y otros marcos normativos de protección:

> Consolidada la incorporación efectiva del enfoque de género, edad y diversidad en la AHE y de los derechos de las mujeres, niñas y adolescentes y el liderazgo en esta materia. Al final del periodo de la Estrategia se consolida una agenda feminista y transformadora en la AHE (MAUC, 2019a: 31).

Entre las acciones prioritarias que contempla el resultado se encuentra la generación de una "política interinstitucional feminista" en torno a los ejes de "igualdad/empoderamiento y violencia sexual y de género en contextos humanitarios"; así como "asegurar que las ONG y las administraciones públicas cuenten con especialistas en género y diversidad para el despliegue rápido en emergencias" que garanticen la transversalidad de género en la respuesta (p. 31). Esta apuesta decidida se alinea con los compromisos asumidos en la Cumbre Mundial humanitaria, la iniciativa *Call to Action on Protection from GBV in Emergencies*, y con las directrices y herramientas de trabajo del Comité Permanente entre Organismos (IASC por sus siglas en inglés) de la Oficina de la ONU para la Coordinación de Asuntos Humanitarios (OCHA por sus siglas en inglés) y de la Dirección General de Protección Civil y Ayuda Humanitaria de la Comisión Europea (ECHO).

Además, de la nueva EAH 2019-2026, los documentos de planificación bianual en los contextos de actuación prioritaria (crisis Siria e Irak, Sahel, Palestina, población refugiada saharaui y América Latina y Caribe) "establecen que se promoverá que los proyectos humanitarios aseguren que mujeres, hombres, niñas y niños se beneficien por igual de todos los servicios, recursos y medidas de protección" (Gobierno de España, 2019: 12).

Cabe destacar también que en 2017 se puso en marcha una convocatoria específica para proyectos de acción humanitaria, cuya prioridad se focalizaba en intervenciones orientadas a población en situaciones de mayor vulnerabilidad y, en concreto, hacia mujeres y niñas. El instrumento para valorar el grado de transversalización de género en dichas iniciativas es el marcador de género y edad de ECHO (Gobierno de España, 2019). Según información ofrecida por AECID, se considera que al menos el 28% de las acciones humanitarias incorporaban en 2018, fuertemente o hasta cierto punto, integrados género y edad, de acuerdo con las metodologías IASC o ECHO.

En relación a la agenda de mujeres, paz y seguridad, en 2017 se aprueba el II Plan Nacional de Acción "Mujeres, Paz y Seguridad"[97], que resulta poco ambicioso en relación al nivel de compromiso y a la definición de metas y presupuestos concretos (Solanas, 2017). Con estas debilidades de fondo, y con el objetivo de contribuir a la aplicación del II Plan, en 2019 se publica el documento *Mujeres, Paz y Seguridad: por una agenda eficaz y sostenida*, con un enfoque más práctico y concreto (Ministerio de la Presidencia, Relaciones con las Cortes e Igualdad, 2019a).

Esta iniciativa se enmarca en la decidida apuesta por incorporar el principio de igualdad y no discriminación, desde la perspectiva de género, en la política exterior española. En seguimiento a la Ley 2/2014, de 25 de marzo, de la Acción y Servicio Exterior del Estado, que se refería a la igualdad de género como uno de los ámbitos de la acción exterior del Estado; y en alineación con la normativa nacional e internacional en materia de igualdad, el MAUC se propone potenciar las líneas de trabajo en género, así como explorar su incorporación en otros ámbitos como la política migratoria, comercial o de seguridad. Consciente de que las "dimensiones interna y externa se encuentran estrechamente relacionadas" (MAUC, 2019b: 4), el MAUC se propone también poner en marcha medidas internas

97. Aprobación por Resolución de 1 de septiembre de 2017, de la Secretaría de Estado de Asuntos Exteriores, por la que se publica el II Plan Nacional de Acción "Mujeres, Paz y Seguridad".

de igualdad, conciliación y fomento del liderazgo de las profesionales.

Este impulso a través de instrumentos específicos como los planes de igualdad resultan esenciales para la promoción de cambios institucionales decisivos para la igualdad. En esta línea de trabajo se encuentra también la AECID, ya que, en seguimiento de la Ley de Igualdad, la entidad está impulsando la generación de un plan de igualdad[98], lo que constituye un paso ineludible para la generación de acciones efectivamente transformadoras en la política de cooperación.

GRÁFICO 7

PORCENTAJE DE PROYECTOS O CONVENIOS* QUE EN SU TÍTULO INCLUYEN LAS PALABRAS 'MUJER', 'GÉNERO' O 'SEXUAL' (AÑO DE ADJUDICACIÓN)

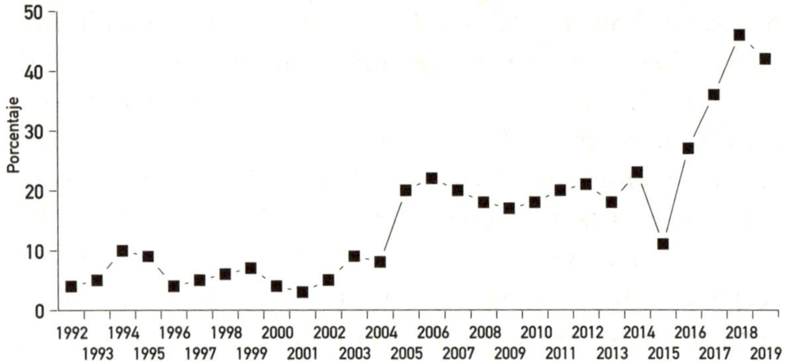

*No se incluyen las ayudas de la Convocatoria Abierta y Permanente ni las Acciones de Innovación y Acción Humanitaria.
Fuente: Elaboración propia a partir del listado histórico de proyectos financiados de AECID.

Esta apuesta en la narrativa de la CE por la igualdad como factor de valor añadido y seña de identidad de la política española de cooperación se traslada también a la terminología que se utiliza en

98. En 2020 el personal de la AECID, tanto en sede como en terreno, está conformado por un 67% de mujeres. Las mujeres representan el 70% del personal funcionario y el 57% del personal laboral de sede; y son también mayoría entre los puestos de mayor categoría (el 93% en el nivel 30 de la escala funcionarial, y el 70% en el grupo 1 laboral). En el exterior, sin embargo, las mujeres representan el 46% del total del personal, y su presencia entre el personal directivo es solo del 30%; por el contrario, son mayoría entre el personal responsable de proyectos, con una presencia del 65%.

la formulación de proyectos. Un análisis de los proyectos financiados por la CE desde 1992 a 2019, teniendo en cuenta la utilización de las palabras "mujeres", "género" o "sexual" en su título, da cuenta del incremento exponencial en el uso de la retórica de igualdad desde 2004 y, especialmente, desde 2015.

Esta incorporación formal contrasta con los resultados que revelan análisis más específicos sobre el contenido de los proyectos, en relación a su alcance transformador (Angulo, 2018; Jiménez, 2015, 2016). Los estudios muestran cómo la perspectiva de género está más presente en las fases de diseño y formulación, mientras que en el resto de fases del ciclo de proyecto se diluye, sin que puedan encontrarse evidencias de su impacto favorable en las relaciones de género (Jiménez, 2015, 2016).

También se identifican deficiencias en el contenido verdaderamente transformador de los proyectos clasificados como orientados, principal y significativamente, a la igualdad de género por la CE[99]. En este sentido, cabe señalar que, además de los códigos CRS, la CE también utiliza el Marcador para la igualdad de género de la OCDE destinado a computar el número de intervenciones de la AOD que transversalizan la perspectiva de género. El marcador se basa en un sistema de clasificación en tres valores: i) principal (primario) "cuando el objetivo de la igualdad de género es fundamental en el diseño e impacto de la intervención y constituye algo explícito en la misma" (puntuación 2); ii) significativo (secundario) cuando "pese a su relevancia, no constituye una de las razones principales para llevar a cabo la actividad", cuya finalidad es otra, aunque también se haya promovido la igualdad de género y los derechos de las mujeres y las niñas (puntuación 1); y iii) no orientado, cuando "la intervención ha sido sometida a un examen concluyéndose que no está orientada a contribuir a dicho marcador" (puntuación 0) (AECID, 2015a: 122). En el caso de ayuda

99. Angulo (2018) señala también que otros donantes bilaterales y multilaterales "destacan dificultades para reportar sobre los recursos financieros destinados a la igualdad de género y, por tanto, sobre los resultados que se logran con dicha financiación. Estas limitaciones del sistema de seguimiento de los recursos estarían dificultando la rendición de cuentas y el aprendizaje sobre lo que funciona en la promoción de la igualdad entre mujeres y hombres" (p. 16).

canalizada a través de ONGD, la asignación del valor la realiza la propia entidad, siendo contrastada por el personal de AECID a través del Departamento de ONGD (Angulo, 2018).

En su análisis de la ayuda española entre 2009 y 2015, Angulo (2018) realiza un estudio sobre la calidad de los datos obtenidos a través del Marcador de Políticas para la Igualdad de Género de la OCDE y de los códigos CRS. El análisis revela errores y discrepancias en las intervenciones registradas en el código 15.170[100], así como deficiencias metodológicas en la asignación de los valores principal (valor 2) y significativo (valor 1) del Marcador de género. El estudio concluye que estas debilidades[101] conllevan una notable sobrestimación de la AOD realmente dirigida a la promoción de la igualdad de género.

Cabe señalar que en 2017 el 49% de la AOD bilateral distribuible sectorialmente se reportó con una orientación principal o significativa a la igualdad de género y al empoderamiento de las mujeres; una proporción considerablemente mayor a la media del CAD del 36% (OCDE, 2020). Así mismo, tomando en cuenta la distribución de la ayuda bilateral asignada a género, en función de su orientación principal o significativa, se observa que, en 2018, la distribución de esta ayuda clasificada como principal es notablemente elevada en el caso de España (el 43,8%), en relación con otros donantes con considerable trayectoria en la promoción de la igualdad, como Suecia (el 23,5%) o Noruega (el 14,8%). Estas cifras tan disonantes llevan a cuestionar la calidad del proceso de asignación de valores del Marcador.

100. La sectorialización de la igualdad de género en la planificación estratégica de la CE, en detrimento de la transversalización, ha conllevado que en el CRS 15.170 se incluyan diversas intervenciones vinculadas con otras áreas sectoriales que, aunque tengan a las mujeres como principal grupo de intervención o la igualdad de género como objetivo, no se vinculan con el propósito original del CRS (apoyo a organizaciones e instituciones de igualdad) (Angulo, 2018).

101. Estas debilidades están causadas por capacidades técnicas mejorables, pero también, como señala Angulo (2018), pueden estar motivadas por factores políticos vinculados a la existencia de "incentivos a una codificación favorable en este objetivo de política" (p. 89).

TABLA 14

AOD BILATERAL ASIGNADA A GÉNERO (MILL. $) Y PORCENTAJE DE AOD* DESTINADA A GÉNERO CLASIFICADA COMO PRINCIPAL (2018)

	PRINCIPAL	SIGNIFICATIVO	TOTAL AOD GÉNERO	% PRINCIPAL/ TOTAL AOD GÉNERO
España	153,9	197,6	351,5	43,8%
Australia	387,9	907,1	1.295,1	30,0%
Países Bajos	445,6	1.410,6	1.856,2	24,0%
Suecia	623,7	2.030,2	2.653,9	23,5%
Francia	310,7	1.066,1	1.376,8	22,6%
Alemania	116,9	552,8	669,7	17,5%
Noruega	147,7	847,0	994,7	14,8%
Total CAD	5.006,6	39.076,2	44.082,9	11,4%
Canadá	148,8	2.232,4	2.381,2	6,3%

*Desembolsos brutos.
Fuente: Elaboración propia a partir de estadísticas del CAD.

El estudio sobre la ayuda española entre 2009 y 2015 (Angulo, 2018) también destaca el papel de la cooperación descentralizada en la promoción de la igualdad de género. Aunque en términos absolutos la Administración general haya tenido un mayor peso en esta ayuda, en términos relativos son las entidades locales las más comprometidas con la igualdad (con el 47% de su ayuda bilateral orientada a género), seguida de las CCAA (con el 36%). Así mismo, son las ONGD[102] las principales canalizadoras de los recursos orientados a la igualdad (el 55%), especialmente, cuando el objetivo de igualdad es el principal de la intervención (canalizando el 70% de estas intervenciones) (Angulo, 2018).

102. En los últimos años, el informe sobre el sector de las ONGD que anualmente realiza la CONGDE ha venido incluyendo datos desagregados por sexo referidos a su personal. Según CONGDE (2020), el 70% del personal, tanto en España como en terreno, son mujeres; sin embargo, entre el personal local esta proporción se invierte, ya que el 62% son hombres. Así mismo, los hombres son también mayoría en puestos de presidencia y junta de gobierno (69%), y en puestos de dirección y gerencia (60%); las mujeres constituyen, sin embargo, el 66% del voluntariado. Este trabajo de análisis intraorganizacional es fruto de la labor de incidencia interna que realiza el Grupo de Género de la CONGDE, que también ha impulsado la reciente aprobación de la Política de Género (CONGDE, 2019).

Las CCAA han realizado un importante recorrido en la incorporación de la perspectiva de género en sus políticas de cooperación, aunque, como señalan Zabala *et al.* (2012), lo han hecho con un alcance desigual, tanto el plano declarativo como en relación al enfoque y a los instrumentos y procedimientos de gestión. En este sentido, puede destacarse la apuesta de la cooperación vasca por profundizar en la institucionalización de género con medidas de gestión del conocimiento, de desarrollo de una cultura institucional igualitaria (como la puesta en marcha de un Plan Pro Equidad de Género) o la priorización de iniciativas de empoderamiento de mujeres y apoyo a organizaciones feministas (AVCD, 2018).

También la cooperación catalana está resultando innovadora en el diseño de enfoques transformadores desde las causas estructurales de las desigualdades. Con este objetivo, la Agencia Catalana de Cooperación al Desarrollo (ACCD) ha iniciado un proceso de reflexión y articulación operativa en torno al enfoque integrado de género y basado en derechos humanos, con el que trata de superar los enfoques habituales articulados en torno a sectores y prioridades geográficas (ACCD, 2017). En ambos casos, a pesar de constituir iniciativas inspiradoras, se mantienen no obstante debilidades en las capacidades para impulsar y evaluar acciones dirigidas para la igualdad de género (Zabala *et al.*, 2012; Pajarín y Navarro, 2018).

Estas debilidades de la CE relacionadas con la cuantificación de la ayuda destinada a género, la evaporización de la transversalidad, la falta de personal especializado y las necesidades de formación o la vaga atención a las causas estructurales de la desigualdad han sido analizadas por el Grupo de Género del Consejo de Cooperación (Consejo de Cooperación al Desarrollo, 2018). El Grupo, que se ha revitalizado en los últimos años, ofrece también recomendaciones que se alinean con los diagnósticos y propuestas de mejora que se han venido realizando desde el inicio de la apuesta por la igualdad de género en la política española de cooperación (AECID, 2007b, 2011, 2014a, 2014b, 2015; Alcalde y López, 2004; Angulo, 2016, 2018; Cirujano, 2005; CONGDE, 2018; Jiménez, 2016; MAEC, 2007b, 2013b; San Miguel, 2009, 2019; SGCID, 2017; Tomás, 2010).

La mayor participación del Grupo de Género en los procesos de definición estratégica —como en la elaboración de la estrategia de respuesta de la CE ante la crisis por la pandemia de COVID-2019— en un contexto político favorable al impulso de la agenda de género, tanto en el ámbito nacional como europeo —con la reciente aprobación de la Estrategia para la Igualdad de Género 2020-2025 (Comisión Europea, 2020)[103]—, pueden considerarse factores de oportunidad favorables a la articulación de un proceso decidido, sólido, coherente y sostenido que contribuya al avance en la institucionalización de la perspectiva de género en la CE.

103. La Estrategia 2020-2025 plantea ejes de trabajo e torno a i) la lucha contra la violencia y el cambio de estereotipos de género; ii) igualdad en el ámbito económico (superar la brecha de actividad, salarial y de pensiones, favorecer la corresponsabilidad social de las tareas de cuidados); iii) promover el liderazgo y la participación equilibrada de mujeres y hombres en todos los ámbitos sociales y sectores laborales; iv) impulsar la integración de la perspectiva de género interseccional, en todas las fases del diseño de las políticas de la UE, en todos los ámbitos de actuación, tanto internos como externos. Para ello se prevé un marco de financiación con instrumentos de financiación específicos (Comisión Europea, 2020).

CAPÍTULO 5

HACIA UN POLÍTICA ESPAÑOLA DE COOPERACIÓN FEMINISTA

A pesar de que la igualdad de género se considera una de las "señas de identidad" de la CE, las capacidades institucionales —referidas al marco político y estratégico, a las capacidades y recursos técnicos, o a la cultura organizacional— presentan debilidades que comprometen la puesta en marcha de un enfoque transformador de género.

Por lo que se refiere al *marco político y estratégico*, desde el II Plan Director la igualdad de género se consolida como prioridad misional y estratégica de la CE; así mismo, se adopta un enfoque dual, considerando la igualdad de género como una prioridad sectorial y, además, como una prioridad horizontal o transversal a todos los sectores. La política española de cooperación cuenta, además, con un marco estratégico específico conformado por la Estrategia de "Género en el Desarrollo" (2007), el Plan de Acción "Mujeres y Construcción de Paz" de la Cooperación Española (2009), el Plan de Actuación Sectorial (2011) y el documento de "Perspectivas y recomendaciones del sector género en desarrollo" (2014).

La Estrategia de "Género en el Desarrollo" introdujo una base conceptual y normativa sólida, pero presenta debilidades estratégicas que comprometen la transversalización efectiva de género. Entre estas debilidades se destaca la *falta de claridad y concreción operativa*, así como la ausencia de un sistema de seguimiento y evaluación con indicadores y metas concretas. Estas debilidades llevaron en los sucesivos Planes Directores a concentrar los contenidos de la Estrategia en el sector género, diluyendo su capacidad de transversalización al resto de sectores prioritarios y al conjunto de las actuaciones de la CE.

La *sectorialización del género* en la CE se acompaña de un proceso de *evaporación de la narrativa feminista*, ya que conceptos como patriarcado, machismo, causas estructurales o relaciones de poder que incluye la Estrategia van desapareciendo de los textos estratégicos. Así mismo, el apoyo a las organizaciones feministas es un componente que pierde centralidad y coherencia en la estrategia de empoderamiento, mientras que la lucha contra la violencia de género adquiere protagonismo.

Otro rasgo a nivel político y estratégico clave es la *falta de concreción del mandato de transversalización* y de la asignación de responsabilidades específicas en materia de género. Ante esta circunstancia, la *voluntad política de los equipos* directivos y de las coordinadoras y los coordinadores de OTC es un factor determinante del peso y del alcance de la perspectiva de género. En este sentido, cabe destacar que las mujeres son minoría entre el personal directivo en las oficinas en el exterior de la CE, así como entre el personal directivo y de gestión de las ONGD españolas.

La CE se ha caracterizado por poner en marcha procesos participativos de definición estratégica en materia de género y por contar, desde 2005, con un Grupo de Trabajo de Género en el Consejo de Cooperación. No obstante, la *participación del movimiento feminista* en la definición de los Planes Directores, de los MAP, de estrategias e iniciativas de cooperación, así como en el seguimiento y la evaluación de los impactos de género, es escaso y poco sistemático.

En relación con las *capacidades y recursos técnicos* se destaca el *gap* existente entre la retórica política y la práctica institucional en perspectiva de género. Así, por ejemplo, gran parte de las estrategias temáticas o sectoriales de la CE, o los MAP, no integran de manera efectiva la perspectiva de género. Existe por tanto una *carencia de estrategias nacionales, regionales o sectoriales* que contribuyan a orientar el trabajo en igualdad de género en todos los sectores y actuaciones de la CE.

Otro rasgo es la volatilidad de la dotación de recursos económicos y técnicos en materia de género en función de la coyuntura económica y de las prioridades políticas. Entre 2004 y 2009, durante el ciclo expansivo de la CE y con la decidida apuesta política hacia la igualdad de género, se produce un importante incremento de recursos que se canaliza, fundamentalmente, hacia contribuciones multilaterales y multibilaterales. No obstante, este rápido incremento de la AOD no viene acompañado de un fortalecimiento paralelo y acompasado de capacidades y recursos técnicos en género, ni de una reforma adecuada de las estructuras y de los procedimientos de gestión desde la perspectiva de género. El inicio de la crisis económica afectó de manera contundente al proceso de institucionalización de género en la CE, ya que los ajustes económicos comenzaron en el momento de su expansión y antes de que se consolidase.

En materia de la arquitectura institucional, la AECID cuenta con una Unidad de Género permanente desde 2008 que depende de la Dirección de Cooperación Multilateral, Horizontal y Financiera (en su denominación actual). Desde la crisis económica, se ha reducido el personal experto de la Unidad y, también, en terreno, por lo que *la CE tiene una importante carencia de recursos especializados*, potenciada por las dificultades administrativas para contar con personal experto. Las *competencias y capacidades técnicas en género* del resto de su personal es otra debilidad que compromete la incorporación de una perspectiva transformadora de género.

Por otro lado, se ha avanzado en el diseño de herramientas específicas de transversalización en documentos de gestión operativa, destacándose la Guía de Transversalización de Género; si bien documentos clave como la metodología de elaboración del MAP han ido restando centralidad al análisis de género interseccional. En este sentido, no se cuenta con las capacidades suficientes ni con la información necesaria para hacer un *seguimiento y una evaluación de los logros en igualdad*. Esta debilidad es relevante, dado que se ha constatado que, mientras la perspectiva de género parece estar más presente en la fase de formulación, se produce una disolución de la misma en el resto de fases del ciclo de los proyectos.

Finalmente, una debilidad técnica de gran relevancia es la existencia de *errores en la clasificación de las intervenciones* registradas en el código 15.170 (cuya finalidad es el apoyo a las organizaciones de mujeres e instituciones de igualdad), así como deficiencias metodológicas en la asignación de los valores principal y significativo del Marcador de Políticas para la Igualdad de Género de la OCDE. Estas debilidades dificultan el seguimiento y la rendición de cuentas de la política española de cooperación, ya que podrían significar una sobrestimación de la AOD española realmente dirigida a la promoción de la igualdad de género.

Finalmente, en relación a la *cultura organizacional* cabe señalar que existe poca información sistematizada en relación a las creencias, los valores y las normas de la organización en igualdad de género. No obstante, puede concluirse que, a pesar de que la igualdad de género haya estado muy presente en el discurso político, el personal carece de incentivos y de motivación para incorporar una perspectiva de género transformadora. Así mismo, esta falta de apropiación se ve agravada por la poca accesibilidad y vocación divulgativa de la narrativa de los textos estratégicos.

En este sentido, se destaca la *carencia de una estructura de igualdad a alto nivel* destinada a la promoción del principio de igualdad a nivel interno de la AECID o de la DGPOLDES, como una dimensión clave de un enfoque transformador. No obstante, se destaca el avance en la generación de propuestas formativas en igualdad, de *medidas de sensibilización y de conciliación*, así como, especialmente, la puesta en marcha de un Plan de Igualdad en la AECID. Con todo, se mantiene la carencia de pautas para una comunicación con enfoque de género, incluido el uso de lenguaje inclusivo, tanto en documentos de política como en documentos operativos, divulgativos y de sensibilización.

En materia de cultura organizacional, una importante debilidad de la CE es la *falta de coordinación interinstitucional* entre la

AECID y la DGPOLDES, con equipos de género cuyas competencias diferenciadas no son claras ni complementarias. Así mismo, la cooperación de estas entidades con el IMIO es necesaria para mejorar la coherencia entre la política de igualdad y la de cooperación al desarrollo. Finalmente, desde la perspectiva de género resulta esencial *avanzar hacia una estrategia de generación y de gestión del conocimiento, así como en el desarrollo de una cultura evaluativa*. La generación de procesos de sistematización, evaluación e identificación de aprendizajes institucionales resulta esencial, así como la puesta en marcha de espacios de intercambio y de coordinación entre diversos actores y diversas titularidades, que potencie el trabajo colaborativo y en red.

La CE cuenta también con indudables *fortalezas* que han impulsado la institucionalización de la perspectiva de género de la CE y la puesta en marcha de iniciativas en defensa de los derechos de las mujeres y la lucha contra la desigualdad. Así, por ejemplo, la CE cuenta con una *base normativa y conceptual sólida* a nivel nacional, europeo e internacional que genera un marco adecuado para avanzar en componentes transformadores. Así mismo, desde la apuesta por la igualdad de género en la política de cooperación se han desplegado *experiencias pioneras y de gran relevancia*, se han realizado diagnósticos y propuestas de institucionalización de género que *comparten visiones y líneas de avance*, y la igualdad de género se ha identificado como una "seña de identidad" de la CE en la *retórica política*, con reconocimiento internacional.

A nivel de recursos y capacidades técnicas, la CE cuenta con una *amplia red de personal experto*, gran parte formado a través del programa de formación en "Género y Desarrollo", y altamente comprometido; así mismo, en los últimos años se ha avanzado en la sensibilización en igualdad de todo su personal. A nivel estratégico se cuenta con *experiencias interesantes de transversalización*, como la nueva EAH 2019-2026, y con *herramientas operativas específicas*, como la Guía de Transversalización.

Una importante fortaleza es el *consenso en torno a prácticas inspiradoras* como el programa "Mujeres y Desarrollo", los Diálogos Consonantes, el apoyo al Observatorio de Igualdad de Género de la CEPAL o líneas de trabajo en género en AH, que sirven de referencia para iniciativas futuras. Se destaca también la *sororidad y fortaleza del movimiento feminista*, que contribuye al diálogo y coordinación entre las profesionales de la CE.

Con todo, se hace necesaria una apuesta integral y sistematizada por la institucionalización de género que implique un nuevo proceso participativo de definición y concreción estratégica y operativa, que actualice enfoques, prioridades y alianzas, que se traslade a los instrumentos operativos, que asigne responsabilidades específicas, defina resultados concretos y se acompañe de recursos suficientes.

Desde la incorporación del enfoque GED en la CE se han producido importantes transformaciones en el sistema internacional, en la agenda de desarrollo, en el sistema de cooperación, así como en la articulación de una mirada feminista transcultural, más global, diversa y ecológica. El feminismo está promoviendo respuestas integrales a los retos actuales de desarrollo, generando propuestas de cambio transformadoras que afectan a los objetivos, las dinámicas, los instrumentos, las metodologías y los procesos de las políticas de cooperación al desarrollo. La CE ha de abrirse a explorar un trabajo más sistemático en temáticas como migraciones, cambio climático, cuidados, normas sociales e imaginarios —incluyendo masculinidades e infancia—, fundamentalismos o nuevas formas de violencias; con intervenciones multiactor, incluso con nuevos agentes como redes feministas transnacionales, medios de comunicación o centros de investigación; así como a explorar nuevos instrumentos y modalidades de cooperación en igualdad de género.

En este contexto, se hace necesaria la reactivación de un ejercicio de planificación estratégica, de carácter participativo, que actualice los enfoques y las prioridades en género, en diálogo con los feminismos del Sur y en coherencia con los nuevos retos globales y con los compromisos nacionales, europeos e internacionales en igualdad. Este proceso puede concretarse en la actualización de la Estrategia "Género en el Desarrollo" o del PAS de género, que estaba ligado al III Plan Director. Esta actualización estratégica ha de ir acompañada de una apuesta de transversalización decidida que adjudique responsabilidades, defina objetivos y cuente con un cronograma e indicadores asociados.

El proceso de transversalización de género se vería favorecido por el diseño de estrategias específicas de género a nivel nacional, regional y sectorial que contribuyeran a definir, concretar y contextualizar los objetivos de igualdad de la CE. En este esfuerzo de planificación estratégica se destaca la relevancia de trabajar una Educación para el Desarrollo feminista por su potencial transformador desde la perspectiva de género. El alcance participativo de estos procesos, junto con el uso de un lenguaje accesible y claro en los documentos —que no renuncie sin embargo a incorporar de manera profunda el marco conceptual clave de la teoría feminista—, puede contribuir a la apropiación de los objetivos en igualdad por parte de los países y entidades socias, así como por el personal técnico.

La mayor dotación de recursos económicos y humanos es un requisito indispensable en la institucionalización de género en la CE. Con el objetivo de desvincular el apoyo a los derechos de las mujeres y a la igualdad de género de las coyunturas económicas y políticas, se propone establecer unas directrices de asignación presupuestaria, con un porcentaje mínimo (en torno a la reivindicación clásica del 15%), a este fin. Una línea de avance esencial es el fortalecimiento de las estructuras de igualdad y de los recursos humanos especializados. En este sentido, medidas como el fortalecimiento de la Unidad de Género en AECID y del equipo responsable en género en DGPOLDES, el establecimiento de puntos focales dotados de personal experto en las Direcciones Generales, el fortalecimiento de la Red de expertas en género, fomentando su dedicación exclusiva y su coordinación, así como el diseño de un programa de formación adaptado a las necesidades competenciales del personal, son esenciales para un efectivo *mainstreaming* de género.

La generación y gestión del conocimiento es un rasgo esencial de un enfoque transformador. Los diagnósticos participativos de contexto desde la perspectiva de género o las investigaciones en torno a las causas estructurales de las desigualdades y de vulneración de derechos resultan una pieza clave e ineludible en el diseño de acciones transformadoras, que contribuye también a su seguimiento y evaluación. Su mayor peso en las convocatorias y la generación de líneas específicas de financiación (alentando al trabajo coordinado con otros agentes como universidades o redes transnacionales de investigación e incidencia) podría ser una interesante vía de avance en esta línea. También resulta de especial interés la difusión del conocimiento generado en el marco de las acciones —a través, por ejemplo, de espacios web, publicaciones, con la consolidación de la Red de Conocimiento de Género en *Intercoonecta*—; así como la apuesta por las sistematizaciones, las evaluaciones específicas de género o la creación de espacios de debate y de intercambio de experiencias entre diversos actores y diversas titularidades, como elemento potenciador de aprendizajes, alianzas, sinergias y coordinación.

La centralidad de la rendición de cuentas en una cooperación feminista emplaza a mejorar los mecanismos de clasificación de asignación de la ayuda. Específicamente, se hace necesario avanzar en mejoras metodológicas y en las competencias técnicas del personal en el proceso de asignación del código CRS 15.170 y en la aplicación del Marcador de Políticas de Género.

Por otro lado, y a nivel político y estratégico, se ha de apostar por una mayor vinculación y coherencia entre los Planes Estratégicos de Igualdad de Oportunidades, los Planes Directores y los Planes de Acción para la implementación de la Agenda 2030, así como por una mayor coordinación y cooperación interinstitucional entre la AECID, la DGPOLDES y el IMIO. Además de la coordinación interna, la mayor participación del movimiento feminista en la política de cooperación, un mayor protagonismo del Grupo de Trabajo de Género en el Consejo de Estado, o el diálogo y el intercambio con otros actores, como el grupo de género de la Coordinadora, con cooperaciones de otros países (como Suecia, Reino Unido o Canadá), así como con la cooperación descentralizada con trayectoria en género (como la catalana o la vasca), constituyen interesantes vías de mejora hacia prácticas de gestión que contribuyan al aprendizaje institucional y al *mainstreaming* de género.

Finalmente, una línea de trabajo imprescindible desde un enfoque transformador es el avance en la coherencia entre la dimensión interna y externa de la igualdad. Por ello, medidas para el desarrollo de una cultura organizacional igualitaria, con la puesta en marcha de planes de igualdad, de actividades de sensibilización para el personal, o el diseño de manuales de comunicación desde la perspectiva de género con pautas de uso de lenguaje inclusivo, son fundamentales. La existencia de una estructura de igualdad específica a alto nivel y diferenciada de la Unidad de Género puede contribuir a la gestión y a la catalización de estos procesos internos de institucionalización de género.

La valentía, la creatividad, la rebeldía y la sororidad de las diversas luchas feministas son la base y la inspiración del análisis y de las propuestas recogidas en estas páginas. Confío en que estas reflexiones contribuyan al debate sobre la necesidad de fortalecer las capacidades de la Cooperación Española en generar políticas de cooperación feministas, que tengan en la lucha por la igualdad de género el eje de un verdadero cambio colectivo y global.

BIBLIOGRAFÍA

Agencia Catalana de Cooperación al Desarrollo (2017): *Enfocament de gènere i basat en drets humans (EGiBDH)*, Barcelona, ACCD.

Agencia Española de Cooperación Internacional para el Desarrollo (2008): *La Ayuda Programática. Guía Técnica para la puesta en marcha de nuevos instrumentos de cooperación*, Madrid, AECID.

— (2009): Dosier "Género en Desarrollo: Proyectos de Género de la AECID" [en línea].

— (2011): *Plan de Actuación Sectorial de género y desarrollo*, Madrid, AECID.

— (2013): *Caja de Herramientas para la Equidad de Género en Desarrollo de la Cooperación Española en Colombia*, Bogotá, AECID.

— (2014a): "25 años de Cooperación Española con América Latina y el Caribe. Conclusiones Encuentros" [en línea].

— (2014b): Documento sectorial: "Perspectivas y recomendaciones del sector género en desarrollo", Madrid, AECID.

— (2015): *Guía de la AECID para la transversalización del enfoque de género* (Manuales de la Cooperación Español), Madrid, AECID.

— (2020a): Sectores de cooperación: "Género" [en línea].

— (2020b): "Cooperación con la Unión Africana y Fondo España-NEPAD para el empoderamiento de las mujeres africanas" [en línea].

Agarwal, B. (1997): "'Bargaining' and gender relations: within and beyond the household", *Feminist Economics*, 3 (1), pp. 1-51.

— (2007): "Women and Poverty: Reducing Domestic Violence, Enhancing Group Rights", *People & Policy: special paper*, 8, pp. 1-4.

Agarwal, B. y Pradeep, P. (2007): "Toward Freedom from Domestic Violence: The Neglected Obvious", *Journal of Human Development*, 8 (3), pp. 359-388.

Alcalde, A. y López, I. (2004): *Guía práctica para la integración de la igualdad entre mujeres y hombres en los proyectos de la Cooperación Española*, Madrid, Cyan.

Alfama, E. y Alonso, A. (2015): "Las políticas de género en la administración pública. Una introducción", *Revista Vasca de Gestión de Personas y Organizaciones Públicas*, 8, pp. 24-41.

ALFAMA, E.; CRUELLS, M. y DE LA FUENTE, M. (2014): "Medir la igualdad de género. Debates y reflexiones a partir de una propuesta de indicadores clave", *Athenea Digital*, 14 (4), pp. 209-235.
ALONSO, J. A. (2004): "La cooperación española al final de un ciclo", en *La palabra empeñada. Los objetivos 2015 y la lucha contra la pobreza*, Madrid, Los Libros de la Catarata, pp. 65-79.
— (2008): "Cooperación Española: desafíos para una nueva legislatura", *ICEI Paper*, 3.
— (2020): "La COVID-19 y la Agenda 2030: completando carencias", *El País*, 27 de junio [en línea].
ALONSO, J. A. (dir.) (2013): *Compromiso global por un desarrollo incluyente y sostenible. Consideraciones sobre la Agenda Pos-2015 (Documento de trabajo)*, Madrid, Secretaría General de Cooperación Internacional para el Desarrollo.
ALONSO, J. A. y SANAHUJA, J. A. (2006): "Un mundo en transformación: repensar la agenda de desarrollo", en M. Arias (dir.), *La Realidad de la Ayuda 2006-2007*, Barcelona, Intermón Oxfam, pp. 179-204.
ALONSO, J. A.; AGUIRRE, P. y SANTANDER, G. (2019): *El nuevo rostro de la cooperación internacional para el desarrollo. Actores y modalidades emergentes*, Madrid, IUDC-Los Libros de la Catarata.
AMORÓS, C. y DE MIGUEL, A. (2005): "Introducción", en *Teoría feminista. De la Ilustración a la globalización, 1*, Madrid, Minerva, pp. 13-90.
ANGULO, G. (2016): *Análisis de la evaluabilidad de la Estrategia de Género de la Cooperación Española* [Trabajo de Fin de Máster], Madrid, UCM.
— (2018): *Los Derechos de las Mujeres y la Igualdad de Género: un análisis de la ayuda española entre 2009 y 2015* [inédito].
ANGULO, G. y DE MENDOZA, A. (2006): *Diagnóstico rápido sobre la transversalización del objetivo de la igualdad de género en la cooperación española con América Latina (2001-2005)*, Documento Interno, DGCIB.
ARCHIBUGI, D. y HELD D. (2012): "La democracia cosmopolita: caminos y agentes", *Papeles de relaciones ecosociales y cambio social*, 117, pp. 57-56.
ARENAS, M. C. y LENTISCO, A. (2011): *Mainstreaming gender into cycle management in the fisheries sector*, Bangkok, FAO-AECID.
ASTELARRA, J. (2004): *Políticas de género en la Unión Europea y algunos apuntes sobre América Latina* (Serie Mujer y Desarrollo, 57), Santiago de Chile, CEPAL.
AGENCIA VASCA DE COOPERACIÓN AL DESARROLLO (2018): IV Plan Director de Cooperación para el Desarrollo 2018-2021.
AYUSO, A. y COSTAFREDA, A. (2013): "Retos para la apropiación democrática y la rendición de cuentas mutua en la nueva agenda", en J. A. Alonso (dir.), *Compromiso global por un desarrollo incluyente y sostenible. Consideraciones sobre la Agenda Post-2015*, Madrid, Secretaría General de Cooperación Internacional para el Desarrollo, pp. 24-41.
BACCHI, C. (2009): *Analysing policy: what's the problem represented to be?*, Londres, Pearsons.
— (2012): "Introducing the 'What's the Problem Represented to be?' approach", en A. Bletsas y C. Beasley (eds.), *Engaging with Carol Bacchi*, Adelaide, University of Adelaide, pp. 21-24.
BACCHI, C. y GOODWIN, S. (2016): *Postestructural policy analysis*, Nueva York, Palgrave.
BALCHIN, C. (2011): *Hacia un futuro sin fundamentalismo. Un análisis de las estrategias de los fundamentalismos religiosos y de las respuestas feministas*, Toronto, AWID.
BATLIWALA, S. y PITTMAN, A. (2010): *Captando el Cambio en la Realidad de las Mujeres*, Toronto, AWID.

BENERÍA, L. (2003): *Género, Desarrollo y Globalización*, Barcelona, Hacer.
— (2008): "De la 'armonía' a los 'conflictos cooperativos': la contribución de Amartya Sen a la teoría de la unidad doméstica", *Araucaria*, 10 (20), pp. 15-34.
BENERÍA, L. y SEN, G. (1981): "Women's Role in Economic Development: Boserup Revisited", *Development and the Sexual Division of Labor*, 198, pp. 279-298.
BETTER AID (2011): Declaración Política del Foro Global de las Mujeres de Busan [en línea].
BOLETÍN OFICIAL DEL ESTADO (1988): Real Decreto 1527/1988, de 11 de noviembre, por el que se reestructura la Secretaría de Estado para la Cooperación Internacional y para Iberoamérica, con refundición de los Organismos autónomos adscritos a la misma.
— (1998): Ley 23/1998, de 7 de julio, de Cooperación Internacional para el Desarrollo.
— (2004): Ley Orgánica 1/2004, de 28 de diciembre, de Medidas de Protección Integral contra la Violencia de Género.
— (2007a): Ley Orgánica 3/2007, de 22 de marzo, para la igualdad efectiva de mujeres y hombres.
— (2007b): Real Decreto 1403/2007, de 26 de octubre, por el que se aprueba el Estatuto de la Agencia Española de Cooperación Internacional para el Desarrollo.
— (2014): Ley 2/2014, de 25 de marzo, de la Acción y del Servicio Exterior del Estado.
BOSERUP, E. (1993 [1970]): *La mujer y el desarrollo económico*, Madrid, Minerva.
BUSTELO, M. y LOMBARDO, E. (2006): "Los marcos interpretativos de las políticas de igualdad en Europa: conciliación, violencia y desigualdad de género en la política", *Revista Española de Ciencia Política*, 14, pp. 117-140.
BUTLER, J. (2008): *El género en disputa*, Barcelona, Paidós.
BUVINIC, M. (1983): "Women's issues in Third World poverty: A policy analysis", en M. Buvinic, M. Lycettle y W. P. McGreevey (eds.), *Women and Poverty in the Third World*, Baltimore, The Johns Hopkins University Press, pp. 14-31.
CARBALLO, M. y LEYRA, B. (2017): "Consideraciones sobre la pobreza y las desigualdades de género", en M. Carballo (coord.), *Género y desarrollo: cuestiones clave desde una perspectiva feminista*, Madrid, IUDC-Los Libros de la Catarata, pp. 75-99.
CARBALLO, M.; LÓPEZ, A. y PAJARÍN, M. (2018): *Acciones estratégicas en igualdad de género en Norte de África y Oriente Medio: Avances legislativos en violencia contra las mujeres y derecho de familia* (Serie Género y Desarrollo 2), Madrid, CSEG-UCM.
— (2019): "No hay desarrollo sin igualdad de género: avances y desafíos hacia una cooperación transformadora", *Revista española de desarrollo y cooperación*, 44, pp. 109-122.
CARE INTERNATIONAL (2014): *Women's Empowerment Framework* [en línea].
CARRASCO, C. (2017): "La economía feminista: un recorrido a través del concepto de reproducción", *Ekonomiaz*, 91, pp. 52-76.
COMISIÓN ECONÓMICA PARA AMÉRICA LATINA Y EL CARIBE (2004): *Caminos hacia la equidad de género en América Latina y el Caribe*, 9ª Conferencia Regional sobre la Mujer, México D. F., 10 al 12 de junio.
CIRUJANO, P. (2005): *La estrategia demorada. Género y cooperación internacional en España*, Madrid, Los Libros de la Catarata.
— (2006): "Género, desarrollo y cooperación internacional", en M. Carballo (coord.), *Género y desarrollo. El camino hacia la equidad*, Madrid, IUDC-Los Libros de la Catarata, pp. 55-86.
COBO, R. (2005): "El género en las ciencias sociales", *Cuadernos de Trabajo Social*, 18, pp. 249-258.
— (2009): "Otro recorrido por las ciencias sociales: género y teoría crítica", en M. Aparicio, B. Leyra y R. Ortega (eds.), *Cuadernos de género: políticas y acciones de género. Materiales de formación*, Madrid, ICEI-UCM, pp. 13-52.

— (2011): *Hacia una nueva política sexual. Las mujeres ante la reacción patriarcal*, Madrid, Los Libros de la Catarata.
— (2014): "Aproximaciones a la teoría crítica feminista", *Boletín del Programa de Formación*, 1.
Coello, R. (2017): "Reconocimiento, redistribución y nuevas formas de reparto en las bases que sustentan el desarrollo: contribuciones desde la economía feminista", en M. Carballo (coord.), *Género y desarrollo: cuestiones clave desde una perspectiva feminista*, Madrid, IUDC-Catarata, pp. 161-181.
Comisión Europea (2020): *Una Unión de la igualdad: Estrategia para la Igualdad de Género 2020-2025*, Bruselas, Comisión Europea.
Coordinadora de ONG para el Desarrollo-España (2009): *Apropiación, armonización y alineamiento en las organizaciones de la sociedad civil*, Madrid, Coordinadora.
— (2018): *Análisis y valoración el 2º borrador del V Plan Director de la Cooperación Española*, Madrid, CONGDE.
— (2019): *Política de Género* [en línea].
— (2020): *Informe del Sector de las ONGD 2019* [en línea].
Congreso de los Diputados (1992): "Informe de la Ponencia encargada de elaborar un informe sobre los objetivos, las líneas generales de la política española de cooperación y ayuda al desarrollo, así como participar en las tareas de seguimiento del Plan Anual de Cooperación Internacional (PACI)", *Boletín Oficial de las Cortes Generales*, 216.
Connell, R. W. (1997): "La organización social de la masculinidad", en T. Valdés y J. Olavarría (eds.), *Masculinidad/es. Poder y crisis*, Santiago de Chile, Isis Internacional y FLACSO Chile, pp. 31-48.
Consejo de Cooperación al Desarrollo (2013): Grupo de Trabajo: Género y Desarrollo. Términos de Referencia y Plan de Trabajo 2013-2014 [en línea].
— (2018): *Informe sobre el enfoque de género en la política de cooperación española*, Madrid, MAEC.
— (2020): Grupos de Trabajo [en línea].
Consejo de Europa (1998): Conceptual framework, methodology and presentation of good practices, EG-S-MS (98).
Craviotto, N. y Schoenstein, A. (2011a): *Folleto nº 8. El Programa de Acción de Acra: un breve análisis desde la perspectiva de los derechos de las mujeres*, Toronto, AWID.
— (2011b): Folleto nº 9. *El Camino a Corea 2011: los actores clave del Estado y de la sociedad civil*, Toronto, AWID.
De Beauvoir, S. (2015 [1949]): *El segundo sexo*, Madrid, Cátedra.
De la Cruz, C. (1998): *Guía metodológica para integrar la perspectiva de género en proyectos y programas de desarrollo*, Vitoria, EMAKUNDE.
— (2007): *Género, Derechos y Desarrollo Humano*, El Salvador, PNUD.
— (2009): "La planificación de género en las políticas públicas", en M. Aparicio, B. Leyra y R. Ortega (eds.), *Cuadernos de género: políticas y acciones de género. Materiales de formación*, Madrid, ICEI-UCM, pp. 53-118.
— (2015): *Cambio, Poder y Justicia de Género en la Agenda 2030: Reflexiones para no perdernos en el camino. PP01/2015*, Madrid, ICEI-UCM.
— (2016): "Comentario a la ponencia 1", en M. Pajarín y B. Leyra (eds.), *Cuadernos de Género 4: Economía, Genero y Desarrollo*, Madrid, ICEI-UCM, pp. 21-26.
De Sousa Santos, B. (2005): "Desigualdad, Exclusión y Globalización: Hacia la Construcción Multicultural de la Igualdad y la Diferencia", *Revista Interculturalidad*, 1 (1), pp. 9-44.
Del Barrio, P. (2010): *Evaluación externa de medio término. Estrategia de igualdad de género. Cooperación española en Colombia*, Bogotá, AECID.

Del Campo, E. (2012): Procesos de descentralización, gobernanza democrática y cooperación internacional en países andinos, en I. Martínez y J. A. Sanahuja (coord.), *Eficacia de la ayuda y división del trabajo: retos para la cooperación descentralizada española*, Madrid, CEIPAZ-ICEI, pp. 135-170.

Domínguez, R. y Lucatello, S. (2018): "Introducción: historizando y descolonizando la cooperación internacional para el desarrollo", *Revista CIDOB d'Afers Internacionals*, 120, pp. 7-28.

Domínguez-Serrano, M. y Espinosa, J. (coords.) (2015): *La igualdad de género en la agenda internacional de desarrollo. Avances y desafíos para la integración de un enfoque transformador de género desarrollo* [en línea], GEP&DO.

Echart, E. (2017): "Movimientos de Mujeres y Desarrollo", en M. Carballo (coord.), *Género y desarrollo: cuestiones clave desde una perspectiva feminista*, Madrid, IUDC-Los Libros de la Catarata, pp. 131-159.

European Institute for Gender Equality (2016): *Gender impact assessment. Gender mainstreaming toolkit*, Vilnius, EIGE.

Eisenstein, Z. (ed.) (1979): *Capitalist Patriarchy and the case for socialist feminism*, Nueva York, Monthly Review Press.

Elson, D. (2016): "La igualdad de género y la Agenda 2030 para el Desarrollo Sostenible", en M. Pajarín y B. Leyra (eds.), *Cuadernos de Género 4: Economía, Género y Desarrollo*, Madrid, ICEI-UCM, pp. 15-20.

Espinosa, J. (2005): *Guía para programas y proyectos de salud sexual y reproductiva en África*, Madrid, AECI.

— (2011): *La igualdad de género en la evaluación de la ayuda al desarrollo* [Tesis doctoral], Madrid, UCM.

— (2013): "La igualdad de género en el ciclo de las políticas de cooperación al desarrollo", en R. Domínguez y S. Tezanos (eds.), *Actas del I Congreso Internacional de Estudios de Desarrollo "Desafío de los Estudios de Desarrollo"*, REEDES, pp. 1724-1751.

— (2014): "La igualdad de género en la cooperación española y en la iniciativa Marca España. Abordajes e inconsistencias en tiempos de crisis", *Investigaciones Feministas*, 5, pp. 259-288.

— (2016): "La evaporación de los compromisos de género en la práctica del desarrollo", en *El mundo que queremos. La Agenda 2030*, Fundación Seminario de Investigación para la Paz, Zaragoza, Mira Editores, pp. 151-189.

— (2018): *Guía de género para políticas públicas más transformadoras*, Barcelona, Oxfam Intermón.

Espinosa, J. y Gallardo, B. (2013): *Coherencia de políticas y género. Un análisis feminista de la promoción del desarrollo internacional*, Madrid, 2015 y más.

European Commission (2015): *Evaluation of EU Support to Gender Equality and Women's Empowerment in Partner Countries*, Bruselas, European Commission.

Facio, A. (2010): *El Protocolo Facultativo de la Convención sobre la eliminación de todas las formas de discriminación contra la mujer*, Costa Rica, IIDH.

Foucault, M. (2007): *Historia de la sexualidad*, 1, México, Siglo XXI.

Fraser, N. (2015): *Fortunas del feminismo*, Madrid, Traficantes de Sueños.

Freire, P. (2005 [1970]): *Pedagogía del oprimido*, México, Siglo XXI.

Friedman, M. y Gordezky, R. (2011): "A Holistic Approach to Gender Equality and Social Justice", *OD Practitioner*, 43 (1), pp. 11-16.

García Prince, E. (2008): *Políticas de Igualdad, Equidad y "Gender Mainstreaming", ¿de qué estamos hablando?*, San Salvador, PNUD.

García Varela, P. y Borja, C. (2014): "El EBDH: una nueva mirada al desarrollo y a los derechos humanos", en *Derechos Humanos y Desarrollo. El Enfoque Basado en*

Derechos Humanos y la Cooperación al Desarrollo, Barcelona, Institut de Drets Humans de Catalunya, pp. 11-44.
García, A. (2009): "Género y desarrollo humano: una relación imprescindible. Muévete por la igualdad. Es de justicia", Ayuda en Acción, Entreculturas e InteRed [en línea].
Global Partnership for Effective Development Co-operation (2016): *Documento final de Nairobi, del 1 de diciembre de 2016* [en línea].
Gobierno de España (2019): *Informe nacional de España. Informe sobre la aplicación de la Declaración y Plataforma de Acción de Beijing (1995) y los resultados del vigésimo tercer periodo extraordinario de sesiones de la Asamblea General (2000) en el contexto del 25 aniversario de la Cuarta Conferencia Mundial sobre la Mujer y la aprobación de la Declaración y Plataforma de Acción de Beijing*, Madrid, Gobierno de España.
González, P. y Sánchez, V. (2007): *Evaluación del área de género de la OTC de Nicaragua*, Documento interno.
Gramsci, A. (2013): *Antología*, Madrid, Akal.
Herrero, Y. (2012): "Propuestas ecofeministas para un sistema cargado de deudas", *Revista de Economía Crítica*, 13, pp. 30-54.
Imam, A. (2016): *El diablo se esconde en los detalles. El nexo entre el desarrollo, los derechos de las mujeres y los fundamentalismos religiosos*, Toronto, AWID.
Instituto de la Mujer (1997): *III Plan para la Igualdad de Oportunidades entre Mujeres y Hombres*, Madrid, Ministerio de Trabajo y Asuntos Sociales.
— (2004): *Programa de Cooperación Internacional "Mujeres y Desarrollo"*, Madrid, Instituto de la Mujer.
Izquierdo, M. J. (2004): *Formación y acreditación en consultoría para la igualdad de mujeres y hombres*, Vitoria-Gasteiz, EMAKUNDE.
Jaggar, A. (2014): "Ética feminista", *Debate feminista*, 49, pp. 8-44.
Jahan, R. (1996): "The Elusive Agenda: Mainstreaming Women in Development", *The Pakistan Development Review*, 35 (4) (II), pp. 825-834.
Jiménez, L. (2015): "Variables influyentes en la transversalización de la perspectiva de género de proyectos financiados por la Agencia Española de Cooperación Internacional para el Desarrollo", *Revista de Evaluación de Programas y Políticas Públicas*, 5, pp. 1-34.
— (2016a): *Informe de investigación. El uso transversal de la perspectiva de género en los proyectos de cooperación internacional para el desarrollo: una cuestión pendiente*, Madrid, AECID.
— (2016b): "La lucha contra el androcentrismo en el desarrollo socioeconómico: la agenda internacional de las mujeres", *Revista Interdisciplinaria de Estudios de Género*, 3, pp. 126-159.
Kabeer, N. (1997): "Empoderamiento desde abajo: ¿qué podemos aprender de las organizaciones de base?", en M. León (comp.), *Poder y empoderamiento de las mujeres*, Santa Fe de Bogotá, Tercer Mundo.
— (1998): *Realidades trastocadas. Las jerarquías de género en el pensamiento del desarrollo*, México D. F., Paidós.
— (1999): "The conditions and consequences of choice: Reflections on the measurement of women's", *Discussion Paper*, 108.
Lagarde, M. (1996): *Género y feminismo: desarrollo humano y democracia*, Madrid, Horas y horas.
Lamas, M. (1999): "Usos, dificultades y posibilidades de la categoría género", *Papeles de población*, 21, pp. 147-178.
Larrú, J. M. (2019): *Cumplimientos e incumplimientos de la Cooperación Española: un análisis comparado. ARI 21/2019*, Madrid, Real Instituto Elcano.

LEÓN, M. (1997): "Empoderamiento en la teoría y práctica del feminismo", en M. León (comp.), *Poder y empoderamiento de las mujeres*, Santa Fe de Bogotá, Tercer Mundo, pp. 1-28.

LIGERO, J. A.; ESPINOSA, J.; MORMENEO, C. y BUSTELO, M. (2014): *Diferentes aproximaciones para hacer una evaluación sensible al género y al enfoque basado en derechos humanos para el desarrollo*, Madrid, AECID.

LOMBARDO, E. (2003): "El *mainstreaming* de género en la Unión Europea", *Revista Jurídica de Igualdad de Oportunidades entre Mujeres y Hombres*, 10-15, pp. 6-11.

— (2006): "*Mainstreaming*, evaluación de impacto y presupuesto de género: concepto y criterios", en M. de la Fuente y L. Ortiz (coords.), *Els pressuposts amb perspectiva de gènere, repte per als governs locals*, Barcelona, ICPS, pp. 85-116.

LÓPEZ, I. (2005): "Género en la agenda internacional del desarrollo. Un enfoque de derechos humanos", *Revista Académica de Relaciones Internacionales*, 2, pp. 1-36.

— (2006): "Más allá del desarrollo: la estrategia de empoderamiento", en M. Carballo (coord.), *Género y desarrollo. El camino hacia la equidad*, Madrid, IUDC-Los Libros de la Catarata, pp. 87-111.

LÓPEZ, I. (coord.) (2007): *Género y políticas de cohesión social. Conceptos y experiencias de transversalización*, Madrid, FIIAPP.

MINISTERIO DE ASUNTOS EXTERIORES Y DE COOPERACIÓN (2005): *Plan Director de la Cooperación Española 2005-2008*, Madrid, Secretaría de Estado de Cooperación Internacional.

— (2007a): *Estrategia de "Género en Desarrollo" de la Cooperación Española*, Madrid, DGPOLDE.

— (2007b): *Estrategia de "Género en Desarrollo" de la Cooperación Española. Resumen Ejecutivo*, Madrid, DGPOLDE.

— (2009a): *Plan Director de la Cooperación Española 2009-2010*, Madrid, Secretaría de Estado de Cooperación Internacional.

— (2009b): *Plan de Acción: Mujeres y Construcción de Paz de la Cooperación Española*, Madrid, DGPOLDE.

— (2013a): *Evaluación de los Programas de Cooperación Técnica de AECID y la Comisión Económica para América Latina y el Caribe (CEPAL) 2007-2009*, Madrid, MAEC.

— (2013b): *Plan Director de la Cooperación Española 2013-2016*, Madrid, MAE.

— (2015a): *Programa de cooperación AECID-CEPAL 2010-2012*, Madrid, MAEC.

— (2015b): *Metodología MAP. Manual para el establecimiento. Seguimiento y evaluación de los marcos de asociación país*, Madrid, MAEC.

— (2015c): Reflexiones sobre la política española de cooperación internacional para el desarrollo antes los retos del nuevo escenario global, Madrid, MAEC.

— (2015d): Compromiso universal por un desarrollo humano y sostenible: posición española para la Agenda pos-2015, Madrid, SGCID.

MAEC y OCDE (2008): *Examen de pares 2008. España*, Madrid, MAEC.

— (2011): *Examen de pares 2011. España*, Madrid, MAEC.

— (2016): *Examen de pares 2016. España. Resumen del Informe*, Madrid, MAEC.

MARTÍNEZ, I. (2019): *La cooperación internacional ante un contexto global de cambios profundos: una mirada al caso vasco* [Tesis doctoral], Bilbao, UPV-HEGOA.

MARTÍNEZ, M. J. y ZABALA, I. (2014): "La reforma del Sistema Internacional de Cooperación frente al horizonte post-2015: retos, propuestas y realidades", *Revista de Economía Mundial*, 36, pp. 71-93.

MINISTERIO DE ASUNTOS EXTERIORES, UNIÓN EUROPEA Y DE COOPERACIÓN (2018): *V Plan Director de la Cooperación Española 2018-2020*, Madrid, SECIPIC.

— (2019a): *Estrategia de Acción Humanitaria de la Cooperación Española 2019-2026*, Madrid, MAEC.

— (2019b): *Igualdad en la política exterior*, Madrid, MAUC.
Mesa, M. (2016): "XV Aniversario de la Resolución 1.325: luces y sombras en la Agenda de Mujeres, Paz y Seguridad", en *Retos inaplazables en el sistema internacional. Anuario 2015-2016*, Madrid, CEIPAZ, pp. 137-168.
Millán, N. (2012): *Transnacionalización del desarrollo y coherencia de políticas. Un análisis de los casos de España y Suecia* [Tesis doctoral], Madrid, UCM.
Millán, N. y Gil, M. L. (2018): *La cooperación madrileña ante un escenario de cambios*, Madrid, Red de ONGD de Madrid.
Millett, K. (1995 [1969]): *Política sexual*, Madrid, Cátedra.
Ministerio de Asuntos Exteriores (2000): *Plan Director de la Cooperación Española 2001-2004*, Madrid, Secretaría de Estado para la Cooperación Internacional y para Iberoamérica.
— (2003): *Examen de la Cooperación Española 1999-2001: Recomendaciones e Informe de la Secretaría del CAD*, Madrid, Cyan.
Mohanty, C. T. (2008): "De vuelta a 'Bajo los ojos de occidente': la solidaridad feminista a través de las luchas anticapitalistas", en L. Suárez y A. Hernández (eds.), *Descolonizando el feminismo: teorías y prácticas desde los márgenes*, Madrid, Cátedra, pp. 404-467.
Molyneux, M. (1985): "Mobilization without Emancipation? Women's Interests, the State, and Revolution in Nicaragua", *Feminist Studies*, 11 (2), pp. 227-254.
Moser, C. (1991): "Las mujeres en la planificación del desarrollo. Necesidades prácticas y estratégicas de género", en C. Moser, M. Barrig y E. Märke, *Políticas de cooperación para el desarrollo y participación de las mujeres: apuntes para el debate desde una perspectiva de género*, Bilbao, HEGOA.
— (1993): *Gender planning and development: theory, practice, and training*, Nueva York, Routledge.
Mouffe, C. (1992): "Feminismo, ciudadanía y política democrática radical", *Debate Feminista*.
— (1999): *El retorno de lo político*, Barcelona, Paidós.
Mukhopadhyay, M. (2004): "Mainstreaming Gender or 'Streaming' Gender Away: Feminists Marooned in the Development Business", *IDS Bulletin*, 35 (4), pp. 95-103.
Murguialday, C. (2005): *Las mujeres y la cooperación para el desarrollo*, Vitoria-Gasteiz, Gobierno Vasco.
— (2006): "Roles de género", en *Diccionario de Acción Humanitaria y Cooperación al Desarrollo*, UPV/HEGOA [en línea].
— (2013): *Reflexiones feministas sobre el empoderamiento de las mujeres*, Barcelona, Cooperacció.
— (2014): *Avanzando en la equidad de género en la gestión comunitaria del agua. Una práctica de planificación conjunta de las ONGD*, Madrid, Amigos de la Tierra, ECODES, Ingeniería sin Fronteras, ONGAWA, Alianza por la Solidaridad y AECID.
Navarro, N. (2007): *Desigualdad de género en las organizaciones: procesos de cambio organizacional pro equidad*, San Salvador, PNUD.
— (2011): "Cambio organizacional pro equidad de género", *Tercer Seminario Internacional sobre Cultura Institucional*, Instituto Nacional de las Mujeres de los Estados Unidos de México.
— (2017): *En las organizaciones también queremos bailar*, Bilbao, Magarik-Gabe.
Naciones Unidas (NNUU) (1945): *Carta de las Naciones Unidas*, de 26 de junio de 1945.
— (1948): *Declaración Universal de Derechos Humanos*, de 10 de diciembre de 1948.
— (1961): *Decenio de las Naciones Unidas para el Desarrollo*, de 19 de diciembre de 1961.
— (1967): *Declaración sobre la eliminación de la discriminación contra la mujer*, de 7 de noviembre de 1967.

— (1970): *Segundo Decenio de las Naciones Unidas para el Desarrollo*, de 24 de octubre de 1970.
— (1979): *Convención sobre la eliminación de todas las formas de discriminación contra la mujer*, de 18 de diciembre de 1979.
— (1985): *Informe de la Conferencia Mundial para el examen y la evaluación de los logros del Decenio de las Naciones Unidas para la Mujer: Igualdad, Desarrollo y Paz*.
— (1986): *Declaración sobre el derecho al desarrollo*, de 4 de diciembre de 1986.
— (1993): *Declaración sobre la eliminación de la violencia contra la mujer*, de 20 de diciembre de 1993.
— (1995): *Informe de la Cuarta Conferencia Mundial sobre la Mujer*, de 27 de octubre de 1995.
— (1996): *Aplicación de los resultados de la Cuarta Conferencia Mundial sobre la Mujer. Informe del secretario general*, del 3 de septiembre de 1996.
— (1999a): *Informe del Consejo Económico y Social correspondiente a 1997*, Asamblea General. Documentos Oficiales. Quincuagésimo segundo periodo de sesiones.
— (1999b): *Protocolo Facultativo de la Convención sobre la eliminación de todas las formas de discriminación contra la mujer*, de 15 de octubre de 1999.
— (2000a): *Resolución 1.325*, de 31 de octubre de 2000.
— (2000b): *Declaración del Milenio*, de 13 de septiembre de 2000.
— (2001): *Guía General para la Aplicación de la Declaración del Milenio*, de 6 de septiembre de 2001.
— (2002): *Proyecto de documento final de la Conferencia Internacional sobre Financiación para el Desarrollo (Consenso de Monterrey)*, de 1 de marzo de 2002.
— (2008a): *Informe de la Condición Jurídica y Social de la Mujer*, de 31 de marzo de 2008.
— (2008b): *Declaración de Doha sobre financiación para el desarrollo*, de 9 de diciembre de 2008.
— (2010a): *Objetivos de Desarrollo del Milenio: El progreso de América Latina y el Caribe hacia los objetivos de desarrollo del milenio*.
— (2010b): *Cumplir la promesa: Unidos para lograr los Objetivos de Desarrollo de Milenio*, de 19 de octubre de 2010.
— (2012a): *El Futuro que Queremos para Todos. Informe para el secretario general*.
— (2012b): *El futuro que queremos*, de 19 de junio de 2012.
— (2013a): *Una nueva Alianza Mundial: erradicar la pobreza y transformar las economías a través del desarrollo sostenible*.
— (2013b): *Una vida digna para todos: acelerar el logro de los Objetivos de Desarrollo del Milenio y promover la agenda de las Naciones Unidas para el desarrollo después de 2015*, de 26 de julio de 2013.
— (2014): *El camino a la dignidad para 2030: acabar con la pobreza y transformar vidas protegiendo el planeta*, de 4 de diciembre de 2014.
— (2015a): *Agenda de Acción de Adís Abeba de la Tercera Conferencia Internacional sobre la Financiación para el Desarrollo*, de 17 de agosto de 2015.
— (2015b): *Transformar nuestro mundo: la Agenda 2030 para el Desarrollo Sostenible*, de 21 de octubre de 2015.
— (2016): *Tendencias y avances de la cooperación internacional para el desarrollo. Informe del secretario general*, de 10 de mayo de 2016.
— (2017): *Marco de indicadores mundiales para los Objetivos de Desarrollo Sostenible y metas de la Agenda 2030 para el Desarrollo Sostenible*, de 10 de julio de 2017.
— (2020a): *Objetivos de Desarrollo Sostenible* [en línea].
— (2020b): *Declaración política con ocasión del 25 aniversario de la Cuarta Conferencia Mundial sobre la Mujer*, de 2 de marzo de 2020.
Nussbaum, M. (2009): "Las capacidades de las mujeres y la justicia social", *Debate feminista*, 39, pp. 89-129.

— (2012): *Las mujeres y el desarrollo humano*, Barcelona, Herder.
Organización para la Cooperación y el Desarrollo Económicos (OCDE) (1996): *Shaping the 21st Century: The Contribution of Development Co-operation*, París, OCDE.
— (1998): *Directrices y guía de conceptos del CAD sobre la igualdad entre mujeres y hombres*, Madrid, Ministerio de Asuntos Exteriores.
— (2003): *Rome Declaration on Harmonisation* [en línea].
— (2005): *Declaración de París sobre la Eficacia de la Ayuda al Desarrollo*, París, OCDE.
— (2008a): *Programa de Acción de Acra*, París, OCDE.
— (2008b): *Principios rectores del CAD en materia de Eficacia de la Ayuda, igualdad de género y empoderamiento de la mujer*, París, OCDE.
— (2011): *Alianza de Busan para la Cooperación Eficaz al Desarrollo* [en línea].
— (2020): *Development Co-operation Profiles / Spain* [en línea].
ONU Mujeres (2013): *Un objetivo transformador e independiente para lograr la igualdad de género, los derechos y el empoderamiento de las mujeres: imperativos y componentes claves*, Nueva York, ONU Mujeres.
— (2015a): *El progreso de las mujeres en el mundo 2015-2016. Transformar las economías para realizar los derechos. Resumen*, Nueva York, ONU Mujeres.
— (2015b): *Gender Equality and Human Rights. Discussion Paper*, Nueva York, ONU Mujeres.
— (2015c): *Prevenir los conflictos, transformar la justicia y garantizar la paz*, Nueva York, ONU Mujeres.
— (2018): *Hacer las promesas realidad: la igualdad de género en la Agenda 2030 para el desarrollo sostenible*, Nueva York, ONU Mujeres.
— (2020a): *Conferencias mundiales sobe la mujer* [en línea].
— (2020b): *¿Qué hacemos?* [en línea].
— (2020c): *Consejo de Seguridad* [en línea].
— (2020d): *Acerca de ONU Mujeres* [en línea].
— (2020e): *Generación Igualdad por los derechos de las mujeres y un futuro igualitario* [en línea].
Oxfam Intermón (2018): *La realidad de la ayuda 2018*, Barcelona, Oxfam Intermón.
— (2019): *La realidad de la ayuda 2019*, Barcelona, Oxfam Intermón.
— (2022): *Cooperación Internacional para la Justicia Global*, Barcelona, Oxfam Intermón.
Oxfam Novib (2010): *Mainstreaming a Gender Justice Approach*, Den Haag, Oxfam Novib.
Pajarín, M. (2015): "Género y Desarrollo: ¿es la Agenda post-2015 una oportunidad para la igualdad de género como objetivo de desarrollo?", *Revista de Relaciones Internacionales*, 28, pp. 61-80.
Pajarín, M. y Leyra, B. (2016): *Cuadernos de Género 4. Economía, género y desarrollo: enfoques e iniciativas hacia la igualdad*, Madrid, ICEI-UCM.
— (2018): "Presentación", en M. Pajarín, A. Pérez y B. Leyra (eds.), *Experiencias de empoderamiento como estrategia de desarrollo para la igualdad* (Serie Género y Desarrollo 1), Madrid, CSEG-UCM, pp. 11-14.
Pajarín, M. y Navarro, N. (2018): *La integració de les línies estratègiques del pla director de cooperació al desenvolupament 2015-2018 des de L'EGiBDH*, Barcelona, ACCD.
Pateman, C. (1988): *The Sexual Contract*, Stanford, Stanford University Press.
Pérez Orozco, A. (2019): *Subversión feminista de la economía. Apuntes para un debate sobre el conflicto capital-vida*, Madrid, Traficantes de Sueños.
Picchio, A. (2012): "Un enfoque macroeconómico ampliado a las condiciones de vida", en L. A. Concha (ed.), *La economía feminista como un derecho*, México D. F., REDGE-Débora Publicaciones, pp. 43-66.

Programa de las Naciones Unidas para el Desarrollo (1995): *Informe sobre Desarrollo Humano 1995*, México, PNUD.

Rahgerber, E. M. (1990): "Mujer en el Desarrollo, Mujer y Desarrollo y Género y Desarrollo: Tendencia en la Investigación y la Práctica", *The Journal of Developing Areas*, 24.

Rao, A. y Kelleher, D. (2005): "Is there life after gender mainstreaming?", *Gender and Development*, 13 (2), pp. 57-69.

Retolaza, I. (2010): *Teoría del Cambio. Un enfoque de pensamiento-acción para navegar por la complejidad de los procesos de cambio social*, Guatemala, PNUD-Hivos.

Rico, N. (2001): "El proyecto 'Institucionalización del enfoque de género' en la CEPAL y Ministerios Sectoriales", en N. Rico y L. Bravo (coords.), *Hacia la institucionalización del enfoque de género en las políticas económico-laborales en América Latina*, Santiago de Chile, CEPAL, pp. 18-24.

Rodríguez Manzano, I. (2008): *Mujeres y Naciones Unidas. Igualdad, desarrollo y paz*, Madrid, IUDC-Los Libros de la Catarata.

— (2017): "De las Mujeres al Género en el Desarrollo: mucho más que un cambio terminológico", en M. Carballo (coord.), *Género y desarrollo: cuestiones clave desde una perspectiva feminista*, Madrid, IUDC-Los Libros de la Catarata, pp. 49-74.

Rowlands, J. (1997): "Empoderamiento y mujeres rurales en Honduras: un modelo para el desarrollo", en M. León (comp.), *Poder y empoderamiento de las mujeres*, Santa Fe de Bogotá, Tercer Mundo, pp. 213-245.

Rubin, G. (1989): "Reflexionando sobre el sexo: notas para una teoría radical de la sexualidad", en C. Vance (comp.), *Placer y peligro: explorando la sexualidad femenina*, Madrid, Talasa, pp. 113-190.

Rutgers (2018): *Adopting the Gender Transformative Approach in sexual and reproductive health and rights, and gender-based violence programmes. Guide to the theoretical background*, Utrecht, Rutgers.

San Miguel, N. (2009): "Oportunidades y propuestas en la agenda de Género y Eficacia. Avanzando hacia 2015", en E. Molina y N. San Miguel (coords.), *Nuevas líneas de investigación en género y desarrollo* (Cuadernos Solidarios, 3), Madrid, UAM, pp. 31-74.

— (2019): "El legado feminista en la evolución de la política de desarrollo española: aprendizajes hacia la Agenda 2030", *Revista española de desarrollo y cooperación*, 44, pp. 147-159.

Sanahuja, J. A. (2007): "¿Más y mejor ayuda? La Declaración de París y las tendencias en la cooperación al desarrollo", *Anuario CEIPAZ 2007-2008. Paz y conflictos en el siglo XXI: tendencias globales*, Madrid, CEIPAZ, pp. 71-101.

— (2015): "De los Objetivos del Milenio al desarrollo sostenible: Naciones Unidas y las metas globales post-2015", en M. Mesa (coord.), *Focos de tensión, cambio geopolítico y agenda global. Anuario 2014-2015*, Madrid, CEIPAZ, pp. 49-84.

— (2018): "Del cosmopolitismo al nacionalismo: ¿fin de una época de cooperación al desarrollo?", en *Realidad de la Ayuda 2018*, Barcelona, Oxfam Intermón, pp. 2-4.

Schoenstein, A. y Craviotto, C. (2012): *La Cooperación para el Desarrollo más allá del paradigma de la Eficacia de la Ayuda. Una perspectiva de derechos de las mujeres*, Toronto, AWID.

Scott, J. C. (1996 [1986]): "El género: una categoría útil para el análisis histórico", en M. Lamas (comp.), *El género: la construcción cultural de la diferencia sexual*, México, PUEG, pp. 265-302.

Secretaría de Estado de Cooperación Internacional y para Iberoamérica (1987): *Plan Anual de Cooperación Internacional*, Madrid, Ministerio de Asuntos Exteriores.

Secretaría de Estado de Cooperación Internacional y para Iberoamérica y el Caribe (2018): *Plan de Acción para la implementación de la Agenda 2030. Hacia una estrategia Española de Desarrollo Sostenible*, Madrid, MAUC.

Sen, A. (2000): *Desarrollo y libertad*, Barcelona, Planeta.

Sen, G. (1997): "Empowerment as an Approach to Poverty", *Working Paper Series Number 97.07*.

Sen, G. y Grown, C. (1987): *Development, Crises and Alternative Visions: Third World Perspectives*, Nueva York, Monthly Review Press.

Secretaría General de Cooperación Internacional para el Desarrollo (2017): *Evaluación de la colaboración entre la AECID y el Instituto de la Mujer (2003-2015)*, Madrid, MAEC.

Shiva, V. (2006): *Manifiesto para una democracia de la tierra: justicia, sostenibilidad y paz*, Barcelona, Paidós.

Swedish International Development Cooperation Agency (2009): *Gender Equality in Practice*, Estocolmo, SIDA.

— (2017): *How SIDA works with gender equality*, Estocolmo, SIDA.

Smee, S. y Woodroffe, J. (2013): *Achieving Gender Equality and Women's Empowerment in the Post-2015 Framework*, Londres, GADN.

Sojo, D.; Sierra, B. y López, I. (coord.) (2002): *Salud y género. Guía práctica para profesionales de la cooperación*, Madrid, Médicos del Mundo.

Solanas, M. (2017): *Los retos pendientes del II Plan Nacional de Acción sobre Mujeres, Paz y Seguridad. ARI 82/2017*, Madrid, Real Instituto Elcano.

— (2020): *La crisis del COVID-19 y sus impactos en la igualdad de género. ARI 33/2020*, Madrid, Real Instituto Elcano.

Sotillo, J. A. (2015): *El reto de cambiar el mundo. La Agenda 2030 de desarrollo sostenible*, Madrid, Los Libros de la Catarata.

Squires, J. (2007): *The new politics of gender equality*, Nueva York, Palgrave Macmillan.

— (2008): *Gender in Political Theory*, Cambridge, Polity Press.

Strzelecka, E.; Monina, E.; Villa, S. y San Miguel, N. (2009): "Programa de Formación en Cooperación Internacional 'Mujeres y Desarrollo' (1989-2007)", en E. Molina y N. San Miguel (coords.), *Universidad, Género y Desarrollo* (Cuadernos Solidarios, 5), Madrid, UAM, pp. 283-383.

Tomás, R. (2010): "Una mirada al enfoque de género de la Cooperación Española: avances y cambios frente a viejos y nuevos desafíos institucionales", *XIV Encuentro de Latinoamericanistas españoles*, Santiago de Compostela, Universidad de Santiago de Compostela, pp. 2757-2776.

Tratado de Funcionamiento de la Unión Europea (2016): *Diario Oficial de la Unión Europea*.

Unceta, K. (2009): "Desarrollo, Subdesarrollo, Maldesarrollo y Postdesarrollo: una mirada transdisciplinar sobre el debate y sus implicaciones", en *Carta Latinoamericana* (Contribuciones en Desarrollo y Sociedad en América Latina, 7), Montevideo, CLAES.

Unceta, K. (dir.) (2014): *Coherencia de Políticas para el Desarrollo en Euskadi: diagnóstico y propuestas*, Bilbao, UPV/EHU-HEGOA.

UNDG (2017): *Theory of Change. UNDAF Campanion Guidance*, Nueva York, UNDG.

Van Es, M.; Guijt, I. y Vogel, I. (2015): *Theory of Change Thinking in Practice*, The Hague, Ivos.

Verloo, M. y Lombardo, E. (2007): "Contested Gender Equality and Policy Variety in Europe: Introducing a Critical Frame Analysis Approach", en M. Verloo (ed.), *Multiple Meanings of Gender Equality*, Budapest, Central European University Press, pp. 21-49.

Villa, S. (2007): *Estudio de caso del Programa de Formación en Cooperación Internacional "Mujeres y Desarrollo"* [Trabajo de Fin de Máster], Madrid, ICEI, IMIO, UE y Fundación Carolina.
Walby, S. (2005): "Gender mainstreaming: productive tensions in theory and practice", *Social Politics: International Studies in Gender, State & Society*, 12 (3), 321-343.
Wieringa, S. (1997): "Una reflexión sobre el poder y la medición del empoderamiento de género en el PNUD", en M. León (comp.), *Poder y empoderamiento de las mujeres*, Santa Fe de Bogotá, Tercer Mundo, pp. 147-172.
Women's Working Group on Financing Development (2015): *Reaction to the Outcome Document of the Third International Conference on Financing for Development: Addis Ababa Action Agenda* [en línea].
Young, K. (1997): "El potencial transformador en las necesidades prácticas: empoderamiento colectivo y el proceso de planificación", en M. León (comp.), *Poder y empoderamiento de las mujeres*, Santa Fe de Bogotá, Tercer Mundo, pp. 99-118.
Zabala, I. (1999): "Un viaje a través del tiempo: 30 años de pensamiento económico feminista en torno al desarrollo", en C. Carrasco (coord.), *Mujeres y economía: nuevas perspectivas para viejos y nuevos problemas*, Barcelona, Icaria, pp. 337-364.
— (2006): "El Banco Mundial y su influencia en las mujeres y en las relaciones de género", *Cuadernos de Trabajo*, 41.
— (2010): "Estrategias alternativas en los debates sobre género y desarrollo", *Revista de Economía Crítica*, 9, pp. 75-89.
— (s. f.): *Desarrollo humano desde la perspectiva de género* [en línea].
Zabala, I. y Martínez, M. J. (2012): "Una visión de género de la agenda de desarrollo y de la eficacia de la ayuda", en *XIV Reunión de Economía Mundial. Internacionalización en tiempos de crisis*, Jaén, Universidad de Jaén.
— (2017): "Agendas de desarrollo y agendas feministas: confluencias y desencuentros", en M. Carballo (coord.), *Género y desarrollo: cuestiones clave desde una perspectiva feminista*, Madrid, IUDC-Catarata, pp. 101-130.
Zabala, I.; Martínez, M. J. y Labaien, I. (2012): "Análisis de la integración del enfoque de género en las políticas de cooperación al desarrollo: el caso de las instituciones de la Comunidad Autónoma Vasca", *Estudios de Economía Aplicada*, 30, pp. 941-970.

LISTADO DE ACRÓNIMOS

AAAA Agenda de Acción de Adís Abeba
ACCD Agencia Catalana de Cooperación al Desarrollo
AECI Agencia Española de Cooperación Internacional
AECID Agencia Española de Cooperación Internacional para el Desarrollo
AOD Ayuda Oficial al Desarrollo
APWLD *Asian Pacific Forum on Women, Law and Development*
AVCD Agencia Vasca de Cooperación al Desarrollo
AWID *Association for Women's Rights in Development* / Asociación para los Derechos de las Mujeres y el Desarrollo
BM Banco Mundial
CAD Comité de Ayuda al Desarrollo
CCAA Comunidades Autónomas
CE Cooperación Española
CEDAW *Convention on the Elimination of All Forms of Discrimination Against Women* / Convención sobre la Eliminación de todas las formas de Discriminación contra la Mujer
CEPAL Comisión Económica para América Latina y el Caribe
CIPD Conferencia Internacional sobre Población y Desarrollo
CLADEM Comité de América Latina y el Caribe para la Defensa de los Derechos de la Mujer
COMMCA Consejo de Ministras de la Mujer de Centroamérica
CONGDE Coordinadora de ONG para el Desarrollo
CRS *Creditor Reporting System* / Códigos de Reporte de Ayuda
CSW *Commission on the Status of Women* / Comisión de la Condición Jurídica y Social de la Mujer
DAM División para el Adelanto de la Mujer
DAWN *Development Alternatives with Women for a New Era*
DEFID *Department for International Development*
DESC Derechos económicos, labores, sociales y culturales
DG DEVCO *Commission's Directorate-General for International Cooperation and Development* / Dirección General de Cooperación Internacional y Desarrollo de la Comisión Europea

DGPOLDES	Dirección General de Políticas para el Desarrollo Sostenible
EAH	Estrategia de Acción Humanitaria
ECHO	Dirección General de Protección Civil y Ayuda Humanitaria de la Comisión Europea
ECOSOC	Consejo Económico y Social de las Naciones Unidas
EIGE	*European Institute for Gender Equality* / Instituto Europeo para la Igualdad de Género
FAO	Organización de las Naciones Unidas para la Alimentación y la Agricultura
FMI	Fondo Monetario Internacional
FNUAP	Fondo de Población de las Naciones Unidas
FONPRODE	Fondo para la Promoción del Desarrollo
GAP	*Gender Action Plan* / Plan de Acción de Género
GED	Género en el Desarrollo
HLF	*High Level Forum* / Foro de Alto Nivel
IASC	*Inter-Agency Standing Committee* / Comité Permanente entre Organismos
IDG	Índice de Desigualdad de Género
IMIO	Instituto de la Mujer y para la Igualdad de Oportunidades
INSTRAW	Instituto Internacional de Investigaciones y Capacitación para la Promoción de la Mujer
IWHC	*Women's Health Coalition*
MAEC	Ministerio de Asuntos Exteriores y Cooperación
MAP	Marcos de Asociación País
MAUC	Ministerio de Asuntos Exteriores, Unión Europea y Cooperación
MED	Mujeres en el Desarrollo
MyD	Mujeres y Desarrollo
NNUU	Naciones Unidas
OAH	Oficina de Acción Humanitaria
OCDE	Organización para la Cooperación y el Desarrollo Económicos
OCHA	*United Nations Office for the Coordination of Humanitarian Affairs* / Oficina de la ONU para la Coordinación de Asuntos Humanitarios
ODM	Objetivos de Desarrollo del Milenio
ODS	Objetivos de Desarrollo Sostenible
OIT	Organización Internacional del Trabajo
ONG	Organizaciones No Gubernamentales
ONGD	Organizaciones No Gubernamentales para el Desarrollo
OSAGI	Oficina del Asesor Especial en cuestiones de género
OSC	Organizaciones de la Sociedad Civil
OTC	Oficina Técnica de Cooperación
PACI	Plan Anual de Cooperación Internacional
PAS	Plan de Actuación Sectorial
PNUD	Programa de las Naciones Unidas para el Desarrollo
SDSN	*UN Sustainable Development Solutions Network* / Red de Soluciones de Desarrollo Sostenible de las Naciones Unidas
SECIPI	Secretaría de Estado de Cooperación Internacional y para Iberoamérica
SECIPIC	Secretaría de Estado para la Cooperación al Desarrollo y para Iberoamérica y Caribe
SGCID	Secretaría General de Cooperación Internacional para el Desarrollo
SICA	Sistema de Integración Centroamericano

SIDA	*Swedish International Development Cooperation Agency*
UNIFEM	Fondo de Desarrollo de las Naciones Unidas para la Mujer
UNDG	*United Nations Development Group*
WEDO	*Women's Environment and Development Organization*
WILDAF	*Women in Law and Development in Africa*
WILPF	*Women League for Peace and Freedom*